Krenzler / Graf
Scheidungsrecht für Anfänger

Scheidungsrecht
für Anfänger

von

Dr. Michael Krenzler
Rechtsanwalt und Fachanwalt für Familienrecht
in Freiburg

und

Catharina Graf
Rechtsanwältin und Fachanwältin für Familienrecht
in Freiburg

4., überarbeitete Auflage 2018

www.beck.de

ISBN 978 3 406 71094 0

© 2018 Verlag C.H.Beck oHG
Wilhelmstraße 9, 80801 München

Druck und Bindung: Druckhaus Nomos
In den Lissen 12, 76547 Sinzheim

Satz: Fotosatz Buck
Zweikirchener Straße 7, 84036 Kumhausen

Umschlaggestaltung: Martina Busch, Grafikdesign
Homburg/Saar

Gedruckt auf säurefreiem, alterungsbeständigem Papier
(hergestellt aus chlorfrei gebleichtem Zellstoff)

Vorwort

Trennung und Scheidung sind mit einer hohen emotionalen Belastung verbunden, die Unkenntnis der hierfür geltenden rechtlichen Regelungen bringt zusätzliche Unsicherheiten mit sich. Das Scheidungs- und Scheidungsfolgenrecht hat sich zudem seit seiner grundlegenden Änderung im Jahre 1977 zu einer äußerst komplexen Spezialmaterie entwickelt, die auch für die aus beruflichen Gründen mit einer Ehescheidung und ihren Folgen befassten Personen nur noch schwer verständlich ist. Ihnen allen will das vorliegende Buch eine schnelle und leicht verständliche Orientierung im Dickicht des materiellen Scheidungs- und Scheidungsfolgenrechts geben. Die von einer Trennung und Scheidung Betroffenen sollen das Buch also ebenso mit Gewinn lesen können wie Studenten, Referendare und junge Rechtsanwälte oder Familienrichter, die Angehörigen der steuer- und wirtschaftsberatenden Berufe ebenso wie die Berater und Betreuer aus dem psychologischen und sozialen Bereich. Eine klare Sprache und der Verzicht auf eine wissenschaftlichen Ansprüchen genügende Darstellung sollen das Buch diesem Ziel näher bringen. Auf die Auseinandersetzung mit Streitfragen wird deshalb auch verzichtet und durchweg die gefestigte höchstrichterliche Rechtsprechung wiedergegeben, wobei sich die Abhandlung der einzelnen Themen in ihrem Umfang an den Bedürfnissen der Praxis orientiert. So sollte der Leser auf Standardfragen in diesem Buch stets eine Antwort finden, während ihm für eine vertiefte Auseinandersetzung mit Einzelfragen die beigefügten Literaturhinweise weiterhelfen werden.

Gegenstand dieses Buches ist ausschließlich das materielle Scheidungs- und Scheidungsfolgenrecht mit seinem Stand im Januar 2018, während das Verfahrensrecht nur dort behandelt wird, wo es auf das materielle Recht zurückwirkt. In ihrem Aufbau folgt die Darstellung nicht der gesetzlichen Systematik, sondern der zeitlichen Reihenfolge, in der sich die Probleme bei der Trennung eines Ehepaares und der Scheidung seiner Ehe regelmäßig stellen. Soweit der Gesetzgeber für die Zeit der Trennung und die Zeit nach der Ehescheidung unterschiedliche Regelungen getroffen hat, wird dies bei der Darstellung der einzelnen Problemfelder besonders hervorgehoben. Ein umfangreiches Sachregister am Ende dieses Buches soll den schnellen Zugang zu Einzelfragen erleichtern.

Freiburg, im März 2018   *Michael Krenzler,*
                                                                Catharina Graf

Bearbeiterverzeichnis

Catharina Graf: A., B., D., E., G.
Dr. Michael Krenzler: C., F., H., I.

Inhaltsverzeichnis

Vorwort V
Bearbeiterverzeichnis VII
Literaturverzeichnis XV
Abkürzungsverzeichnis XVII

A. Trennung und Scheidung 1
   I. Das Scheitern der Ehe 1
      1. Getrenntleben als Zeichen des Scheiterns 1
      2. Einvernehmliche Scheidung 2
      3. Streitige Scheidung 2
   II. Scheidungshindernisse 3
      1. Das Trennungsjahr als relatives Hindernis 3
      2. Härtefälle als absolutes Hindernis 4

B. Elterliche Sorge und Umgangsrecht 5
   I. Vom gemeinsamen Sorgerecht bis zur Alleinsorge 5
      1. Inhalt des gemeinsamen Sorgerechts 5
      2. Fortdauer des gemeinsamen Sorgerechts trotz Trennung . 6
      3. Gesetzliche Aufteilung des Sorgerechts 7
      4. Partielle oder vollständige Alleinsorge 8
   II. Regelungsmöglichkeiten 9
      1. Grundtypen 9
      2. Alleinsorge 10
      3. Kern des Sorgerechtsstreits 11
         a) Gewöhnlicher Aufenthalt 11
         b) Teilbereiche der alleinigen Sorge 13
      4. Wächteramt des Staates 14
   III. Gemeinsamer Elternantrag und gerichtliche Entscheidung ... 15
   IV. Entscheidungsmaßstab Kindeswohl 16
      1. Bindungen des Kindes 16
      2. Kindeswille 17
      3. Kontinuitätsprinzip 18
      4. Förderungsprinzip 18
      5. Geschwisterbindung 19
   V. Umgangs- und Auskunftsrecht 20
      1. Grundlagen des Umgangsrechts 20
      2. Ausgestaltung des Umgangs 21
      3. Das Verhältnis von Umgangs- und Sorgerecht 24
      4. Auskunftsrechte bei eingeschränktem oder ausgeschlossenen Umgangsrecht 24
      5. Familiengerichtliche Regelung 25
      6. Abänderung einer Sorgerechts- oder Umgangsregelung .. 25

Inhaltsverzeichnis

C.	**Kindesunterhalt**			27
	I.	Unterhaltsbedürftigkeit		27
		1.	Vermögen des Kindes	27
		2.	Einkünfte des Kindes	27
		3.	Kindergeld	28
		4.	Freiwillige Leistungen Dritter	29
		5.	Erwerbsobliegenheit	30
	II.	Die Bemessung des Unterhalts		31
		1.	Grundlagen	31
		2.	Bundesfreiwilligendienst	33
		3.	Einkommen des Barunterhaltspflichtigen	33
		4.	Pauschalierter Bedarf nach Düsseldorfer Tabelle	34
		5.	Sonder- und Mehrbedarf	36
	III.	Ausbildungs- und Erziehungskosten		36
		1.	Angemessenheit der Ausbildung	36
		2.	Ausbildungsdauer und -wechsel	37
		3.	Zweitausbildung und Weiterbildung	38
	IV.	Leistungsfähigkeit		39
		1.	Angemessener und notwendiger Selbstbehalt	39
		2.	Gesteigerte Unterhaltspflicht	40
		3.	Verwertung von Vermögen	41
	V.	Unterschiedliche Haftung von Vater und Mutter		42
		1.	Natural- und Barunterhalt	42
		2.	Betreuung des Kindes durch Dritte	43
		3.	Wechselmodell	43
		4.	Barunterhaltpflicht beider Eltern	44
		5.	Durchsetzung des Unterhaltsanspruchs	45
	VI.	Das Bestimmungsrecht der Eltern		46
		1.	Grundlagen	46
		2.	Grenzen	47
	VII.	Änderungen		47
		1.	Wesentlichkeit	48
		2.	Tatsächliche Verhältnisse	49
		3.	Zeitschranke für die Vergangenheit	50
	VIII.	Unterhalt für die Vergangenheit und Rückforderung überzahlten Unterhalts		51
		1.	Unterhalt für die Vergangenheit	51
		2.	Rückforderung	52
D.	**Ehegattenunterhalt**			55
	I.	Unterhalt bei Getrenntleben		55
		1.	Keine Identität mit nachehelichem Unterhalt	55
		2.	Erwerbsobliegenheit	55
		3.	Höhe des Trennungsunterhalts	56
		4.	Kranken- und Altersvorsorge	57
	II.	Nachehelicher Unterhalt – Anspruchsvoraussetzungen		57
		1.	Unterhalt wegen Betreuung eines Kindes – § 1570 BGB	57

Inhaltsverzeichnis

	2. Unterhalt wegen Alters – § 1571 BGB	60
	3. Unterhalt wegen Krankheit oder Gebrechen – § 1572 BGB	61
	4. Unterhalt wegen Erwerbslosigkeit oder nicht ausreichender Einkünfte (Aufstockungsunterhalt) – § 1573 BGB	62
	a) Erwerbslosigkeit und Obliegenheiten	63
	b) Aufstockungsunterhalt	64
	c) Nachhaltigkeit von Erwerbseinkünften	64
	5. Unterhalt zur Ausbildung, Fortbildung oder Umschulung – § 1575 BGB	65
	6. Unterhalt aus Billigkeitsgründen – § 1576 BGB	65
III.	Die Angemessenheit der dem Unterhaltsberechtigten obliegenden Erwerbstätigkeit	66
IV.	Die ehelichen Lebensverhältnisse als Maßstab für die Höhe des Unterhalts	67
	1. Verhältnisse am Ende der Ehe	67
	2. Maßgebende Faktoren	69
	3. Bedarfsermittlung	71
	4. Höchst- und Mindestbedarf	73
	5. Kranken- und Altersvorsorge	74
V.	Die Unterhaltsbedürftigkeit des Unterhaltsberechtigten	76
	1. Eigene Einkünfte	76
	2. Unzumutbare Einkünfte	76
	3. Sonstige Einkünfte	77
	4. Vermögensstamm	78
VI.	Die Leistungsfähigkeit des Unterhaltspflichtigen und die Rangfolge der Unterhaltsberechtigten	78
	1. Leistungsfähigkeit	78
	2. Verbindlichkeiten	80
VII.	Begrenzung und Befristung des Unterhaltsanspruchs	81
VIII.	Ausschluss und Ende des Unterhaltsanspruchs	83
	1. Grundlagen	83
	a) Kurze Ehedauer	84
	b) Neue Partnerbeziehung	84
	c) Verbrechen oder Vergehen	85
	d) Verschuldete Unterhaltsbedürftigkeit	85
	e) Verletzung von Vermögensinteressen	86
	f) Unterhaltspflichtverletzung	86
	g) Fehlverhalten gegen den Verpflichteten	86
	h) Sonstiger schwerwiegender Grund	86
	2. Wiederheirat, Tod und Verzicht	87
IX.	Abänderung des Unterhalts und Unterhalt für die Vergangenheit	88
	1. Abänderung	88
	2. Vergangenheit	88

Inhaltsverzeichnis

E.	Anhang zu III und IV: Die Einkommensermittlung	89
	I. Unterhaltsrechtlich relevante Einkünfte	89
	1. Erwerbseinkünfte und geldwerte Vorteile	89
	2. Renten und sozialstaatliche Leistungen	92
	3. Steuerliche Aspekte	92
	4. Fiktive Einkünfte	94
	II. Besonderheiten bei Selbständigen	94
	III. Auskunftsansprüche	96
F.	Ehewohnung und Haushaltsgegenstände	99
	I. Die Nutzung der Ehewohnung	99
	1. Überlassung zur alleinigen Nutzung	99
	2. Folgen der Nutzungsüberlassung	101
	3. Nutzungsvergütung	102
	4. Verhältnis zum Unterhalt	102
	5. Nutzungs- und Mietverhältnis	104
	II. Die Regelung der Rechtsverhältnisse an einer Mietwohnung/ einem Miethaus	104
	1. Trennung und Mietverhältnis	104
	2. Abwicklung eines Mietverhältnisses	105
	III. Die Regelung der Rechtsverhältnisse bei Mit- und Alleineigentum	106
	1. Verbindlichkeiten und Kosten	106
	2. Nutzungsvergütung	107
	IV. Haushaltsgegenstände	108
	1. Abgrenzung zum Vermögen	108
	2. Allein- und Mieteigentum	109
	3. Aufteilungsgrundsätze	109
	4. Rechtsfolgen der Aufteilung	110
	V. Die richterlichen Gestaltungsmöglichkeiten	111
	1. Ehewohnung	111
	2. Haushaltsgegenstände	112
G.	Zugewinnausgleich und Vermögensauseinandersetzung	113
	I. Zugewinnausgleich	114
	1. Die Prinzipien des Zugewinnausgleichs	114
	a) Grundlagen	114
	b) Anfangsvermögen	114
	c) Endvermögen	116
	2. Die auszugleichenden Positionen und ihre Bewertung	120
	a) Auszugleichende Positionen	120
	b) Bewertungsfragen	122
	c) Vorausempfänge	123
	3. Der Ausgleichsanspruch	125
	II. Vermögensauseinandersetzung	127
	1. Miteigentümergemeinschaften	127
	a) Zugewinngemeinschaft und Gütertrennung	127

		b) Nutzung von Miteigentum	128
		2. Mitarbeit	129

H. Versorgungsausgleich ... 131
   I. Grundlagen des Versorgungsausgleichs ... 131
      1. Auszugleichende Anrechte ... 131
      2. Laufende Renten und Pensionen – ungesicherte Anrechte ... 133
      3. Auskunftspflichten ... 133
   II. Die ausgleichspflichtigen Anwartschaften und ihre Bewertung ... 134
      1. Öffentlich-rechtliche Dienstverhältnisse ... 134
      2. Gesetzliche Renten ... 135
      3. Betriebliche Anrechte ... 136
      4. Private Rentenversicherungen ... 138
      5. Sonstige Renten ... 138
   III. Der Versorgungsausgleich bei Scheidung ... 139
      1. Gesetzliche Renten ... 139
      2. Beamten- und beamtenähnliche Versorgungen ... 141
      3. Betriebliche Renten ... 142
      4. Andere Versorgungssysteme ... 143
   IV. Der (schuldrechtliche) Versorgungsausgleich nach Scheidung ... 143
      1. Grundlagen ... 143
      2. Höhe ... 144
      3. Abtretung und Abfindung ... 144
   V. Herabsetzung oder Ausschluss des Versorgungsausgleichs ... 146
      1. Geringfügigkeit und Ehe von kurzer Dauer ... 146
      2. Grobe Unbilligkeit ... 146
   VI. Versorgungsausgleich in der früheren DDR ... 147
   VII. Vereinbarungen über den Versorgungsausgleich ... 148
      1. Gestaltungsmöglichkeiten ... 148
      2. Inhalts- und Ausübungskontrolle ... 149
      3. Formvorschriften ... 150
   VIII. Abänderung von Entscheidungen nach altem Recht ... 151

I. Kosten ... 153
   I. Gesetzliche und vereinbarte Kostenverteilung ... 153
      1. Grundlagen ... 153
      2. Beratungs- und Verfahrenskostenhilfe ... 154
   II. Höhe der Kosten ... 154

Sachregister ... 159

Literaturverzeichnis

Bergschneider, Beck'sches Formularbuch Familienrecht, 5. Aufl. 2017
Borth, Versorgungsausgleich, 8. Aufl. 2017
Glockner/Hoenes/Weil, Der Versorgungsausgleich, 2. Aufl. 2013
Haußleiter/Schulz, Vermögensauseinandersetzung bei Trennung und Scheidung, 6. Aufl. 2015
Johannsen/Henrich, Familienrecht, Scheidung, Unterhalt, Verfahren – Kommentar, 6. Aufl. 2015
Krenzler, Vereinbarungen bei Trennung und Scheidung, 5. Aufl. 2012
Niepmann/Schwamb, Die Rechtsprechung zur Höhe des Unterhalts, 13. Aufl. 2016
Schnitzler, Münchner Anwaltshandbuch Familienrecht, 4. Aufl. 2014
Schwab, Handbuch des Scheidungsrechts, 7. Aufl. 2013
Wendl/Dose, Das Unterhaltsrecht in der familienrichterlichen Praxis, 9. Aufl. 2015

Abkürzungsverzeichnis

aaO	am angegebenen Ort
AFG	Arbeitsförderungsgesetz
BAFöG	Bundesausbildungsförderungsgesetz
BayObLG	Bayerisches Oberstes Landesgericht
BeamtVG	Beamtenversorgungsgesetz
BetrAVG	Gesetz zur Verbesserung der betrieblichen Altersversorgung
BFH	Bundesfinanzhof
BGB	Bürgerliches Gesetzbuch
BGH	Bundesgerichtshof
BGBL	Bundesgesetzblatt
BGH GS	Bundesgerichtshof Großer Senat
BGHZ	BGH, Entscheidungssammlung in Zivilsachen
BSG	Bundessozialgericht
BSHG	Bundessozialhilfegesetz
BStBl	Bundessteuerblatt
BVerfGE	Entscheidungssammlung des Bundesverfassungsgerichts
EGBGB	Einführungsgesetz zum Bürgerlichen Gesetzbuch
EStG	Einkommensteuergesetz
EStR	Einkommensteuerrichtlinien
EUR	Euro
FamFG	Gesetz über das Verfahren in Familiensachen und in den Angelegenheiten der freiwilligen Gerichtsbarkeit
FamGKG	Familiengerichtskostengesetz
FamRZ	Zeitschrift für das gesamte Familienrecht
iSd	im Sinne des/der
iVm	in Verbindung mit
Kap.	Kapitel
NJW	Neue Juristische Wochenschrift
NJW-RR	NJW-Rechtsprechungs-Report
OLG	Oberlandesgericht
RVG	Rechtsanwaltsvergütungsgesetz
Rn.	Randnummer
SGB V	Sozialgesetzbuch, 5.Buch, Gesetzliche Krankenversicherung
SGB VI	Sozialgesetzbuch, 6.Buch, Gesetzliche Rentenversicherung
SGB VIII	Sozialgesetzbuch, 8.Buch, Kinder- und Jugendhilfe
StGB	Strafgesetzbuch
VersAusglG	Gesetz über den Versorgungsausgleich
VBL	Versorgungsanstalt des Bundes und Länder
vgl.	vergleiche

Abkürzungsverzeichnis

zB . . . . zum Beispiel
ZPO . . . . Zivilprozessordnung
zzgl. . . . . zuzüglich

A. Trennung und Scheidung

I. Das Scheitern der Ehe

1. Getrenntleben als Zeichen des Scheiterns

Eine Ehe ist gemäß § 1565 Abs. 1 S. 1 BGB zu scheiden, wenn sie gescheitert ist. Dies ist gemäß S. 2 der gleichen Vorschrift dann der Fall, wenn die Lebensgemeinschaft der Ehegatten nicht mehr besteht und auch nicht erwartet werden kann, dass sie wiederhergestellt werden wird. Gemäß § 1566 Abs. 1 und 2 BGB wird das Scheitern einer Ehe **unwiderleglich vermutet,** wenn die Ehegatten 1

- seit **einem Jahr getrennt** leben und beide die Scheidung beantragen oder der eine dem Scheidungsantrag des anderen zustimmt (**Konventionalscheidung**)
- oder seit **drei Jahren getrennt** leben.

Ist einer dieser beiden Fälle gegeben, so hat das Gericht ohne weitere Prüfung von dem Scheitern der Ehe auszugehen. 2

Die **Trennung** eines Ehepaares vollzieht sich in der Regel durch eine innere Ablösung des einen Partners von dem anderen und durch ein entsprechendes äußeres Verhalten, durch das das Getrenntleben als ein faktischer Zustand herbeigeführt wird (Realakt). Dementsprechend lebt ein Ehepaar nach der Formulierung des Gesetzes getrennt, wenn „zwischen den Ehegatten keine häusliche Gemeinschaft besteht und ein Ehegatte sie erkennbar nicht herstellen will, weil er die eheliche Lebensgemeinschaft ablehnt" (§ 1567 Abs. 1 S. 1 BGB). Ein übereinstimmender Wille der Ehepartner ist dafür also ebenso wenig erforderlich wie die Durchführung eines **förmlichen Verfahrens.** Vielmehr genügt das tatsächliche Getrenntleben, wobei für die Aufhebung der häuslichen Gemeinschaft der Grundsatz der **vollständigen Trennung** gilt. Verwirklichen lässt sich das natürlich am besten in getrennten Wohnungen, doch wird dies schon aus wirtschaftlichen Gründen oft nicht möglich sein. Deshalb hat der Gesetzgeber in § 1567 Abs. 1 S. 2 BGB ausdrücklich festgehalten, dass die Ehegatten auch innerhalb der ehelichen Wohnung getrennt leben können. Welche Anforderungen dabei an die Trennung aller Lebensbereiche zu stellen sind, wird von den Gerichten im Einzelfall unterschiedlich streng beurteilt. Im Zweifel empfiehlt es sich deshalb, Erkundigungen über die örtlichen Gepflogenheiten einzuholen. 3

Generell lässt sich aber sagen, dass ein getrenntes Schlafen und Essen nicht genügt, sondern eine weitgehend **getrennte Haushaltsführung** hinzukommen muss. Das bedeutet nicht nur ein Wirtschaften mit getrennten Kassen, sondern auch, dass sich jeder Ehepartner selbst versorgen muss. Dazu gehören die täglichen Einkäufe ebenso wie das Kochen und Putzen, die Versorgung der Wäsche und ähnliches. Von der bisherigen ehelichen Wohnung können Küche, Bad und andere gemeinschaftlich genutzte Räume auch weiterhin gemeinschaftlich genutzt werden, doch muss im Übrigen jedem der Ehepartner ein bestimmter Bereich zur alleinigen Nutzung zugeordnet worden sein. Lebt das Ehepaar in dieser Weise getrennt, dann ändert ein im Interesse der Kinder gemeinsam eingenommenes 4

Essen am Wochenende oder auch eine gelegentliche gemeinsame Unternehmung nichts daran. Auf alle Fälle muss die Trennung aber auch von dem Willen zumindest eines der Ehepartner getragen sein, mit dem anderen nicht mehr ehelich zusammenzuleben (**Trennungsabsicht**). Denn es kommt natürlich häufiger vor, dass ein Ehepaar zum Beispiel aus beruflichen Gründen über längere Zeit räumlich voneinander getrennt lebt, aber an der ehelichen Lebensgemeinschaft festhält. In allen diesen Fällen lebt das Ehepaar nicht getrennt im Sinne des Gesetzes, weil es an der hierfür erforderlichen subjektiven Komponente, nämlich der mit der objektiven Trennung verbundenen Trennungsabsicht zumindest eines der Ehepartner fehlt. Tritt eine solche Ab sicht erstmals während einer schon bestehenden räumlichen Trennung auf, muss sie auch nach außen sichtbar gemacht werden, um ein Getrenntleben im Rechtssinne herbeizuführen. Vorher schon vorhanden gewesene, aber nicht erkennbar gewordene Trennungsabsichten bleiben also unbeachtlich. Es empfiehlt sich daher, die Entscheidung für ein Getrenntleben und die geplante Art und Weise seiner Durchführung schriftlich dem jeweils anderen Ehepartner oder wenigstens Dritten mitzuteilen. Denn nur ein Getrenntleben in dem dargestellten Sinne und für die in § 1566 BGB festgelegte Dauer rechtfertigt die gesetzliche Vermutung einer gescheiterten Ehe, wobei ein Zusammenleben über kürzere Zeit, das der Versöhnung der Ehegatten dienen soll, gemäß § 1567 Abs. 2 BGB unschädlich ist.

2. Einvernehmliche Scheidung

5   Ist eine Ehe nach der gesetzlichen Vermutung des § 1566 **Abs. 1** BGB **nach 1-jährigem Getrenntleben** als **gescheitert** anzusehen, weil beide Ehegatten die Scheidung wünschen (**Konventionalscheidung**), bedarf es für die Scheidung der Ehe, anders als nach dem bis zum 1.9.2009 gültig gewesenen Recht, keiner weiteren Einigung des Ehepaares mehr über:

- die elterliche Sorge und den Umgang mit den aus der Ehe hervorgegangenen Kindern
- die Unterhaltspflicht gegenüber den gemeinschaftlichen minderjährigen Kindern und gegenüber dem Ehepartner sowie
- die Rechtsverhältnisse an der Ehewohnung und am Hausrat

6   Vielmehr genügt nun gemäß § 133 Abs. 1 Nr. 2 FamFG eine Erklärung in der Scheidungsantragsschrift, ob die Ehegatten überhaupt diesbezügliche Regelungen getroffen haben oder nicht. Damit mahnt der Gesetzgeber also nur noch eine Vereinbarung des Ehepaares über alle diese Punkte an, wohl wissend, dass streitige Auseinandersetzungen die ohnehin schon belastende Situation noch zusätzlich erheblich erschweren.

3. Streitige Scheidung

7   **Kann das Scheitern der Ehe nicht** gemäß § 1566 Abs. 1 BGB **vermutet werden**, leben die Ehepartner also

- nicht oder noch nicht ein Jahr voneinander getrennt oder

- leben sie zwar seit einem Jahr, aber noch nicht drei Jahre voneinander getrennt und ist einer von ihnen mit der Scheidung der Ehe nicht einverstanden,

dann führt dies **nicht** etwa zu einem **Ausschluss der Ehescheidung**. Vielmehr steht dann immer noch die Möglichkeit offen, die Ehe nach dem Grundtatbestand des § 1565 Abs. 1 oder § 1565 Abs. 2 BGB zu scheiden. Um dem Gericht die sachliche Prüfung zu ermöglichen, ob die Ehe tatsächlich gescheitert ist, muss der zur Scheidung entschlossene Ehepartner dann allerdings im Einzelnen darlegen und beweisen, warum er die Ehe für gescheitert hält. Dabei genügt es jedoch, wenn er zur Überzeugung des Gerichts darlegt, dass zumindest er selbst sich nicht mehr an die Ehe gebunden fühlt und auch nicht mehr zu seinem Ehepartner zurückfinden wird[1]. Die Tatsache des kürzeren oder längeren Getrenntlebens darf dabei nur als ein Indiz für eine solche einseitige Zerrüttung gewertet werden, während es ausreicht, wenn eine unüberwindliche Abneigung gegen den anderen Ehepartner, ständige Streitigkeiten oder das Zusammenleben mit einem neuen Partner hinzutreten. Umgekehrt stehen sachliche Briefe, der Besuch des kranken Ehepartners oder eine mitmenschliche Achtung gegenüber dem alkoholkranken Ehepartner der Feststellung einer Zerrüttung der Ehe auch dann nicht entgegen, wenn der andere Ehepartner noch an der Ehe festhält und versöhnungsbereit ist. Dies ist die Erklärung dafür, dass der Widerspruch eines Ehepartners bei einem mehr als einjährigen, aber noch nicht dreijährigen Getrenntleben des Ehepaares für die Scheidung der Ehe praktisch ohne jede Bedeutung ist.

II. Scheidungshindernisse

1. Das Trennungsjahr als relatives Hindernis

Ist eine Ehe gescheitert, muss sie dennoch nicht immer und ohne Weiteres von dem Familiengericht geschieden werden. Lebt nämlich ein Ehepaar im Zeitpunkt der letzten mündlichen Verhandlung über einen Scheidungsantrag **weniger als ein Jahr** getrennt, dann darf die Ehe selbst dann nicht geschieden werden, wenn sie nach den Feststellungen des Gerichts gescheitert ist und beide Ehepartner die Scheidung wünschen (**Mindesttrennungsdauer**). Eine Ausnahme von diesem Grundsatz lässt § 1565 Abs. 2 BGB nur für den Fall zu, dass die Fortsetzung der Ehe für den scheidungswilligen Partner aus Gründen, die in der Person des anderen Ehegatten liegen, eine **unzumutbare Härte** darstellen würde. Dies wäre zum Beispiel dann der Fall, wenn ein Ehepartner von dem anderen körperlich misshandelt wird oder laufend Ausfälligkeiten in Verbindung mit übermäßigem Alkoholgenuss ausgesetzt ist. Verstöße gegen die eheliche Treue gelten dagegen nicht immer und ohne weiteres als sofortiger Scheidungsgrund, weil sie nach heutigen Maßstäben nicht notwendig das endgültige Scheitern einer Ehe bedeuten, sondern oft nur Episode bleiben oder zwar eine Ehekrise signalisieren, die aber noch bewältigt werden kann.

---

[1] **Einseitige Zerrüttung** – BGH FamRZ 1979, 1003.

A. Trennung und Scheidung

2. Härtefälle als absolutes Hindernis

9   Ein **zwingendes Scheidungsverbot** enthält § 1568 BGB. Nach dieser Vorschrift darf nämlich auch eine gescheiterte Ehe nicht geschieden werden, wenn und solange

- ihre Aufrechterhaltung im Interesse der aus der Ehe hervorgegangenen minderjährigen Kinder aus besonderem Grund ausnahmsweise notwendig ist oder
- die Scheidung für den Antragsgegner, der sie ablehnt, aufgrund außergewöhnlicher Umstände eine so schwere Härte darstellen würde, dass die Aufrechterhaltung der Ehe auch unter Berücksichtigung der Belange des Antragstellers ausnahmsweise geboten erscheint.

10   Die vom Gesetzgeber gewählten Formulierungen wie „aus besonderem Grund", „ausnahmsweise notwendig", „außergewöhnliche Umstände" machen allerdings den Ausnahmecharakter der Vorschrift deutlich, die dementsprechend auch nur sehr selten angewandt wird. Dies gilt auffälligerweise für die Kinderschutzklausel noch weit mehr als für die Klausel zum Schutz des scheidungsunwilligen Ehepartners. Als außergewöhnliche, über das normale scheidungsbedingte Maß hinausgehende Belastungen sind insoweit in Betracht gezogen worden: Schwere Krankheit des Antragsgegners; Alleingelassenwerden zur Zeit besonderer Schicksalsschläge; außergewöhnlicher Einsatz des Antragsgegners für den Antragsteller und für die Familie; Bewährung der Ehe in schwerer Krise; lange Dauer einer harmonisch verlaufenen Ehe; fortgeschrittenes Alter der Eheleute bzw. des Antragsgegners. Das heißt jedoch nicht, dass derartige Umstände für sich allein genommen oder in Kombination miteinander regelmäßig die Versagung der Ehescheidung rechtfertigten. Vielmehr kommt es immer auf die Würdigung des Einzelfalles an, wobei der Widerstand eines Ehepartners gegen eine Scheidung häufig auch an der Dauer und den Belastungen des damit verbundenen Verfahrens zerbrechen oder durch großzügige Folgeregelungen überwunden werden dürfte.

B. Elterliche Sorge und Umgangsrecht

I. Vom gemeinsamen Sorgerecht bis zur Alleinsorge

1. Inhalt des gemeinsamen Sorgerechts

Eltern haben nicht nur das Recht, sondern auch die Pflicht, für ihr minderjähriges Kind zu sorgen, und zwar jeder Elternteil in allen Bereichen (§ 1626 BGB). Dazu gehört die Sorge für die Person des Kindes (**Personensorge**) ebenso wie die Sorge für sein Vermögen (**Vermögenssorge**). 11

Die **Personensorge** umfasst insbesondere die Pflicht und das Recht, das Kind zu pflegen, zu erziehen und zu beaufsichtigen sowie das bei Trennung und Scheidung immer wieder umstrittene Recht, den **Aufenthalt des Kindes** und seinen **Umgang** zu bestimmen (§ 1631 Abs. 1 BGB). Im Verhältnis zu Dritten wird das minderjährige Kind von seinen Eltern gemeinschaftlich vertreten (§ 1629 Abs. 1 BGB). Bei der **Vermögenssorge** geht es demgegenüber um die Verwaltung des Kindesvermögens mit dem Ziel, es gemäß den gesetzlichen Bestimmungen (§§ 1638–1649, 1698–1698b BGB) zu erhalten, zu verwerten und zu vermehren. 12

Die Eltern haben die elterliche Sorge in diesem umfassenden Sinne in eigener Verantwortung und in gegenseitigem Einvernehmen zum Wohle des Kindes auszuüben. Bei Meinungsverschiedenheiten müssen sie versuchen, sich zu einigen (§ 1627 BGB). Ist die Meinung eines Elternteils zu einer bestimmten Maßnahme nicht bekannt, so muss sie vorher eingeholt werden. Können sich die Eltern dann in einer einzelnen Angelegenheit oder in einer bestimmten Art von Angelegenheiten, deren Regelung für das Kind von erheblicher Bedeutung ist, nicht einigen, so kann das **Familiengericht** auf Antrag eines Elternteils die Entscheidung einem Elternteil übertragen, sofern dies dem Wohle des Kindes entspricht (§ 1628 Abs. 1 S. 1 BGB). Dazu gehören in der Praxis insbesondere die Entscheidungen über den Besuch einer bestimmten Schule oder die Ausübung einer bestimmten Sportart ebenso wie Entscheidungen über eine bestimmte ärztliche Behandlung und den Umgang eines Kindes. 13

Jedes Handeln eines Elternteils gegen den erklärten oder mutmaßlichen Willen des anderen ohne eine solche vorherige Entscheidung des Familiengerichts stellt deshalb eine Verletzung des Sorgerechts des jeweils anderen Elternteils dar, wie sie insbesondere bei dem Auszug eines Ehepartners aus der ehelichen Wohnung immer wieder vorkommt. Denn ein solcher Auszug wird aus Angst vor der Reaktion des Ehepartners oft nicht angekündigt, das gemeinsame Kind aber kurzerhand mitgenommen. Ein solches Vorgehen kann durchaus als strafbare **Kindesentführung** gemäß § 235 StGB gewertet werden[2] und stellt in jedem Falle einen besonders schweren Eingriff in die Eltern-Kind-Beziehung dar. Es löst deshalb bei dem allein gelassenen Partner häufig noch sehr viel heftigere Reaktionen aus 14

---

[2] BGH FamRZ 1999, 651, wonach sich sogar der allein sorgeberechtigte Elternteil nach § 235 StGB strafbar machen kann, wenn er dem „nur" umgangsberechtigten Elternteil das Kind entzieht.

als sie bei einer vorherigen Besprechung des geplanten Auszuges zu erwarten wären und verstärkt die Gefahr einer unversöhnlichen Frontstellung der Eltern zueinander, die sich auf das Wohl der Kinder nur nachteilig auswirken kann. Eine solche Aktion sollte deshalb nur in absoluten Ausnahmefällen durchgeführt und ihr Für und Wider zuvor sorgfältig abgewogen werden, um die in aller Regel bei beiden Eltern vorhandene Bereitschaft zu einer gütlichen Einigung nicht unnötig zu verschütten. Dies umso mehr, als der von einer solchen einseitigen Maßnahme betroffene Elternteil seinerseits eine Entscheidung des Familiengerichts herbeiführen und auf diese Weise die gegen seinen Willen erfolgte Trennung von seinen Kindern eventuell wieder rückgängig machen kann. Will er eine Zementierung des gegen seinen Willen geschaffenen Zustandes vermeiden, ist ihm zu einem solchen Vorgehen sogar dringend zu raten. Allerdings sollte den Kindern das damit verbundene Hin und Her nach Möglichkeit erspart bleiben, haben sie doch unter einer Trennung der Eltern ohnehin schon genug zu leiden.

2. Fortdauer des gemeinsamen Sorgerechts trotz Trennung

15   Entschließt sich ein Ehepaar mit einem oder mehreren minderjährigen Kindern, nicht nur vorübergehend **getrennt zu leben**, dann kann dies nahezu ohne jeden Einfluss auf die **gemeinsame Ausübung** des elterlichen Sorgerechts bleiben. Denn die bloße Trennung der Eltern ändert an der zuvor geschilderten Rechtslage nichts und auch das Familiengericht muss gemäß § 1666 Abs. 1 BGB nur ausnahmsweise bei einer Gefährdung des Kindeswohls von Amts wegen in das Sorgerechtsverhältnis eingreifen. Stattdessen legt der Gesetzgeber auch weiterhin die Verantwortung für das Wohl und Wehe der Kinder in die Hände ihrer Eltern und lässt ihnen alle Möglichkeiten, ohne äußere Zwänge nach tragfähigen Regelungen für die Zukunft zu suchen.

16   Zwar kann kein Elternteil auf die Ausübung der elterlichen Sorge **verzichten**, weil sie eben immer auch eine gesetzlich auferlegte Pflicht ist (§ 1626 Abs. 1 S. 1 BGB), der man sich nicht einfach entledigen kann. Doch können die Eltern die **Ausübung** ihres Sorgerechts **frei gestalten**, wobei dann die getroffenen Vereinbarungen als Auftrag und Vollmacht für den das Sorgerecht ausübenden Elternteil zu verstehen sind, entsprechend zu handeln. Solche Vereinbarungen können die aus dem gemeinsamen Sorgerecht folgende gemeinsame Verantwortung und Kompetenz der Eltern zwar nicht mit bindender Wirkung für die Zukunft einschränken, weshalb erteilte Vollmachten ebenso wie die Überlassung bestimmter Sorgerechtsfunktionen stets widerruflich sind. Doch sollten sich die Eltern dessen ungeachtet nicht nur in ihrem eigenen Interesse, sondern vor allem auch im Interesse ihrer Kinder intensiv um neue, konfliktarme oder -freie Formen der Ausübung ihres Sorgerechts bemühen. Denn wenn auch ihre Ehe gescheitert ist – ihre **gemeinsame Elternschaft** besteht doch fort und sie bleiben einander über die gemeinsamen Kinder auf Dauer in vielfältigster Weise verbunden. Eine seelisch möglichst ungestörte und ungezwungene Beziehung der Kinder zu beiden Elternteilen entspricht deshalb nach wie vor den kindlichen Bedürfnissen und ist eine wesentliche Voraussetzung für ihre weitere positive Entwicklung.

17   Aus diesem Grunde wird den Eltern gemäß den §§ 17 und 28 SGB VIII im Rahmen der Jugendhilfe auch eine umfassende **Beratung** bei Trennung und/oder Scheidung angeboten, die ihnen helfen soll, auch in diesen Situationen ihre ge-

I. Vom gemeinsamen Sorgerecht bis zur Alleinsorge

meinsame Elternverantwortung zum Wohle ihres Kindes wahrzunehmen. Dazu gehört nach dem ausdrücklichen Willen des Gesetzes auch die Unterstützung der Eltern bei der Entwicklung eines einvernehmlichen Konzepts für die Wahrnehmung ihrer elterlichen Sorge, das dann als Grundlage für die spätere richterliche Entscheidung über das Sorgerecht dienen kann. Nicht Konfrontation sondern Kooperation ist also gerade auf diesem Gebiet die vornehmste Aufgabe der Eltern und sie sollten ihr dadurch gerecht werden, dass sie von dem inzwischen doch recht großen Angebot staatlicher und privater Beratungsstellen lange vor dem Gang zum Gericht und auch noch vor dem Gang zu einem Rechtsanwalt oder einer Rechtsanwältin intensiven Gebrauch machen.

Getroffene **Vereinbarungen** sollten **schriftlich** festgehalten oder unter dem Gesichtspunkt der Rechtssicherheit auch zum Gegenstand einer familiengerichtlichen Entscheidung gemacht werden, indem der eine Elternteil eine Übertragung der elterlichen Sorge in dem vereinbarten Umfang auf ihn allein beantragt und der andere Elternteil diesem Antrag zustimmt (§ 1671 Abs. 2 Nr. 1 BGB). Eine Abänderung der antragsgemäß ergangenen Entscheidung ist dann nur noch durch das Familiengericht unter den erschwerten Voraussetzungen des § 1696 Abs. 1 BGB möglich. Eine solche gerichtliche Entscheidung kann von den Eltern auch ohne besonderen Kostenaufwand herbeigeführt werden, da sie in isolierten Sorgerechts- und Umgangsangelegenheiten keiner Vertretung durch einen Rechtsanwalt bedürfen (§ 114 Abs. 1 FamFG), die gewünschte Entscheidung also selbst beantragen können. Sollen die von den Eltern getroffenen Vereinbarungen dagegen zunächst einmal erprobt und nötigenfalls den Erfahrungen aus der alltäglichen Praxis angepasst werden, empfiehlt es sich, diese Vereinbarungen gerade nicht sogleich durch eine entsprechende richterliche Entscheidung zu verfestigen. **18**

3. Gesetzliche Aufteilung des Sorgerechts

Wird das Getrenntleben in derselben Wohnung oder in demselben Haus verwirklicht, sollte es bei einer **gemeinsamen Ausübung des elterlichen Sorgerechts** verbleiben, weil die Eltern sich dann ohnehin wie bisher um die Kinder kümmern und sich über Erziehungsfragen austauschen können; und auch wenn sie in räumlich nicht allzu großer Entfernung voneinander getrennt leben, lässt sich das elterliche Sorgerecht mit einigen Änderungen und Abstrichen immer noch gemeinsam ausüben. Voraussetzung ist natürlich stets, dass das Ehepaar die Eltern-Kind-Beziehung von den ehelichen Konflikten freihalten und die Elternschaft als eine unverändert gemeinsame Aufgabe erkennen und akzeptieren kann. **19**

Lassen die ehelichen Konflikte oder auch eine größere räumliche Entfernung der Eltern ein derart intensives Zusammenwirken bei der Ausübung der elterlichen Sorge nicht zu, gibt § 1687 Abs. 1 BGB getrennt lebenden Eltern eine **Aufteilung ihrer Entscheidungsrechte** im Rahmen ihres **weiterhin bestehenden gemeinsamen Sorgerechts** vor: In Angelegenheiten des täglichen Lebens entscheidet derjenige Elternteil, bei dem sich das Kind mit Einwilligung des anderen Elternteils oder aufgrund einer gerichtlichen Entscheidung gewöhnlich aufhält, allein; in Angelegenheiten, die für das Kind von erheblicher Bedeutung sind, bleibt dagegen das Einvernehmen der Eltern erforderlich, es sei denn, es läge Gefahr im Verzug vor (§ 1687 Abs. 1 S. 5 iVm § 1629 Abs. 1 S. 4 BGB). Unter Angelegenheiten des täglichen Lebens sind nach Abs. 1 S. 3 der Vorschrift solche zu verstehen, die häufig vorkom- **20** men und keine schwer abzuändernden Auswirkungen auf die Entwicklung des Kindes haben, so dass also zum Beispiel Entscheidungen über einen Schul- oder gar einen Ortswechsel (Wegzug) nicht darunterfallen. Solange sich das Kind mit Einwilligung desjenigen Elternteils, bei dem es dauernd lebt, oder aufgrund einer gerichtlichen Entscheidung bei dem anderen Elternteil aufhält, also typischerweise im Rahmen des Umgangs mit diesem Elternteil, entscheidet wiederum dieser allein – allerdings nur in einem sehr eingeschränkten Umfang, nämlich in Angelegenheiten der „tatsächlichen Betreuung" (§ 1687 Abs. 1 S. 4 BGB).

21   Diese **kraft Gesetzes** eintretende Aufteilung der elterlichen Entscheidungsrechte setzt zwingend voraus, dass

- die Eltern nicht nur vorübergehend getrennt leben und
- das Kind mit Einwilligung des einen Elternteils oder aufgrund einer gerichtlichen Entscheidung seinen gewöhnlichen Aufenthalt bei dem jeweils anderen Elternteil hat.

22   Können sich die Eltern anlässlich ihrer Trennung nicht darüber verständigen, bei wem von ihnen ihr Kind sich in Zukunft gewöhnlich aufhalten soll, greift also die gesetzliche Aufteilung der elterlichen Entscheidungsrechte gemäß § 1687 Abs. 1 BGB erst ein, wenn hinsichtlich des zukünftigen gewöhnlichen Aufenthaltes des Kindes eine Entscheidung des Familiengerichts herbeigeführt worden ist.

4. Partielle oder vollständige Alleinsorge

23   **Können sich die Eltern** über den zukünftigen gewöhnlichen Aufenthalt ihres Kindes oder auch über andere Angelegenheiten, die für das Kind von erheblicher Bedeutung sind, **nicht einigen**, kann jeder Elternteil bei dem Familiengericht beantragen, dass ihm speziell ein Teilbereich der elterlichen Sorge oder auch die elterliche Sorge insgesamt allein übertragen wird (**partielle oder vollständige Alleinsorge** – § 1671 Abs. 1 BGB). Einem solchen Antrag hat das Familiengericht gemäß § 1671 Abs. 2 BGB stattzugeben, **soweit**

- der andere Elternteil zustimmt und das Kind, wenn es das 14. Lebensjahr vollendet hat, der Übertragung nicht widerspricht oder
- zu erwarten ist, dass nicht nur die Aufhebung der gemeinsamen Sorge, sondern auch die Übertragung gerade auf den Antragsteller dem Wohl des Kindes am besten entspricht.

24   Das Familiengericht hat also immer zu prüfen, ob und inwieweit die gestellten Anträge die beiden genannten Kriterien erfüllen und kann nach dem Verhältnismäßigkeitsgrundsatz auch hinter den gestellten Anträgen zurückbleiben oder über sie hinausgehen, wenn es aufgrund des ihm vorgetragenen Sachverhalts ein Einschreiten von Amts wegen für geboten hält (§ 1666 BGB).

25   Die Sorgerechtsentscheidungen, die sowohl zu jeder Zeit des dauernden Getrenntlebens in einem **isolierten Sorgerechtsverfahren** als auch im Zusammenhang mit einem Ehescheidungsverfahren als **Folgesache** herbeigeführt werden können, bedürfen einer sorgfältigen Ermittlung des Sachverhalts, wobei das Gericht in jeder Lage des Verfahrens auf ein Einvernehmen der Beteiligten hinzuwirken hat und auch anordnen kann, dass die Eltern an einer Beratung durch das Jugendamt teilnehmen (§ 156 Abs. 1 FamFG). Im Interesse des Kindeswohls

unterliegt das gerichtliche Verfahren in Angelegenheiten, die den Aufenthalt des Kindes, das Umgangsrecht oder die Herausgabe des Kindes betreffen, sowie Verfahren wegen Gefährdung des Kindeswohls einem Vorrang- und Beschleunigungsgebot (§ 155 Abs. 1 FamFG). Das Gericht hat deshalb in diesen Verfahren die Sache spätestens einen Monat nach Beginn des Verfahrens mit den Beteiligten in einem Termin zu erörtern und in diesem Termin auch das Jugendamt anzuhören. Eine Verlegung des Termins ist nur aus zwingenden Gründen zulässig (§ 155 Abs. 2 FamFG). Kann in dem Termin keine einvernehmliche Regelung erzielt werden, hat das Gericht mit den Beteiligten und dem Jugendamt den Erlass einer **einstweiligen Anordnung** zu erörtern. Ordnet es die Teilnahme der Beteiligten an einer Beratung oder eine schriftliche Begutachtung an, soll es das Umgangsrecht für diese Zeit durch einstweilige Anordnung regeln oder ausschließen. Das Kind soll vor dem Erlass einer einstweiligen Anordnung persönlich angehört werden (§ 156 Abs. 3 FamFG). Außerdem hat das Gericht dem Kind einen **Verfahrensbeistand** zu bestellen,

- wenn eine Trennung des Kindes von der Person erfolgen soll, in deren Obhut es sich befindet,
- in Verfahren, die die Herausgabe des Kindes oder eine Verbleibensanordnung zum Gegenstand haben, oder
- wenn der Ausschluss oder eine wesentliche Beschränkung des Umgangsrechts in Betracht kommt (§ 158 Abs. 1 und 2 FamFG).

Über Anträge zur Regelung der elterlichen Sorge oder des Umgangsrechtes, die im Rahmen eines **Ehescheidungsverfahrens** gestellt werden, muss das Familiengericht grundsätzlich gleichzeitig und zusammen mit der Entscheidung in der Scheidungssache entscheiden (**Entscheidungsverbund**), es sei denn, es hält die Einbeziehung in den Verbund aus Gründen des Kindeswohls nicht für sachgerecht (§ 137 Abs. 3 FamFG). Aus den gleichen Gründen kann es eine derartige Folgesache jedoch auf Antrag eines Ehegatten auch von der Scheidungssache abtrennen (§ 140 Abs. 2 Nr. 3 FamFG). Wird die Ehe antragsgemäß geschieden, bleiben die von dem Gericht erlassenen einstweiligen Anordnungen über die Rechtskraft des Scheidungsbeschlusses hinaus in Kraft, bis eine anderweitige Regelung wirksam geworden ist (§ 56 Abs. 1 FamFG). 26

II. Regelungsmöglichkeiten

1. Grundtypen

Für die inhaltliche Regelung des Sorgerechts kommen nicht nur während der Zeit des Getrenntlebens, sondern auch für die Zeit nach der Scheidung einer Ehe ohne Unterschied folgende **Grundtypen** in Betracht: 27

- die Fortführung des gemeinsamen Sorgerechts,
- die – beliebige – Aufteilung des Sorgerechts,
- das alleinige Sorgerecht eines Elternteils unter vollständigem Ausschluss des anderen,
- gerichtliche Maßnahmen bis hin zur Einschaltung eines Vormunds oder Pflegers.

B. Elterliche Sorge und Umgangsrecht

28 Die ersten drei dieser Rechtsformen lassen sich zwar ebenso wie die vierte juristisch deutlich voneinander unterscheiden, können sich aber aufgrund der bestehenden Gestaltungsfreiheit in der Praxis weitgehend überlagern. So werden die Eltern auch dann, wenn sie ihr **gemeinsames Sorgerecht beibehalten**, eine Aufteilung ihrer Entscheidungsrechte in dem oben → Rn. 20 geschilderten Sinne vornehmen. Die Entscheidung für die eine oder andere Gestaltungsform ist deshalb nicht grundsätzlicher Natur, sondern kann von der jeweiligen Einstellung der Eltern zu dieser Frage und Zweckmäßigkeitsgesichtspunkten abhängig gemacht werden. So spricht der Wunsch, in die Mitverantwortung für ein Kind auch nach außen sichtbar eingebunden zu bleiben, sicherlich für die Beibehaltung der gemeinsamen elterlichen Sorge und eine – vereinbarte – Aufteilung der Entscheidungsrechte, während eine – inhaltlich gleiche – förmliche Aufteilung der elterlichen Sorge bei der Vertretung eines Kindes gegenüber Dritten (Schule, Arzt) zweckmäßig erscheinen kann.

2. Alleinsorge

29 Etwas anderes gilt lediglich dann, wenn ein Elternteil das Sorgerecht für ein Kind ohne jede Einschränkung allein wahrnehmen soll oder will (**vollständige Alleinsorge**). Denn dann sollte bei einem Einvernehmen der Eltern hierüber, wie in → Rn. 18 schon dargelegt, im Interesse der Rechtssicherheit und -klarheit auch eine entsprechende Entscheidung des Familiengerichts herbeigeführt werden, während es im Streitfalle für jeden Elternteil natürlich „ums Ganze" geht. Allerdings hat das Familiengericht einem Antrag auf Übertragung der elterlichen Sorge oder auch nur eines Teils davon allein auf einen Elternteil gemäß § 1671 Abs. 2 Nr. 2 BGB nur stattzugeben, so weit zu erwarten ist, dass nicht nur die Aufhebung der gemeinsamen Sorge, sondern auch die Übertragung gerade auf den Antragsteller unter Berücksichtigung der tatsächlichen Gegebenheiten und Möglichkeiten sowie der berechtigten Interessen aller Beteiligten dem **Wohl des Kindes** am besten entspricht. Der Wunsch eines Elternteils, von der gemeinsamen Sorge für ein Kind weder teilweise noch erst recht ganz ausgeschlossen zu werden, spielt demgegenüber nur indirekt eine Rolle. Denn es gibt keine (gesetzliche) Vermutung dafür, dass die gemeinsame elterliche Sorge im Zweifel die für das Kind beste Form der Wahrnehmung elterlicher Verantwortung ist. Der **gemeinsamen Sorge** kommt deshalb **kein Vorrang vor der Alleinsorge** eines Elternteils zu[3]. Umgekehrt rechtfertigt allein der Wunsch, sich nicht mehr mit dem jeweils anderen Elternteil auseinander setzen zu müssen, sondern seine Ruhe vor ihm zu haben, die Aufhebung der gemeinsamen elterlichen Sorge nicht. Vielmehr müssen die Eltern gemäß § 1627 S. 2 BGB bei Meinungsverschiedenheiten stets versuchen, sich zu einigen. Infolgedessen kommt es für die von dem Familiengericht zu treffende Entscheidung allein darauf an, ob sich die Meinungsverschiedenheiten der Eltern und ihre mangelnde **Kooperationsfähigkeit** so nachteilig auf das Kindeswohl auswirken, dass die Aufhebung der gemeinsamen Sorge seinem Wohl am besten entspricht. Dies wird insbesondere bei Mehrfachkonflikten wie Streitigkeiten um den gewöhnlichen Aufenthalt, das Umgangsrecht und die Vermögenssorge der Fall sein. Dagegen steht auch eine große räumliche Entfernung allein

---

[3] BGH NJW 2000, 203 und BVerfG NJW 2008, 994.

II. Regelungsmöglichkeiten

der gemeinsamen elterlichen Sorge nicht entgegen, weil es bei ihrer Ausübung nicht um die alltäglichen Dinge (→ Rn. 20), sondern um die für das Kind bedeutsamen, langfristigen und dementsprechend auch längerfristig vorzubereitenden Weichenstellungen geht.

Kommt das Familiengericht zu der Überzeugung, dass die – teilweise oder vollständige – Aufhebung der gemeinsamen Sorge wegen der Konflikte der Eltern dem Wohl des Kindes am besten entspricht, so hat es in einem zweiten Schritt zu prüfen, ob dies auch für die Übertragung des Sorgerechts gerade auf den Antragsteller (die Antragstellerin) gilt. Denn die mangelnde Kooperationsfähigkeit der Eltern kann ihre Ursache gerade in der Person des Antragstellers (der Antragstellerin) haben, der (die) den anderen Elternteil von der Sorge für das gemeinsame Kind auszuschließen und – in derartigen Fällen häufig – auch den Umgang des anderen Elternteils mit dem Kind zumindest einzuschränken versucht. 30

Der Antragsgegner (die Antragsgegnerin) kann und wird solchen Versuchen dann mit eigenen Anträgen auf Übertragung der Alleinsorge auf ihn begegnen, womit der Streit um die beste Sorge für das gemeinsame Kind zu einem Streit um die Erziehungseignung der Eltern wird und in aller Regel in einem völligen Abbruch aller Kontakte endet. Schon aus diesem Grunde sollten Anträge auf Übertragung der vollständigen Alleinsorge unter nahezu allen Umständen vermieden und jedenfalls ihre Erfolgsaussichten unter Berücksichtigung der insoweit sehr unterschiedlichen regionalen Rechtsprechung besonders sorgfältig geprüft werden. Zweifel des Gerichts, ob die beantragte Regelung unter Berücksichtigung der gegebenen (§ 1687 Abs. 1 BGB) und möglicher anderer Gestaltungen des Sorgerechts dem Wohl des Kindes wirklich am besten entspricht, müssen nämlich zur Zurückweisung des Antrags führen – mit der Folge, dass es bei dem gesetzlichen Regelzustand der gemeinsamen Sorge bleibt. 31

3. Kern des Sorgerechtsstreits

Ist die Übertragung der alleinigen elterlichen Sorge für ein Kind auf einen Elternteil gegen den Willen des anderen, wie dargelegt, weder sinnvoll noch einfach zu erreichen, entzünden sich die Streitigkeiten der Eltern nicht mehr so sehr an der gemeinsamen elterlichen Sorge als vielmehr daran 32

- bei welchem Elternteil sich die Kinder in Zukunft gewöhnlich aufhalten sollen und/oder
- in welchen Lebensbereichen der Kinder einem Elternteil ein Alleinentscheidungsrecht zustehen und wo es bei dem gemeinsamen Entscheidungsrecht beider Eltern bleiben soll.

a) Gewöhnlicher Aufenthalt

Was den gewöhnlichen Aufenthalt eines Kindes betrifft, so wandelt sich zwischenzeitlich das Verständnis in Rechtsprechung und Praxis. Während es bislang die Regel war, dass das Kind seinen Lebensmittelpunkt bei einer Trennung der Eltern entweder beim Vater oder bei der Mutter hatte, rückt nunmehr vermehrt das sog. **Wechselmodell** in den Vordergrund, bei dem das Kind abwechselnd einen gewissen Zeitraum (beispielsweise eine Woche) bei der Mutter und anschließend 33 den gleichen Zeitraum beim Vater verbringt. Hierbei sind den Gestaltungsmöglichkeiten der Eltern bei vorhandener Kooperationsfähigkeit keine Grenzen gesetzt. Es empfiehlt sich allerdings, die Zeiten den Bedürfnissen des Kindes anzupassen und diese Zeiten auch größtenteils verlässlich einzuhalten, damit sich das Kind darauf einstellen kann, bei wem es welche Zeiträume verbringt. In der Praxis sind insbesondere Modelle verbreitet, bei denen das Kind seinen Aufenthalt wöchentlich wechselt. Denkbar sind auch Modelle, bei denen das Kind seinen Lebensmittelpunkt in einer bestimmten Wohnung hat und dort von den Eltern im Wechsel betreut wird („**Nestmodell**"), doch setzt dies eine große Flexibilität der Eltern im Hinblick auf ihre eigene Wohnsituation voraus, weshalb das Nestmodell häufig nur als Übergangslösung eingesetzt wird.

34 In diesem Zusammenhang ist allerdings darauf hinzuweisen, dass ein sog. Wechselmodell nur dann vorliegt, wenn jeder Elternteil etwa die Hälfte der Versorgungs- und Erziehungsaufgaben übernimmt, das Kind also nahezu hälftig von jedem Elternteil betreut wird. Liegt die Hauptverantwortung für das Kind, die sich neben dem zeitlichen Schwerpunkt bei der Betreuung, dem eine Indizwirkung zukommt, auch durch die Bewältigung organisatorischer Aufgaben, wie zB die Beschaffung von Kleidung und Schulutensilien oder die Organisation von außerschulischen Aktivitäten, äußern kann, bei einem Elternteil, liegt ein Wechselmodell nicht vor[4]. Vielmehr hat der andere Elternteil dann in der Regel nur einen sog. **erweiterten Umgang**, der aber nichts daran ändert, dass das Kind seinen gewöhnlichen Aufenthalt bei dem Elternteil hat, der die Verantwortung trägt, was wiederum auch Auswirkungen auf den Kindesunterhalt hat (s. dazu → Rn. 100).

35 Das Wechselmodell setzt zwingend eine **räumliche Nähe** der Wohnorte der beiden Elternteile voraus, damit die Kinder unabhängig davon, bei welchem Elternteil sie sich gerade aufhalten, weiterhin dieselbe Schule besuchen und die gleichen Freunde treffen können. Deshalb kommt das Wechselmodell in der Regel nur dann in Betracht, wenn die Eltern in derselben Stadt leben.

36 Nach bisheriger Rechtsprechung konnte das Wechselmodell nicht **gegen den Willen** eines Elternteils durchgesetzt werden.[5] Dies bedeutete, dass die Durchführung des Wechselmodells im Ergebnis nur einvernehmliche zwischen den Eltern vereinbart werden konnte.[6] Lehnte hingegen ein Elternteil das Wechselmodell ab, konnte die Anordnung des Wechselmodells grundsätzlich weder im Umgangsverfahren noch im Verfahren um die elterliche Sorge erfolgreich beim Familiengericht eingefordert werden. Stattdessen machte die Uneinigkeit der Eltern über den Aufenthalt des Kindes in der Regel eine Übertragung des Aufenthaltsbestimmungsrechts auf einen Elternteil erforderlich. Mit Beschluss vom 1.2.2017[7] hat der Bundesgerichtshof nun aber entscheiden, dass ein Wechselmodell im **Umgangsverfahren** angeordnet werden kann. Auch die Ablehnung des Wechselmodells durch einen Elternteil hindert die Anordnung eines Wechselmodells für sich genommen noch nicht. Allerdings setzt die Anordnung eines Wechselmodells eine **bestehende Kommunikations- und Kooperationsfähigkeit** der Eltern voraus und erfordert, dass die Betreuung im Wechselmodell dem Kindeswohl im jeweils zu entscheidenden Einzelfall entspricht. Dies bedeutet somit, dass

---

[4] BGH NJW 2014, 1958.
[5] OLG Karlsruhe 18 UF 231/14, FamRZ 2015, 1736; OLG Schleswig 10 UF 197/15, FamRZ 2016, 1945; OLG Jena 2 UF 651/15, FamRZ 2016, 2122.
[6] OLG Naumburg 8 UF 152/14, FamRZ 2015, 764.
[7] BGH FamRZ 2017, 532.

das Wechselmodell zwar auch gegen den Willen eines Elternteils dem Kindeswohl entsprechen und daher durchgesetzt werden kann. Dies gilt allerdings nicht, wenn das Verhältnis der Kindeseltern so konfliktbelastet ist, dass eine Absprache der Eltern bezüglich der Belange des Kindes nicht möglich ist. Denn der regelmäßige, jeweils länger andauernde Wechsel von einem zum anderen Elternteil und wieder zurück ist mit einem nicht zu unterschätzenden Abstimmungsbedarf hinsichtlich der Fahrten zwischen den Wohnungen der Eltern, der Sicherung des Kita- oder Schulbedarfs und der Beschaffung von Kleidung sowie sonstigen Gegenständen des Kindes verbunden. Maßstab für die Entscheidung für oder gegen das Wechselmodell kann und darf nur das Wohl des Kindes sein, also nicht etwa das häufig bei beiden Elternteilen bestehende Gefühl, sich gegenseitig ein gleichberechtigtes Zusammensein mit ihrem Kind zugestehen zu sollen oder zu müssen und erst recht nicht die im Übrigen falsche Vorstellung, sich nur mit Hilfe des Wechselmodells von Unterhaltszahlungen für das Kind an den anderen Elternteil befreien zu können (s. hierzu iE → Rn. 100, 124). Vielmehr kommt es allein auf die für eine positive Entwicklung des Kindes maßgeblichen Umstände an, wobei einem unbeschwerten Zusammensein mit beiden Elternteilen selbstverständlich eine tragende Bedeutung zukommt.

b) Teilbereiche der alleinigen Sorge

Bei der Frage, in welchen Lebensbereichen des Kindes einem Elternteil ein 37 Alleinentscheidungsrecht zustehen und wo es bei dem gemeinsamen Entscheidungsrecht beider Eltern bleiben soll, birgt die inhaltliche Gestaltungsfreiheit zweifelsohne die Gefahr in sich, die Grundstrukturen des Sorgerechts aus den Augen zu verlieren – vor lauter Bäumen also nicht mehr den Wald zu sehen. Die Eltern sollten sich deshalb stets von zwei Grundsätzen leiten lassen:

1. Was entspricht unter Berücksichtigung der tatsächlichen Gegebenheiten und Möglichkeiten dem Wohl des Kindes am besten?
2. Soviel wie nötig, sowenig wie möglich.

Dem ersten dieser beiden Grundsätze wird man am besten dadurch gerecht, 38 dass man zunächst von einem sehr groben Raster ausgeht und dieses dann nur bis zu dem Punkt verfeinert, in dem man sich spürbar in unnötigen Einzelheiten verliert. So ist es sicherlich sinnvoll, als erstes die in § 1626 Abs. 1 BGB enthaltene Unterscheidung zwischen der Sorge für die Person des Kindes (**Personensorge**) einerseits und das Vermögen des Kindes (**Vermögenssorge**) andererseits aufzugreifen und hierüber eine Entscheidung zu treffen. Erfahrungsgemäß entstehen im Bereich der Vermögenssorge allerdings nur selten Streitigkeiten, weshalb sie in aller Regel der gemeinsamen elterlichen Entscheidung vorbehalten bleiben kann. Selbstverständlich kann aber auch die Übertragung der Vermögenssorge allein auf einen Elternteil sinnvoll sein – etwa bei einem größeren Vermögen des Kindes oder einer Beteiligung an einem Unternehmen die Übertragung auf den geschäftserfahreneren Elternteil.

In einem nächsten Schritt wäre dann zu prüfen, ob und inwieweit der – zwei- 39 fellos sehr viel mehr Streitstoff bietende – Bereich der Personensorge einer Aufteilung bedarf. Für das **Aufenthaltsbestimmungsrecht** als einem wesentlichen Teil der Personensorge (§ 1631 Abs. 1 BGB) kommt eine Aufteilung, sieht man einmal von dem oben unter → Rn. 33 ff. erwähnten Wechselmodell ab, nicht in Betracht.

B. Elterliche Sorge und Umgangsrecht

Vielmehr ist insoweit eine Einigung der Eltern oder eine Entscheidung des Familiengerichts erforderlich, wobei dann § 1687 Abs. 1 BGB, wie oben unter → Rn. 20 dargelegt, schon eine Aufteilung der Entscheidungsrechte in solche des täglichen Lebens und solche, die für das Kind von erheblicher Bedeutung sind, bereit hält. Nur bei letzteren ist noch ein Einvernehmen der Eltern oder eine Entscheidung des Familiengerichts erforderlich, doch sollte der Rahmen des Alltäglichen nicht zu eng gezogen werden. Andererseits gehören zum Beispiel die Wahl der Schulart und der jeweiligen Schule, die Berufswahl und die Wahl der Ausbildungsstätte, ärztliche Behandlungen mit erheblichem Risiko, die religiöse Erziehung und Umzüge an einen vom bisherigen gemeinsamen Wohnort entfernten Ort sicherlich nicht mehr zu denjenigen des täglichen Lebens.

40   Eine besondere Bedeutung für die Entwicklung eines Kindes kommt auch seinem **Umgang** mit demjenigen Elternteil zu, bei dem es nicht seinen gewöhnlichen Aufenthalt hat. Es stellt deshalb einen Missbrauch des Sorgerechts dar, den anderen Elternteil von jeglichem Umgang mit dem Kind abzuschneiden, wenn das Wohl des Kindes dies nicht erfordert, und kann zu einer **Entziehung des Sorgerechts** mangels Erziehungsfähigkeit desjenigen Elternteils führen, bei dem das Kind seinen gewöhnlichen Aufenthalt hat.

41   Nicht nur aus diesem Grunde sollte der betreffende Elternteil auf eine möglichst intensive Teilhabe des anderen Elternteils an der Erziehung und Entwicklung des gemeinsamen Kindes Wert legen. Denn zum einen wird dem Kind auf diese Weise die für seine Entwicklung äußerst bedeutsame Chance eröffnet, trotz der Ehescheidung Vater und Mutter zu behalten, und zum anderen erübrigen sich im Fall einer gemeinschaftlich getroffenen Entscheidung zum Beispiel Diskussionen um mögliche finanzielle Folgen sowie darüber, wer sie zu tragen hat. Die Entstehung neuer Konflikte kann auf diese Weise schon im Vorfeld vermieden werden, und die in der gesellschaftlichen Wirklichkeit noch heute zumeist betroffenen Väter werden nicht auf die von ihnen zu Recht als entwürdigend empfundene „Zahlvaterschaft" reduziert. Alle für das Kind wichtigen Entscheidungen sollten deshalb mit dem anderen Elternteil vorher besprochen und das Kind in die Überlegungen der Eltern so weit wie möglich einbezogen werden.

4. Wächteramt des Staates

42   Sind die Eltern eines Kindes nicht gewillt oder nicht in der Lage, Gefahren für das körperliche, geistige oder seelische Wohl des Kindes oder sein Vermögen abzuwenden, so hat das Familiengericht gemäß § 1666 Abs. 1 BGB diejenigen Maßnahmen zu treffen, die zur Abwendung der Gefahr erforderlich sind. In Abs. 3 der Vorschrift wird eine Reihe möglicher Maßnahmen besonders hervorgehoben, wie zB Gebote, öffentliche Hilfen in Anspruch zu nehmen, oder Verbote, vorübergehend oder auf unbestimmte Zeit die Familienwohnung zu nutzen, sich in einem bestimmten Umkreis der Wohnung aufzuhalten oder zu bestimmende andere Orte aufzusuchen, an denen sich das Kind regelmäßig aufhält, bis hin zur teilweisen oder vollständigen Entziehung der elterlichen Sorge und der Bestellung eines **Vormunds** oder **Pflegers**. Dieses Eingriffsrecht des Familiengerichts besteht unabhängig davon, ob die Eltern eines Kindes getrennt leben oder ein Ehescheidungsverfahren rechtshängig ist (**Wächteramt des Staates**), wird aber gerade im Zuge von Ehescheidungsverfahren naturgemäß am ehesten zum Tragen

kommen. Bei allen diesen Maßnahmen ist im Hinblick auf das verfassungsrechtlich geschützte Elternrecht stets der Grundsatz der Verhältnismäßigkeit zu wahren.

III. Gemeinsamer Elternantrag und gerichtliche Entscheidung

Stellt ein Elternteil beim Familiengericht einen Antrag auf Neuregelung des Sorgerechts und stimmt der andere Elternteil dem zu, so muss das Gericht diesem Antrag gemäß § 1671 Abs. 1 S. 2 Nr. 1 BGB stattgeben, wenn die elterliche Sorge nicht auf Grund anderer Vorschriften wegen einer Gefährdung des Kindswohls abweichend geregelt werden muss (§ 1671 Abs. 4 BGB – stille Verweisung auf die §§ 1666, 1666a BGB). Bei Kindern, die das 14. Lebensjahr vollendet haben, gilt dies nicht, wenn sie der beantragten Regelung widersprechen. Ist das der Fall, hat das Gericht nach der Grundregel des § 1671 Abs. 1 S. 2 Nr. 2 BGB diejenige Regelung zu treffen, die dem Wohle des Kindes am besten entspricht. Das kann dann auch die von den Eltern beantragte Regelung sein, so dass der Widerspruch des Kindes das Gericht lediglich von der Bindung an den Elternantrag befreit und ihm die Möglichkeit einer sachlichen Prüfung dieses Antrags eröffnet. 43

Die Eltern sind an eine einmal erzielte Übereinstimmung **nicht gebunden,** sondern können ihre Zustimmung zu einem beim Familiengericht gestellten übereinstimmenden Antrag jederzeit bis zur Entscheidung in der letzten Tatsacheninstanz widerrufen. Denn bei ihrem übereinstimmenden Antrag handelt es sich nicht um eine vertragliche oder vertragsähnliche Vereinbarung, die den Regeln des Vertragsrechtes unterliegt.[8] Vielmehr ist die Regelung des elterlichen Sorgerechts Ausfluss der unverzichtbaren Verantwortlichkeit jedes Elternteils für das Kindeswohl, der sich ein Elternteil nicht endgültig und selbstbindend entledigen kann. Ist aber aufgrund eines übereinstimmenden Elternvorschlags eine rechtskräftige Sorgerechtsregelung ergangen, so entzieht eine spätere Meinungsänderung eines Elternteils der Sorgerechtsentscheidung nicht etwa die Rechtsgrundlage. Vielmehr hat dieser Elternteil dann nur die Möglichkeit, gemäß § 1696 Abs. 1 BGB eine Änderung der Sorgerechtsentscheidung zu beantragen. Das Familiengericht wird dann aber seine frühere Entscheidung nicht allein deshalb ändern und auch nicht ändern dürfen, weil nunmehr die frühere Übereinstimmung der Eltern entfallen ist. Vielmehr hat es seine Entscheidung nun von Gesetzes wegen nur noch danach zu richten, ob eine Änderung „aus triftigen, das Wohl des Kindes nachhaltig berührenden Gründen angezeigt ist" (§ 1696 Abs. 1 S. 1 BGB). Dabei wird dem nachfolgend zu erörternden **Kontinuitätsprinzip** eine besondere Bedeutung zukommen. 44

Ist umgekehrt zunächst eine rechtskräftige Sorgerechtsentscheidung ohne übereinstimmenden Elternvorschlag getroffen worden und einigen sich die Eltern danach auf eine anderweitige Regelung, so kommt dem nunmehr übereinstimmenden Elternvorschlag auch im Rahmen des Änderungsverfahrens gemäß § 1696 BGB natürlich eine erhebliche Bedeutung zu. Eine Bindung des Gerichts an den Vorschlag der Eltern gemäß § 1671 Abs. 1 S. 2 Nr. 1 BGB ist in diesen Fällen aber zu verneinen. 45

---

[8] BGH FamRZ 1993, 314.

IV. Entscheidungsmaßstab Kindeswohl

46 In allen das Sorgerecht für ein Kind betreffenden Angelegenheiten hat das Familiengericht gemäß § 1697a BGB diejenige Entscheidung zu treffen, die unter Berücksichtigung der tatsächlichen Gegebenheiten und Möglichkeiten sowie der berechtigten Interessen der Beteiligten dem Wohl des Kindes am besten entspricht. Für die von den Eltern in eigener Verantwortung zu treffenden Entscheidungen und Vereinbarungen sollte, wie schon erwähnt, selbstverständlich nichts anderes gelten. Insbesondere, wenn es um den zukünftigen gewöhnlichen Aufenthalt eines Kindes bei dem einen oder anderen Elternteil oder um die Übertragung des Sorgerechts auf einen Elternteil allein unter weitgehendem Ausschluss des anderen geht, sind vor allem folgende, von Rechtsprechung und Lehre entwickelte Kriterien von Bedeutung:

(1) Zu welchem Elternteil hat das Kind die tragfähigere Bindung?
(2) Wille und Neigungen des Kindes.
(3) Bei welchem Elternteil ist das Kindesinteresse an kontinuierlicher Entwicklung besser gewährleistet (Kontinuitätsprinzip)?
(4) Bei welchem Elternteil hat das Kind voraussichtlich die besten Entwicklungschancen (Förderungsprinzip)?
(5) Die Bindungen des Kindes an seine Geschwister.

47 Soweit die Bindungen, Neigungen und der Wille des Kindes für die Entscheidung über die Personensorge von Bedeutung sind, oder wenn es aus sonstigen Gründen angezeigt erscheint, dass sich das Gericht von dem Kind einen unmittelbaren Eindruck verschafft, hat das Gericht das Kind gemäß § 159 Abs. 2 FamFG **persönlich anzuhören**. Kinder, die das 14. Lebensjahr vollendet haben und nicht geschäftsunfähig sind, hat das Gericht gemäß Abs. 1 dieser Vorschrift ganz unabhängig von den in Abs. 2 normierten Voraussetzungen in jedem Fall persönlich anzuhören, wenn es um die Regelung des Personensorgerechts geht. Von der Anhörung darf das Gericht in beiden Fällen nur aus schwerwiegenden Gründen absehen. In Rechtsprechung und Literatur hat sich allerdings inzwischen die Auffassung durchgesetzt, dass eine Anhörung von Kindern unter drei Jahren nicht in Betracht kommt und im Übrigen von einer Anhörung im Interesse des Kindeswohls abzusehen ist, wenn sie dem Kind mehr schaden würde als sie zur Sachaufklärung beitragen könnte. Bei einem übereinstimmenden Vorschlag der Eltern zur Regelung des Sorge- und Umgangsrechts und einem zustimmenden Bericht des Jugendamtes dürfte dies in der Regel der Fall sein, weil von einer Anhörung des Kindes keine wesentliche weitere Sachaufklärung erwartet werden kann.

1. Bindungen des Kindes

48 Zu den „emotionalen" **Bindungen eines Kindes** an seine Eltern ist festzustellen, dass diese in aller Regel zwar von unterschiedlicher Qualität, aber dennoch gleich stark sein werden. Dementsprechend wünschen sich die meisten Kinder im Alter zwischen fünf und zwölf oder dreizehn Jahren bei ihrer Anhörung zur zukünftigen Regelung des elterlichen Sorgerechts, dass die Eltern sich überhaupt nicht

IV. Entscheidungsmaßstab Kindeswohl

trennen sollen, und weichen einer eigenen Entscheidung für oder gegen einen Elternteil aus. In dieser Altersphase lässt sich daher aus der emotionalen Bindung der Kinder an die Eltern in den seltensten Fällen irgendetwas für eine Entscheidung zu Gunsten des einen oder anderen Elternteils herleiten. Die in streitigen Auseinandersetzungen eingeholten **kinderpsychologischen Gutachten** bestätigen regelmäßig diesen Sachverhalt und sollten deshalb nur im Ausnahmefall zur Entscheidungsfindung herangezogen werden.

In der Kleinkindphase bis zum Alter von etwa fünf Jahren darf dagegen unterstellt werden, dass die emotionale Bindung des Kindes an seine ihm durch tägliche Pflege und Anwesenheit vertraute **Bezugsperson** stärker ist als diejenige an den anderen Elternteil. Allerdings wird Elternschaft aufgrund des gesellschaftlichen Wandels mehr und mehr partnerschaftlich verstanden und gelebt, so dass beide Eltern von Anfang an gleichermaßen zu Bezugspersonen des Kindes werden. In diesen Fällen lässt sich dann aus der emotionalen Bindung eines Kindes an den einen oder anderen Elternteil erst recht nichts für die Entscheidungsfindung herleiten. 49

Was schließlich die Kinder vom vollendeten 14. Lebensjahr, eventuell auch schon dem 12. oder 13. Lebensjahr, an betrifft, so werden sich ihre emotionalen Bindungen in den von ihnen geäußerten Wünschen und Neigungen niederschlagen, so dass auf die diesbezüglichen Ausführungen unter nachfolgend Ziff. 2 verwiesen werden kann. 50

2. Kindeswille

Kindeswille und **Neigungen** des Kindes sind im Grunde genommen das Spiegelbild seiner emotionalen Bindungen an seine Eltern und sein soziales Umfeld. In Ergänzung zu den diesbezüglichen Ausführungen ist daher lediglich noch auf folgendes hinzuweisen: Die Beachtung des Kindeswillens soll dem **Selbstbestimmungsrecht des Kindes** Geltung verschaffen, dem mit zunehmendem Alter eine immer größere Bedeutung zukommt. In § 1671 Abs. 1 S. 2 Nr. 1 BGB hat der Gesetzgeber deshalb dem 14-jährigen Kind, wie oben in → Rn. 43 schon erwähnt wurde, sogar eine Art Widerspruchsrecht gegen einen gemeinsamen Vorschlag der Eltern eingeräumt. Aber auch der Wille jüngerer Kinder ist selbstverständlich bei der Entscheidung über das Sorgerecht zu berücksichtigen. Bei zwölfjährigen und älteren Kindern sollte allerdings bedacht werden, dass die einsetzende oder gerade stattfindende Pubertät eine tief greifende Verunsicherung und Neuorientierung des Kindes mit sich bringt. Die Neigung, die Eltern gegeneinander auszuspielen, ist in dieser Zeit am größten. Die Eltern sollten deshalb nicht der Versuchung unterliegen, dem oft nur spontanen und erzieherischen Maßnahmen ausweichenden Willen des Kindes eine zu große Bedeutung beizumessen und das Sorgerecht allein an diesem Willen auszurichten. Denn dies endet in aller Regel in unnötigen Auseinandersetzungen der Eltern, mit denen dem Kindeswohl aber am wenigsten gedient ist. 51

Ein weiteres Problem kann sich daraus ergeben, dass derjenige Elternteil, bei dem die Kinder nach der Trennung ständig leben, diese unbewusst durch seine ablehnende Haltung gegenüber dem anderen Elternteil oder auch ganz bewusst durch schlechtes Reden über den anderen Elternteil gegen ihn einnimmt. Insbesondere Kinder im Alter bis zu 11 oder 12 Jahren lassen sich wohl wegen ihres 52

B. Elterliche Sorge und Umgangsrecht

Sicherheitsbedürfnisses und aus Abhängigkeitsgründen leicht in dieser Richtung manipulieren (Parental Alienation Syndrom – PAS). Der Verweis auf den Kindeswillen hilft in derartigen Fällen naturgemäß nicht weiter. Stattdessen sollte man dann allerdings die Frage nach der Erziehungseignung desjenigen Elternteils stellen, der die Kinder auf diese Art und Weise wichtiger Entwicklungschancen beraubt.

3. Kontinuitätsprinzip

53 Die Bedeutung des **Kontinuitätsprinzips** ist am Beispiel der Kleinkinder bis zum Vorschulalter am besten zu verdeutlichen. Denn sie sind nun einmal in besonderem Maße auf die Stabilität ihrer Beziehungen zu ihrer **Bezugsperson** und auch ihres **sozialen Umfeldes** angewiesen. Ein Wechsel der bisherigen Bezugsperson sollte deshalb nur aus schwerwiegenden Gründen erwogen werden. Das geplante Zusammenleben mit einem anderen Partner, eine Auswanderung, ein Orts- oder Kindergartenwechsel kommen als derartige Gründe in Betracht, ohne jedoch zwingend für eine Änderung der bisherigen Erziehungssituation zu sprechen.

54 Gleiches gilt, wenn auch mit geringerem Gewicht, für Kinder im Alter zwischen sechs und zwölf Jahren. Denn zum einen fallen in diese Zeit entwicklungspsychologisch gesehen die Ablösung von der ersten Bezugsperson und die Orientierung hin zum gegengeschlechtlichen Elternteil; zum anderen können sich Kinder dieses Alters schon recht gut Veränderungen ihres sozialen Umfeldes anpassen. Insbesondere die häufig ins Feld geführten Orts- oder Schulwechsel können deshalb nicht mehr als besonders schädlich gewertet werden.

55 Bei Zwölf- bis Vierzehnjährigen kann die einsetzende Pubertät sowohl für die Kontinuität in der Erziehung als auch für einen Wechsel sprechen.

4. Förderungsprinzip

56 Bei dem **Förderungsprinzip** ist zunächst herauszustellen, dass im Normalfall beide Eltern über eine gleichwertige **Erziehungsfähigkeit** verfügen, so dass nur eindeutige und gravierende Fehlleistungen eines Elternteils in der Vergangenheit Zweifel hieran rechtfertigen. Dazu können dauernde körperliche Züchtigungen und Drohungen ebenso gehören wie Alkohol- oder Drogenkonsum. Auch gehört die **Mitnahme von Kindern** ohne die vorherige Einwilligung des anderen Elternteils in diesen Zusammenhang, weil sie bei noch bestehender gemeinsamer elterlicher Sorge eine **Kindesentführung** und damit einen besonders schweren Verstoß gegen die Eltern-Kind-Beziehung darstellt. Ebenso berechtigt die Behinderung des Umgangs eines Kindes mit dem nicht sorgeberechtigten Elternteil zu Zweifeln an der Eignung des so handelnden Elternteils, das Kind zu seinem Wohle zu erziehen. Doch geben in den beiden zuletzt genannten Fällen das Kontinuitätsprinzip und die Bindung an den betreffenden Elternteil meist doch den Ausschlag zu seinen Gunsten, so dass sein Verhalten letzten Endes sanktionslos bleibt. Dies widerspricht zwar jedem Gerechtigkeitsgefühl und führt deshalb zu tiefgreifenden Verletzungen des von seinen Kindern wider Willen getrennten Elternteils, doch kommt dem Kindeswohl der absolute Vorrang zu.

IV. Entscheidungsmaßstab Kindeswohl

Die **äußeren Lebensverhältnisse** eines Elternteils, also die Wohnverhältnisse und sein gesamter sonstiger Lebensstandard, treten im allgemeinen hinter den übrigen Gesichtspunkten zurück. Nur bei Wechseln in eine instabile wirtschaftliche Lage oder in ein der kindlichen Entwicklung schädliches Milieu sind sie in Betracht zu ziehen. 57

Im Ergebnis reduziert sich die Bedeutung des Förderungsprinzips daher zumeist auf die Frage, inwieweit die **Berufstätigkeit** eines Elternteils einer Übertragung der elterlichen Sorge auf ihn entgegensteht. Denn er kann die Kinder naturgemäß nicht den ganzen Tag über persönlich betreuen, sondern ist auf die Hilfe Dritter oder von Ganztagseinrichtungen angewiesen. Aus diesem Grunde ist denn auch in den alten Bundesländern, in denen noch ein wesentlich größerer Anteil der Frauen als in den neuen Bundesländern nicht berufstätig ist, das Sorgerecht vorzugsweise den nicht berufstätigen Müttern übertragen worden. Dies mag bei Kleinkindern bis Vollendung ihres 3. Lebensjahres seine Berechtigung haben, weil die Mütter in dieser Zeit in aller Regel die stärkste Bezugsperson für die Kinder sind. In der Zeit danach spricht aber die Berufstätigkeit eines Elternteils nicht prinzipiell gegen eine Übertragung des Sorgerechts auf ihn, wie das Beispiel der allein erziehenden Berufstätigen oder von Eltern, die beide berufstätig sind, zeigt. Unterhaltsrechtlich geht der Gesetzgeber zwischenzeitlich in § 1570 Abs. 1 S. 1 BGB ebenfalls von einer Berufstätigkeit des ein Kind betreuenden Elternteils nach 3 Jahren seiner Geburt und dementsprechend von einem Wegfall des Betreuungsunterhalts als Regelfall aus. Entscheidend ist deshalb allein, inwieweit ein berufstätiger Elternteil trotz seiner zeitweiligen berufsbedingten Abwesenheit bereit und in der Lage ist, eine der Entwicklung des Kindes förderliche Beziehung zu ihm aufrecht zu erhalten und fortzuentwickeln. Dies wäre zum Beispiel wohl nicht der Fall, wenn er das Kind nicht einmal bei sich selbst aufnehmen könnte oder die Erziehung aus zeitlichen Gründen auch an den Abenden und an den Wochenenden im Wesentlichen Dritten wie etwa den Großeltern überlassen müßte oder wollte. 58

5. Geschwisterbindung

Bindungen an die Geschwister sollten bei der Entscheidung über das Sorgerecht nicht als unbedeutend angesehen werden. Insbesondere sollten sich Eltern nicht um eines Kompromisses im Sorgerechtsstreit willen ohne Rücksicht auf die Bindungen der Kinder untereinander auf deren **Aufteilung** verständigen. Schon das Kontinuitätsprinzip spricht nämlich dafür, Geschwister möglichst beieinander bleiben zu lassen. Dies nicht zuletzt deshalb, weil sich Geschwister in der schwierigen Phase der Trennung oder der Scheidung der Ehe ihrer Eltern häufig sehr viel enger zusammenschließen und im jeweils anderen mehr denn je eine seelische Stütze suchen und finden. 59

Da es um das Wohl jedes einzelnen Kindes geht, ist die Entscheidung im Übrigen für jedes der Kinder gesondert zu treffen, wobei alle relevanten Gesichtspunkte gegeneinander abzuwägen sind. Die Geschwisterbindung ist nur einer davon und genießt keine Priorität, wird aber den Ausschlag geben, wenn sich sonst keine eindeutige Entscheidung für den einen oder anderen Elternteil treffen läßt. 60

B. Elterliche Sorge und Umgangsrecht

V. Umgangs- und Auskunftsrecht

1. Grundlagen des Umgangsrechts

61 Der **persönliche Umgang** von Eltern mit ihren Kindern trägt nicht nur dem Interesse der Eltern an dem Fortbestand ihrer Verbindung zu ihrem Kind, sondern auch dem ebenso wichtigen Bedürfnis von Kindern Rechnung, ihre Beziehung zu beiden Elternteilen so weit wie möglich aufrecht zu erhalten. Der Gesetzgeber hat deshalb in § 1684 Abs. 1 BGB nunmehr ausdrücklich jedem Kind ganz unabhängig von der jeweiligen Sorgerechtsregelung ein eigenes Recht auf Umgang mit jedem Elternteil und jedem Elternteil nicht nur ein Recht zum Umgang mit seinen Kindern eingeräumt, sondern ihm auch eine Umgangspflicht auferlegt. Auch haben die Eltern gemäß § 1684 Abs. 2 S. 1 BGB bei der Ausübung ihres Umgangsrechts ausdrücklich „alles zu unterlassen, was das Verhältnis des Kindes zum anderen Elternteil beeinträchtigt oder die Erziehung erschwert", dürfen also nicht etwa in die Erziehung des anderen Elternteils eingreifen oder das Umgangsrecht zu seiner Überwachung missbrauchen. Infolge der schweren Verletzungen, die mit einer Trennung oder Scheidung verbunden sind, sind Eltern in der Praxis aber oft nicht in der Lage, diese Forderung des Gesetzgebers zu erfüllen. Erschwert wird das Problem häufig noch dadurch, dass der sorgeberechtigte Elternteil den Umgang des Kindes mit dem anderen Elternteil nicht einmal ausdrücklich ablehnt, sondern ihm, wenn man seinen Bekundungen Glauben schenken dürfte, positiv gegenübersteht. Seine wahre innere Einstellung wird dann aber oft in der **Weigerung des Kindes** sichtbar, mit dem anderen Elternteil zusammen zu sein, obwohl es zu diesem doch, wie meist, gleichermaßen starke emotionale Bindungen hat. Dies lässt sich deshalb nur so erklären, dass das Kind die innere Ablehnung des Umgangs mit dem anderen Elternteil selbst dann spürt, wenn es mit Worten ausdrücklich dazu angehalten wird, und sich naturgemäß nicht gegen denjenigen Elternteil stellen will, bei dem es ständig lebt (Parental Alienation Syndrom – PAS).

62 Dies ist für den hiervon betroffenen Elternteil dann besonders schmerzlich, wenn er seinerseits durchaus schon bereit und in der Lage ist, den Umgang mit seinem Kind in kooperativer und konfliktfreier Art und Weise zu gestalten, dies aber (noch) an der Befindlichkeit seines früheren Partners scheitert. Denn dann muss er sich im Interesse des wiederum vorrangigen Kindeswohls mit dieser Situation als einer Folge des Scheiterns seiner Ehe abfinden, wenn er das Kind nicht in unlösbare seelische Konflikte stürzen will. Das Bemühen um ein möglichst vertrauensvolles und konfliktfreies Verhältnis zu dem sorgeberechtigten Elternteil ist deshalb für den nicht sorgeberechtigten Elternteil, so schwer es ihm auch fallen mag, der einzige Weg zu seinem Kind. Dazu gehört viel Einfühlungsvermögen und auch schon einmal die Bereitschaft zu einem zeitweiligen Verzicht, wenn der frühere Partner zu angemessenen Reaktionen einfach (noch) nicht in der Lage ist.

63 Der Versuch, mit Sanktionen wie zum Beispiel Unterhaltskürzungen zum Ziel zu kommen, ist zwar bei einer fortgesetzten Vereitelung des Umgangsrechts gemäß § 1579 Nr. 7 BGB denkbar, verstärkt aber auch die Konfrontation zwischen den Eltern und bewirkt damit gerade das Gegenteil dessen, was gewollt ist. Es empfiehlt sich deshalb, mit Hilfe von Vereinbarungen über das Umgangsrecht von vorneherein eine Basis für die Kontakte zwischen dem Kind und dem nicht

sorgeberechtigten Elternteil zu schaffen, die dann zu einem späteren Zeitpunkt auch nach und nach zugunsten eines weniger strengen Rahmens aufgegeben werden kann. Eine solche klare und regelmäßig eingehaltene Vereinbarung ist nämlich geeignet, auch für die Kinder überschaubare und gesicherte Verhältnisse zu schaffen und dadurch eine vertrauensvolle und positive Beziehung zu ihnen zu fördern. Aus diesem Grunde schreibt § 133 Abs. 1 Nr. 2 FamFG auch vor, dass ein Scheidungsantrag unter anderem eine Erklärung darüber enthalten muss, ob die Ehegatten schon eine Vereinbarung über den Umgang mit den Kindern getroffen haben. Um Schwierigkeiten zu vermeiden, sollten die Einzelheiten der Umgangsregelung möglichst genau festgelegt werden. Die immer wieder anzutreffende Vereinbarung, das Umgangsrecht „großzügig handhaben" zu wollen, ist zwar gut gemeint, in konfliktbehafteten Elternbeziehungen aber nicht hilfreich. Denn es wird dann über die Häufigkeit, den Zeitpunkt, die Dauer und die notwendige Vorlaufzeit für ein Zusammentreffen mit den Kindern regelmäßig zu neuen Auseinandersetzungen kommen.

Äußerstenfalls kommt schließlich ein Antrag beim Familiengericht in Betracht, 64 das Aufenthaltsbestimmungsrecht für das Kind auf den umgangsberechtigen Elternteil zu übertragen, der dann bei einem Erfolg seines Antrags das Kind zu sich nehmen kann. Dies setzt aber natürlich voraus, dass er unter Berücksichtigung seiner persönlichen Verhältnisse auch zur Betreuung und Erziehung des Kindes in der Lage ist.

2. Ausgestaltung des Umgangs

Die **Ausgestaltung des Umgangs** mit dem Kind ist stark von seinem Alter und 65 seinen Neigungen sowie den Möglichkeiten und Wünschen des nicht sorgeberechtigten Elternteils abhängig. Generell lässt sich deshalb nur sagen, dass sich jede Umgangsregelung an ihrem Ziel orientieren muss, zwischen dem Kind und dem nicht sorgeberechtigten Elternteil eine persönliche Beziehung aufrecht zu erhalten, ohne dass dadurch das (eventuell gemeinsame) Sorgerecht des anderen Elternteils und die prinzipielle Zuordnung des Kindes zu ihm in Frage gestellt wird. Denn das **Umgangsrecht** hat nicht den **Zweck**, dem nicht sorgeberechtigten Elternteil die ergänzende Erziehung des Kindes zu ermöglichen oder in die Erziehung des sorgeberechtigten Elternteils einzugreifen, sondern soll dem Berechtigten lediglich die Möglichkeit geben, sich von der Entwicklung und dem Wohlergehen des Kindes laufend zu überzeugen und die Eltern-Kind-Beziehung zu pflegen.

Vor diesem Hintergrund haben sich in der Praxis für den Normalfall bei **Kin-** 66 **dern im Vorschulalter**, und hier insbesondere bei Kleinstkindern, Umgangsregelungen mit zeitlich kürzeren, dafür aber häufigeren Kontakten durchgesetzt, um einerseits die Bindung zwischen Vater oder (wohl selten) Mutter und Kind oft erst entstehen oder reifen lassen zu können, andererseits aber dem Kind die notwendige Geborgenheit zu vermitteln und Trennungsängste zu vermeiden. In Betracht zu ziehen sind deshalb Regelungen, wonach der Umgangsberechtigte das Kind zum Beispiel einmal unter der Woche und einmal am Wochenende sowie während seiner Ferien je nach Alter und Befinden des Kindes ein bis zwei Wochen zu sich nehmen kann. Bei **Kindern zwischen sechs und zwölf Jahren** sind Besuche an jedem zweiten Wochenende während des gesamten Wochenendes üblich. Einen häufigen Streitpunkt bilden dabei die wegen Krankheit, beruflicher Verhinderung oder aus anderen Gründen ausgefallenen Wochenenden, die deshalb an dem darauffolgenden Wochenende nachgeholt werden können sollten. Natürlich lässt sich die Häufigkeit des Zusammenseins beliebig variieren und wird mit zunehmenden Alter eines Kindes und seinen wachsenden anderweitigen Aktivitäten mehr und mehr abnehmen. Auch sind die Eltern selbstverständlich nicht gehindert, bei Bedarf abweichende Regelungen für den Einzelfall zu treffen, und zwar selbst dann nicht, wenn eine gerichtliche Umgangsregelung vorliegt.

67 Regelungsbedarf besteht des Weiteren bezüglich der Schulferien, wobei diese üblicherweise je hälftig auf Vater und Mutter verteilt werden. Dabei sollte dann auch von vorneherein festgelegt werden, in welcher Reihenfolge sich das Kind bei seinen Eltern aufhalten soll oder bis zu welchem Zeitpunkt vor den jeweiligen Ferien sich die Eltern hierüber verständigt haben müssen.

68 Als regelungsbedürftig hat sich in der Praxis außerdem noch vor allem die Weihnachtszeit erwiesen, wobei es der allgemeinen Übung entspricht, dass das Kind den Heiligen Abend und den ersten Weihnachtsfeiertag im jährlichen Wechsel bei einem Elternteil verbringt, den zweiten Weihnachtsfeiertag und eventuell auch noch weitere Tage bis einschließlich Silvester dagegen bei dem anderen Elternteil. Zum festen Bestandteil einer Umgangsregelung gehört schließlich die Festlegung der Uhrzeiten, innerhalb deren das Kind abzuholen und zurückzubringen ist, sowie die Abholung und das Zurückbringen durch den Vater oder die Mutter. Insgesamt wird also eine Umgangsregelung für Kinder bis etwa zwölf Jahren mit ihrem sie nicht ständig betreuenden Vater wie folgt aussehen:

69 **Formulierungsvorschlag:**

Variante A (für Kinder bis etwa 6 Jahre):
(1) Der Vater hat das Recht, unser Kind (unsere Kinder)
......, geboren am ...
......, geboren am ...
an jedem Samstag von ... Uhr bis ... Uhr (je nach Alter des Kindes 2 bis 4 Stunden) und jeden Mittwoch von ... Uhr bis ... Uhr zu sich zu nehmen.
(2) Der Vater hat das Recht, unser Kind (unsere Kinder) in den Ferien wie folgt (je nach Alter und Befinden des Kindes) zu sich zu nehmen: ...
(3) Das Kind/die Kinder verbringt/verbringen den Zeitraum der Weihnachtsferien bis einschließlich 25.12. eines Jahres um 12 Uhr im jährlichen Wechsel bei einem Elternteil, den Zeitraum vom 25.12., 12 Uhr, bis 01.01., 12 Uhr, beim anderen Elternteil, beginnend im Jahr ... bei der Kindesmutter.
(4) Der Vater holt das Kind/die Kinder bei der Mutter ab und bringt es/sie wieder zurück.

Variante B (für Kinder zwischen etwa 6 und 12 Jahren):
(1) Der Vater hat das Recht, unser Kind/unsere Kinder
......, geboren am ...
......, geboren am ...
an jedem zweiten Wochenende jeweils von Freitag, 15.00 Uhr, bis Sonntag, 18.00 Uhr, zu sich zu nehmen.
(2) Kann ein Zusammentreffen gemäß Abs. 1 aus einem wichtigen Grund nicht stattfinden, so kann es am darauffolgenden Wochenende zu den gleichen Zeiten nachgeholt werden.

V. Umgangs- und Auskunftsrecht

> (3) Schulferien von mehr als einer Woche Dauer verbringt unser Kind (verbringen unsere Kinder) jeweils in der ersten Hälfte beim Vater und in der zweiten Hälfte bei der Mutter.
> **Oder:**
> Schulferien von mehr als einer Woche Dauer verbringt unser Kind (verbringen unsere Kinder) abwechselnd je zur Hälfte beim Vater oder bei der Mutter, wobei mit der ersten Hälfte der kommenden … Ferien beim Vater begonnen wird.
> (4) Wie Variante A Abs. 3
> (5) Wie Variante A Abs. 4

Bei **Kindern von 13 oder 14 Jahren** an gewinnen ihre persönlichen Vorstellungen zur Ausübung des Umgangsrechtes so viel an Gewicht, dass eine diesbezügliche Vereinbarung der Eltern über ihren Kopf hinweg nicht mehr sinnvoll erscheint. Vielmehr werden diesbezügliche Absprachen dem unmittelbaren Kontakt zwischen dem Kind und dem nicht sorgeberechtigten Elternteil überlassen bleiben müssen. Das läuft dann zwar auf eine weitgehende Entscheidungsfreiheit des Kindes hinaus, doch ist die zwangsweise Durchsetzung eines Umgangsrechtes gegen den Willen des Kindes in diesem Alter ohnehin nicht mehr vorstellbar. Dem sorgeberechtigten Elternteil ist dringend zu raten, ein Kind dieses Alters gewähren zu lassen, weil die Opposition gegen sein Bedürfnis, mit dem anderen Elternteil zusammen zu sein, seiner Entwicklung nicht förderlich wäre und lediglich zu unnötigen Auseinandersetzungen führen würde. 70

Wichtig sind kontinuierliche Kontakte, wobei es grundsätzlich dem umgangsberechtigten Elternteil überlassen bleibt, wie er diese Kontakte gestaltet. Das heißt, dass er das Kind, von Ausnahmen abgesehen, nicht nur überallhin mitnehmen, sondern auch mit allen von ihm gewünschten Personen zusammenbringen kann. Denn gemäß § 1687 Abs. 1 S. 4 BGB hat der umgangsberechtigte Elternteil während der Dauer seines Umgangs mit dem Kind in Angelegenheiten der tatsächlichen Betreuung die alleinige Entscheidungsbefugnis. Der Umgangsberechtigte kann das Kind also insbesondere auch mit den **Großeltern** zusammenbringen, denen gemäß § 1685 Abs. 1 BGB inzwischen sogar ein eigenes Recht auf Umgang mit dem Kind zusteht, wenn dieser dem Wohl des Kindes dient. 71

Ein besonderes Problem stellt in diesem Zusammenhang häufig auch das Zusammensein mit einem **neuen Lebenspartner** dar, das bei Kindern bis zu acht oder neun Jahren zu erheblichen Verunsicherungen und der Ablehnung des Umgangs mit dem betreffenden Elternteil führen kann. Hier ist einerseits nach dem Alter des Kindes, andererseits und vor allem aber nach der Dauer der Trennung der Eltern und der Art des Zusammenseins mit dem neuen Lebenspartner zu unterscheiden. Ist die Trennung nämlich noch nicht von längerer Dauer und muss das Kind den neuen Lebenspartner anlässlich seines Zusammenseins mit dem nicht sorgeberechtigten Elternteil sogleich als an die Stelle von Vater oder Mutter getreten erleben, so wird dies auf das Kind eine sehr viel tiefgreifendere Wirkung haben, als wenn es den neuen Lebenspartner nach längerer Trennung der Eltern oder der Scheidung ihrer Ehe erstmals nach und nach kennenlernt und ihm die besonderen Beziehungen zwischen Vater oder Mutter und diesem neuen Lebenspartner sachte vor Augen geführt werden. 72

3. Das Verhältnis von Umgangs- und Sorgerecht

73   Umgangsrecht und elterliche Sorge stehen sich als selbständige, sich gegenseitig beschränkende Rechte gegenüber. Das Umgangsrecht muss jedoch hinter der elterlichen Sorge zurückstehen, wenn die Ausübung des Sorgerechts durch das Umgangsrecht unmöglich gemacht würde. Typischerweise tritt dieser Konflikt bei einer Entscheidung für einen Umzug an einen entfernten Ort, eine **Übersiedlung ins Ausland** oder gar eine Auswanderung nach Übersee auf. Im Regelfall der gemeinsamen elterlichen Sorge kann eine solche Entscheidung, wie oben → Rn. 20 und 39 schon dargelegt wurde, wegen ihrer erheblichen Bedeutung für das Kind nur von den Eltern gemeinsam getroffen werden. Ist keine Einigung zu erzielen, bedarf es einer Entscheidung des Familiengerichts, welchem Elternteil insoweit das alleinige Entscheidungsrecht übertragen werden soll. Ist einem Elternteil das Aufenthaltsbestimmungsrecht für das Kind schon früher einmal vom Familiengericht übertragen worden, kann der andere Elternteil dem beabsichtigten Umzug nur mit einem Antrag auf Abänderung dieser Entscheidung begegnen. Das Gericht muss diesem Antrag dann aber nicht etwa schon deshalb stattgeben, weil der betroffene Elternteil sein Kind sonst kaum noch oder praktisch gar nicht mehr sehen könnte. Vielmehr hat es erneut diejenige Entscheidung zu treffen, die unter Berücksichtigung aller Umstände dem Wohl des Kindes am besten entspricht. Von besonderer Bedeutung ist insoweit, dass das Gericht dem umzugswilligen Elternteil allein den Umzug nicht untersagen, sondern bei einem solchen Vorhaben lediglich entscheiden kann, ob es dem Kindeswohl besser entspricht, mit diesem Elternteil mitzugehen oder seinen gewöhnlichen Aufenthalt zum anderen Elternteil zu verlegen.[9]

4. Auskunftsrechte bei eingeschränktem oder ausgeschlossenen Umgangsrecht

74   Kann ein Elternteil sein Umgangsrecht nicht oder nur eingeschränkt ausüben und sich deshalb von der Entwicklung und dem Wohlergehen des Kindes kein Bild mehr machen, kann er gemäß § 1686 BGB vom anderen Elternteil wenigstens **Auskunft** über die persönlichen Verhältnisse des Kindes verlangen, soweit dies dem Wohle des Kindes nicht widerspricht. Dieser Auskunftsanspruch erstreckt sich auf alle Informationen, die der betreffende Elternteil sonst durch die Ausübung seines Umgangsrechtes hätte erhalten können. Auskünfte, die mit dem Wohl des Kindes nicht vereinbar sind, wären zum Beispiel solche über den Aufenthalt des Kindes, wenn dem auskunftsberechtigten Elternteil der persönliche Kontakt mit dem Kind gerade nicht erlaubt ist. Denn wenn es zum Wohl des Kindes erforderlich ist, kann das Familiengericht gemäß § 1684 Abs. 4 S. 1 BGB auch die **Umgangsbefugnis einschränken** oder sogar ganz **ausschließen**, muss seine jeweilige Entscheidung allerdings strikt nach dem Verhältnismäßigkeitsgrundsatz richten. Spannungen zwischen den Eltern oder die typischerweise auftretenden Schwierigkeiten bei der Erziehung des Kindes nach seiner Rückkehr von seinem Besuch bei dem umgangsberechtigten Elternteil können deshalb nur

---

[9] BGH NJW 2010, 2805.

V. Umgangs- und Auskunftsrecht

in seltenen Fällen eine zeitliche Beschränkung des Umgangsrechts rechtfertigen und auch in schwerer wiegenden Fällen wie zum Beispiel der ständigen Aufhetzung des Kindes gegen den Sorgeberechtigten oder gar dem Verdacht eines sexuellen Missbrauchs des Kindes kommt einem **begleiteten Umgang** der Vorrang gegenüber einem vollständigen Ausschluss zu (§ 1684 Abs. 4 S. 1–3 BGB).

5. Familiengerichtliche Regelung

Haben sich die Eltern auf eine Umgangsregelung verständigt, erhält sie, ebenso wie Vereinbarungen über das Sorgerecht, erst durch eine **familiengerichtliche Bestätigung** konstitutive Wirkung, weshalb sie dem Familiengericht vorgelegt und beantragt werden kann, dass dieses gemäß § 1684 Abs. 3 S. 1 BGB eine entsprechende Anordnung treffen möge. Das Gericht darf von diesem Antrag ebenso wie bei einem gemeinsamen Antrag der Eltern zum Sorgerecht nur dann abweichen, wenn dies zum Wohl des Kindes erforderlich ist oder wenn ein über 14 Jahre altes Kind dem Vorschlag widerspricht. Eine solche Anordnung des Gerichts hat den Vorteil, dass sie, anders als eine nur außergerichtliche Vereinbarung der Eltern, nötigenfalls auch mit Hilfe von Ordnungsgeldfestsetzungen durchgesetzt werden kann, wenn das Einvernehmen der Eltern einmal nicht mehr bestehen sollte. Doch hat der mit der Umgangsregelung nicht mehr einverstandene Elternteil dann natürlich die Möglichkeit, eine Abänderung der bisherigen Regelung zu beantragen. 75

Können die Eltern über das Umgangsrecht des nicht sorgeberechtigten Elternteils keine Einigung erzielen, so haben sie gemäß § 1684 Abs. 3 S. 1 BGB die Möglichkeit, das Familiengericht anzurufen, das dann seinerseits eine Umgangsregelung trifft. **Von Amts wegen** braucht das Familiengericht dagegen, wie sich aus § 137 Abs. 3 FamFG ergibt, auch im Ehescheidungsverfahren keine Umgangsregelung zu treffen. Die Eltern müssen dem Gericht infolgedessen auch keine Umgangsregelung vorschlagen, sondern können es bei der bisherigen Handhabung belassen oder sich mit einer außergerichtlichen Regelung für die Zukunft zufrieden geben. 76

6. Abänderung einer Sorgerechts- oder Umgangsregelung

Die **Abänderung** einer Sorgerechts- oder Umgangsregelung gemäß § 1696 Abs. 1 BGB sollte und darf, wie schon mehrfach erwähnt, nur aus „triftigen, das Kindeswohl nachhaltig berührenden Gründen" erfolgen. Denn das Kontinuitätsprinzip spricht gegen die Abänderung einer einmal getroffenen und praktizierten Vereinbarung. Schon für die Zeit ihres Getrenntlebens sollten die Eltern deshalb möglichst eine Regelung finden, die für die Kinder nach einer allenfalls kurzfristigen Experimentierphase zu dauerhaften Verhältnissen führt. Können sie sich nicht einigen, ist demjenigen, der mit dem bestehenden Zustand nicht einverstanden ist, dringend zu raten, alsbald eine familiengerichtliche Klärung herbeizuführen. Denn je länger die Kinder sich in einer bestimmten Situation befunden haben, desto eher spricht, wie oben → Rn. 53 schon dargelegt wurde, das Kontinuitätsprinzip dafür, es nunmehr auch bei dieser Situation zu belassen. Haben 77 die Eltern einmal einvernehmlich dauerhafte Verhältnisse geschaffen, reicht ein späterer Sinneswandel eines Elternteils für sich allein genommen wegen des Kontinuitätsprinzips ebenfalls nicht aus, um eine Abänderung zu rechtfertigen. Will dagegen ein Elternteil, bei dem sich ein Kind gewöhnlich aufhält, an einen entfernten Ort oder gar ins **Ausland ziehen,** dann wird dadurch nicht nur dieses Prinzip, sondern natürlich auch das Umgangsrecht des anderen Elternteils in Frage gestellt. Besteht bei diesen Fällen noch das gemeinsame Sorgerecht, kann die Verwirklichung solcher Pläne von dem anderen Elternteil kraft seines Mitentscheidungsrechts zunächst einmal verhindert werden. Kommt es dann zu keiner Einigung der Eltern, muss entweder eine Erstentscheidung oder eine Abänderungsentscheidung des Familiengerichts herbeigeführt werden, die dann natürlich auch zu dem Ergebnis kommen kann, der geplante Umzug entspreche nach Abwägung aller Umstände dem Wohl des Kindes am besten (s. hierzu → Rn. 73).

C. Kindesunterhalt

I. Unterhaltsbedürftigkeit

1. Vermögen des Kindes

Die erste Frage im Unterhaltsrecht ist immer die nach der Unterhaltsbedürftigkeit des Anspruchstellers. Denn gemäß § 1602 Abs. 1 BGB ist nur derjenige unterhaltsberechtigt, der außerstande ist, sich selbst zu unterhalten. Das gilt, wie sich aus § 1601 BGB ergibt, auch für Kinder, und zwar unabhängig davon, ob sie minderjährig oder volljährig sind. Wenn also ein minderjähriges oder volljähriges Kind aus einer beruflichen Tätigkeit oder aus einem ererbten oder ihm von seinen Eltern zu Lebzeiten übertragenen Vermögen über eigene Einkünfte verfügt, so hat es keinen finanziellen Unterhaltsanspruch mehr, so weit diese Einkünfte zur Deckung seines Unterhaltsbedarfs reichen. Die **Vermögenssubstanz** brauchen Minderjährige und volljährige Kinder, die das 21. Lebensjahr noch nicht vollendet haben, im Haushalt der Eltern oder eines Elternteils leben und sich in der allgemeinen Schulausbildung befinden (sog. **privilegiert volljährige Kinder**), dagegen nicht anzugreifen, es sei denn, ihre Eltern könnten ihnen den Unterhalt bei Berücksichtigung ihrer sonstigen Verpflichtungen nicht ohne Gefährdung ihres eigenen angemessenen Unterhalts gewähren (§ 1602 Abs. 2 iVm § 1603 BGB).

78

2. Einkünfte des Kindes

Zu den **anrechenbaren Einkünften eines Kindes** gehört vor allem seine **Ausbildungsvergütung**, wobei berufsbedingte Aufwendungen wie zB Fahrtkosten, Kleidung und Lehrmaterial in Abzug zu bringen sind. Nach den Anmerkungen zur Düsseldorfer Tabelle, die in der Rechtsprechung zur Bemessung des Kindesunterhaltes fast allgemein angewandt wird, können diese Aufwendungen in der Regel mit einem Betrag in Höhe von 100 EUR monatlich pauschal in Ansatz gebracht werden, wenn das Kind im Haushalt der Eltern oder eines Elternteils wohnt. Lebt das Kind dagegen in einem eigenen Haushalt, so kommt ein solcher Pauschalabzug nicht mehr in Betracht, weil die berufsbedingten Aufwendungen in der Düsseldorfer Tabelle für diesen Fall bei der Bemessung des Bedarfsbetrages von derzeit 735 EUR monatlich schon berücksichtigt worden sind.

79

Leistungen des Staates mit Einkommensersatzfunktion wie zB eine **Halbwaisenrente** gehören ebenfalls zu den anrechenbaren Einkünften.[10] Bei den **BAföG**-Leistungen sind bloße Vorausleistungen nicht als anrechenbares Einkommen anzusehen, wohl aber endgültige Zuschüsse und bei beengten wirtschaftlichen Verhältnissen der Eltern sogar die nur darlehensweise gewährten Mittel. Denn ein Unterhaltsberechtigter hat im Rahmen des Zumutbaren auch die Mög-

80

---

[10] BGH NJW 2009, 1742 = FamRZ 2009, 762.

C. Kindesunterhalt

lichkeit einer Kreditaufnahme auszunutzen, um seine Unterhaltsbedürftigkeit zu vermeiden.[11] Unterhaltspflichtige Eltern können deshalb ihre Kinder darauf verweisen, derartige BAFöG-Ansprüche geltend zu machen, bevor sie ihre Eltern auf Unterhaltszahlungen in Anspruch nehmen. Im Verhältnis zu minderjährigen unverheirateten Kindern gilt dies allerdings nicht, weil diese nach § 1602 Abs. 2 BGB schon nicht den Stamm ihres Vermögens und deshalb erst recht keinen möglichen Kredit in Anspruch zu nehmen brauchen.

81 Die anrechenbaren Einkünfte müssen immer zu einer Entlastung beider Eltern im Verhältnis ihrer Haftungsanteile am Barunterhalt des Kindes führen, weshalb bei minderjährigen Kindern, die noch von einem Elternteil betreut werden, wegen der Gleichwertigkeit von Betreuungsunterhalt und Barunterhalt (s. dazu → Rn. 119) nur die Hälfte ihrer Einkünfte auf ihren Barunterhaltsanspruch gegen den anderen Elternteil anzurechnen ist.[12]

Beispiel:

Ein unterhaltspflichtiger Vater von zwei Kindern im Alter von 14 und 16 Jahren, die bei ihrer Mutter leben, hat ein unterhaltsrechtlich relevantes monatliches Nettoeinkommen von 2.400 EUR. Das vierzehnjährige Kind geht noch zur Schule, das sechzehnjährige Kind befindet sich in einer Lehre und erhält eine Ausbildungsvergütung nach Abzug von Sozialversicherungsbeiträgen in Höhe von 600,– EUR netto. Davon sind nach Abzug eines dem Kind zu belassenden ausbildungsbedingten Mehrbedarfs von 100 EUR und eines Taschengeldes von zB noch einmal 100 EUR die danach verbleibenden 400 EUR zur Hälfte, also in Höhe von 200 EUR, auf den Unterhaltsanspruch des Kindes gegen seinen Vater anzurechnen. Dieser beläuft sich nach der Einkommensgruppe 2 der Düsseldorfer Tabelle in der dritten Altersstufe auf 514 EUR sodass (ohne Anrechnung von Kindergeld) ein Unterhaltsanspruch des Kindes von 314 EUR verbleibt. Ob der den Betreuungsunterhalt leistende Elternteil von dem Kind dann die andere, dem Kind verbleibende Hälfte des Kindergeldes seiner Ausbildungsvergütung als Beitrag zu dessen Lebenshaltungskosten einfordert (**„Kostgeld"**), bleibt ihm überlassen.

3. Kindergeld

82 Das **staatliche Kindergeld** stellt kein Einkommen des Kindes dar, sondern dient der Entlastung der Eltern von den Unterhaltslasten für ihre Kinder. Wegen der Gleichwertigkeit von Barunterhalt und Betreuung von Kindern ist es aber ebenso wie Einkünfte des Kindes nur hälftig auf seinen Barunterhalt anzurechnen. Dementsprechend bestimmt § 1612b Abs. 1 Nr. 1 BGB, dass das auf ein Kind entfallende Kindergeld zur Deckung seines Barbedarfs zu verwenden ist, und zwar zur Hälfte, wenn ein Elternteil seine Unterhaltspflicht schon durch die Betreuung des Kindes erfüllt (§ 1606 Abs. 3 S. 2 BGB). Je nach dem, welcher Elternteil das Kindergeld bezieht, führt die Verrechnung dann zu einer entsprechenden Erhöhung oder Verminderung des für das Kind zu zahlenden Barunterhalts.

Beispiel:

Ein Ehepaar mit einem siebenjährigen Kind erhält ein Kindergeld von 194 EUR monatlich. Lebt das Kind bei der Mutter, so erfüllt diese ihre Unterhaltspflicht bereits durch die Pflege und

---

[11] BGH NJW 1985, 2331.
[12] BGH NJW 1981, 2462 = FamRZ 1981, 541 (Ausbildungsvergütung); BGH NJW 2009, 1742 = FamRZ 2009, 762 (Halbwaisenrente).

I. Unterhaltsbedürftigkeit

Erziehung des Kindes (§ 1606 Abs. 3 S. 2 BGB), so dass der Unterhalt in Geld = Barunterhalt von dem Vater zu leisten ist.

Hat der Vater nun nach Einkommensgruppe 3 der Düsseldorfer Tabelle einen Barunterhalt von EUR 439 EUR monatlich zu zahlen und bezieht die Mutter das Kindergeld von 194 EUR, dann darf der Vater die Hälfte hiervon, also 97 EUR, von dem von ihm geschuldeten Unterhalt in Abzug bringen, muss der Mutter also nur noch 342 EUR monatlich an Kindesunterhalt zahlen. Bezieht dagegen der Vater das Kindergeld, dann muss er die 97 EUR zusätzlich zu dem geschuldeten Kindesunterhalt von 439 EUR, insgesamt also 536 EUR monatlich, an die Mutter zahlen.

Praktizieren die Eltern bei der Betreuung ihres Kindes das sog. **Wechselmodell,** ist das Kindergeld ebenfalls nur zur Hälfte auf den Barbedarf des Kindes anzurechnen und kommt den Eltern damit entsprechend ihrer Beteiligungsquote am Barunterhalt des Kindes zu Gute. Die andere, auf die Betreuungsleistung entfallende Hälfte ist dagegen zwischen den Eltern hälftig auszugleichen, da sie sich die Betreuung des Kindes ebenfalls hälftig teilen. Der Ausgleich kann dabei in Form der Verrechnung mit dem Barunterhalt erfolgen.[13]

Beziehen die Eltern für **mehrere gemeinsame Kinder** Kindergeld, so ist bei 83 dessen hälftiger Zurechnung auf den für das einzelne Kind gezahlten Betrag abzustellen. Erhält einer der Ehegatten noch für ein weiteres, nicht gemeinsames Kind zum Beispiel aus einer früheren oder einer späteren Ehe Kindergeld, dann entsteht bei ihm wegen des erhöhten Kindergeldes ab dem 4. Kind und durch das Zusammenzählen aller seiner Kinder der so genannte **Zählkindvorteil.** Dieser Vorteil verbleibt ihm gemäß § 1612b Abs. 4 BGB allein, ist also dem Kindergeld für die gemeinsamen ehelichen Kinder weder ganz noch teilweise zuzurechnen. Stattdessen ist für den Ausgleich des Kindergeldes auch in diesen Fällen nur von demjenigen Kindergeld auszugehen, das die Eltern für ihre **gemeinsamen** Kinder ohne Berücksichtigung ihrer weiteren Kinder zu beanspruchen hätten, und zwar unabhängig davon, bei welchem der Elternteile welcher Zählkindvorteil anfällt. Sind ausnahmsweise beide Eltern einem minderjährigen Kind zum Barunterhalt verpflichtet, weil es zB in einem Internat oder in einer Pflegefamilie lebt, so ist das Kindergeld ebenso wie bei **volljährigen Kindern** – einschließlich der privilegiert volljährigen Kinder – in voller Höhe von seinem Unterhaltsanspruch in Abzug zu bringen, dem Kind dann aber natürlich auch auszuzahlen, wenn es ihm nicht gemäß § 74 Abs. 1 S. 3 EstG unmittelbar ausgezahlt wird.

4. Freiwillige Leistungen Dritter

Freiwillige Leistungen Dritter, wie sie gelegentlich von Großeltern oder ande- 84 ren Verwandten oder auch Gönnern erbracht werden, mindern dagegen nur dann den Unterhaltsanspruch des Kindes, wenn sie von Dauer sind und nach dem Willen des Zuwendenden gerade auch den Unterhaltsverpflichteten entlasten sollen. Das gilt entsprechend für die nicht seltenen Fälle, in denen ein Elternteil über seine von ihm geschuldete Unterhaltsleistung hinaus **ersatzweise** auch die **Unterhaltsleistung** des anderen Elternteils ganz oder teilweise erbringt, also zum Beispiel ein gemeinsames Kind nicht nur betreut, sondern auch für seine finanziellen Bedürfnisse aufkommt. In diesen Fällen wird der den Unterhalt tragende Elternteil den anderen regelmäßig nicht von dessen Unterhaltpflicht befreien, sondern ihn aufgrund eines **familienrechtlichen Ausgleichsanspruchs,** wegen

---

[13] BGH NJW 2017, 167 = FamRZ 2017, 437; näheres → Rn. 124.

ungerechtfertigter Bereicherung oder auch unter dem Gesichtspunkt der Geschäftsführung ohne Auftrag in Anspruch nehmen wollen und können[14]. Da es sich wirtschaftlich um das Einfordern rückständigen Unterhalts handelt, kann dieser Anspruch für die Vergangenheit gemäß § 1613 Abs. 1 BGB nur von der Zeit an geltend gemacht werden, zu welcher der an sich Unterhaltsverpflichtete zum Zwecke der Geltendmachung des Unterhaltsanspruchs aufgefordert worden ist, über seine Einkünfte und sein Vermögen Auskunft zu erteilen, oder für die der Verpflichtete in Verzug gesetzt oder der Unterhaltsanspruch rechtshängig gemacht worden ist (wegen Einzelheiten → Rn. 142 ff.).

85   Kommt also ein Elternteil in die Lage, die Unterhaltsleistungen des anderen Elternteils übernehmen zu müssen, weil sie aus irgendwelchen Gründen ausbleiben, so sollte der an sich Unterhaltspflichtige sogleich zur Unterhaltsleistung aufgefordert und dadurch in Verzug gesetzt werden, damit der ersatzweise geleistete Unterhalt auch für die Vergangenheit geltend gemacht werden kann. Für die **Verjährung** dieses Anspruchs gilt dann gemäß § 197 Abs. 2 BGB die 3-Jahresfrist des § 195 BGB, die gemäß § 199 Abs. 1 BGB mit dem Schluss des Jahres zu laufen beginnt, in dem der Anspruch entstanden ist und der Gläubiger von den den Anspruch begründenden Umständen und der Person des Schuldners Kenntnis erlangt oder ohne grobe Fahrlässigkeit erlangen müsste. Schweben zwischen dem Schuldner und dem Gläubiger Verhandlungen über den Anspruch, ist die Verjährung gemäß § 203 BGB gehemmt, bis der eine oder der andere Teil die Fortsetzung der Verhandlungen verweigert.

5. Erwerbsobliegenheit

86   Anrechenbar sind schließlich (**fiktive**) **Einkünfte**, die ein Kind aufgrund einer ihm **obliegenden Erwerbstätigkeit** oder einer ihm obliegenden Vermögensdisposition erzielen könnte, aber zu erzielen unterlässt. Bei minderjährigen Kindern wird dies allerdings nur ausnahmsweise in Betracht kommen, weil sie zunächst gemäß § 1610 Abs. 2 BGB einen Anspruch auf angemessene Ausbildung haben und neben der Ausbildung nicht auch noch erwerbstätig sein können. So können die unterhaltspflichtigen Eltern auch einen volljährigen Oberschüler nicht darauf verweisen, wenigstens einen Teil seines Lebensbedarfs durch Nebentätigkeiten zu decken. Ebenso trifft ein studierendes Kind in der Regel keine Erwerbsobliegenheit, und zwar nicht einmal in den Semesterferien, weil dies der geforderten Zielstrebigkeit im Studium entgegenstünde. Gleichwohl aus einer Erwerbstätigkeit erzielte Einkünfte sind solche aus überobligationsmäßiger Tätigkeit, auf deren Anrechnung der Rechtsgedanke des § 1577 Abs. 2 BGB anzuwenden ist.[15]

87   Bei einem volljährigen Kind, das sich nicht oder nicht mehr in der Ausbildung befindet, tritt dann seine **wirtschaftliche Eigenverantwortung** ganz in den Vordergrund. Es muss sich deshalb ohne eine örtliche Bindung um eine Erwerbstätigkeit bemühen, wobei ihm für die **Arbeitsplatzsuche** im erlernten Beruf eine Zeit von etwa drei Monaten zuzubilligen ist. Danach müssen nötigenfalls auch berufsfremde Tätigkeiten und Arbeiten unterhalb der gewohnten Lebensstellung einschließlich Gelegenheitsarbeiten übernommen werden, ehe die Eltern auf

---

[14] BGH NJW 2016, 1956 = FamRZ 2016, 1053.
[15] BGH NJW 1995, 1215 ff. = FamRZ 1995, 475.

Unterhalt in Anspruch genommen werden können. Ähnliches gilt für die Zeit zwischen Abitur und Ausbildungs- oder Studienbeginn.

II. Die Bemessung des Unterhalts

1. Grundlagen

Das **Maß des zu gewährenden Unterhalts** bestimmt sich gemäß § 1610 Abs. 1 BGB nach der **Lebensstellung des Bedürftigen**. Kinder haben aber, solange sie nicht wirtschaftlich selbständig sind, keine eigene Lebensstellung und nehmen deshalb bis dahin an der Lebensstellung ihrer Eltern teil. Diese bestimmt sich nicht nach deren Beruf oder deren gesellschaftlichem Ansehen, sondern allein nach deren Einkommens- und Vermögensverhältnissen. Erzielt nur ein Elternteil Einkünfte, so sind nur diese für die Bemessung des Kindesunterhalts maßgeblich und zwar auch dann, wenn zwischen dem Wohnort des Kindes und dem Wohnort des Barunterhaltspflichtigen ein erhebliches **Einkommensgefälle** besteht. Geringere Einkünfte des Barunterhaltspflichtigen an seinem Wohnort führen also trotz höherer Lebenshaltungskosten des Kindes an dessen Wohnort zu einem geringeren Kindesunterhalt, während umgekehrt höhere Einkünfte des Barunterhaltspflichtigen an seinem Wohnort trotz niedrigerer Lebenshaltungskosten des Kindes an dessen Wohnort nichts an dem höheren Kindesunterhalt ändern. 88

Verfügen beide Eltern über Einkünfte, so ist zu unterscheiden: Bei **minderjährigen** unverheirateten **Kindern** wird in den meisten Fällen einer der beiden Elternteile die Kinder betreuen und seine Unterhaltsverpflichtung trotz der Erzielung eigener Einkünfte in der Regel, wie § 1606 Abs. 3 S. 2 BGB ausdrücklich festhält, durch die persönliche Pflege und Erziehung des Kindes erfüllen (**Betreuungsunterhalt**). Der finanzielle Unterhalt (**Barunterhalt**) ist deshalb in diesen Fällen im Allgemeinen von dem anderen Elternteil zu erbringen. Würde man nun aber den von ihm zu zahlenden Barunterhalt nach den zusammengerechneten beiderseitigen Einkünften bemessen, würde er wirtschaftlich übermäßig belastet. Solange sich die beiderseitigen Einkünfte im mittleren Bereich halten und das Einkommen des die Kinder betreuenden Elternteils nicht höher ist als das des anderen, muss es deshalb bei der Bemessung des Barunterhalts für minderjährige Kinder nach den Einkünften des barunterhaltspflichtigen Elternteils verbleiben. Verfügt der betreuende Elternteil dagegen über wesentlich höhere Einkünfte als der Barunterhaltspflichtige, und käme es ohne seine Beteiligung an der Barunterhaltspflicht zu einem erheblichen finanziellen Ungleichgewicht zwischen den Eltern, dann kann auch der betreuende Elternteil verpflichtet sein, sich daran über seine Betreuungsleistung hinaus zu beteiligen. Denn es wäre nicht angemessen, einen Unterhaltspflichtigen allein deswegen zu höheren Leistungen heranzuziehen als sie seinem Einkommen entsprechen, weil die finanzielle Lage des anderen Elternteils besser ist und dadurch auch die Lebensstellung des Kindes erhöht wird. Der Gesamtbarbedarf des Kindes muss dann in einem angemessenen Verhältnis auf beide Eltern verteilt werden, was in der Regel bei dem nicht betreuenden Elternteil zu einer Kürzung des allein nach seinen eigenen Einkünften geschuldeten Unterhalts führen dürfte. Verfügt der betreuende Elternteil etwa über das Drei- 89 fache der unterhaltsrelevanten Nettoeinkünfte des an sich barunterhaltspflichtigen Elternteils, dann nähert sich die Einkommensdifferenz allerdings einer Grenze, an der es unter gewöhnlichen Umständen der Billigkeit entsprechen kann, den betreuenden Elternteil auch den Barunterhalt für das Kind in voller Höhe aufbringen zu lassen.[16]

90 Bei **volljährigen Kindern** entfällt der **Betreuungsunterhalt**, und zwar auch dann, wenn die Kinder zum Beispiel wegen ihrer fortdauernden Ausbildung unverändert im Haushalt von Vater oder Mutter leben. Für die Bemessung ihres Barunterhalts sind die beiderseitigen **Einkünfte der Eltern** deshalb nunmehr **zusammenzurechnen**, und die Eltern haben den so ermittelten erhöhten Barunterhalt dann gemäß § 1606 Abs. 3 S. 1 BGB anteilig nach ihren Erwerbs- und Vermögensverhältnissen aufzubringen.[17] Zu beachten ist in diesen Fällen außerdem, dass die Tabellenunterhaltsbeträge den Wohnbedarf des Kindes einschließen, derjenige Elternteil, bei dem das Kind noch wohnt, die von ihm getragenen Wohnkosten also mit dem von ihm geschuldeten Unterhalt verrechnen kann. Dabei schuldet ein Elternteil allerdings auch immer nur höchstens den Unterhalt, der sich alleine auf der Grundlage seines Einkommens aus der vierten Altersstufe der Düsseldorfer Tabelle ergibt.[18]

91 Verbessern sich die für die Bemessung des Kindesunterhalts maßgeblichen Einkünfte eines Elternteils, so erhöht sich der Unterhaltsanspruch des Kindes entsprechend, weil es am **steigenden Lebensstandard** seiner Eltern teilnimmt. Das bedeutet jedoch nicht, dass der Unterhaltsanspruch eines Kindes prinzipiell unbegrenzt wäre. Vielmehr hat es auch bei **sehr guten, die höchste Einkommensgruppe der Düsseldorfer Tabelle übersteigenden Einkommensverhältnissen** seiner Eltern immer nur Anspruch auf die Befriedigung seines – dann natürlich gehobenen – Lebensbedarfs, nicht aber auf eine der Lebensführung der Eltern entsprechende Lebensgestaltung bis hin zur Teilhabe am Luxus (sog. **Sättigungsgrenze**). Diesen erhöhten Bedarf muss das Kind dann im einzelnen darlegen und beweisen, wobei an die Darlegungslast allerdings keine übertriebenen Anforderungen gestellt werden dürfen.[19]

92 Die vorstehend dargelegten Grundsätze gelten nicht nur für minderjährige unverheiratete, sondern auch für volljährige Kinder, die das 21. Lebensjahr noch nicht vollendet haben, im Haushalt der Eltern oder eines Elternteils leben und sich in der allgemeinen Schulausbildung befinden (sog. privilegiert volljährige Kinder – § 1603 Abs. 2 S. 2 BGB). Ihr Bedarf wird nach der 4. Altersstufe der Düsseldorfer Tabelle bemessen. Führen sie dagegen schon einen **eigenen Haushalt**, dann wird ihr Unterhaltsbedarf ebenso wie bei auswärts **Studierenden** mit einem Pauschalbetrag von derzeit 735 EUR bemessen, in dem Kosten für eine Warmmiete bis zu 300 EUR enthalten sind. Dieser Pauschalbetrag ist als Mindestbedarf anzusehen und kann in Abhängigkeit von den Einkommensverhältnissen der Eltern angemessen erhöht werden.

---

[16] BGH NJW 2013, 2897 Rn. 29 = FamRZ 2013, 1558.
[17] BGH FamRZ 1994, 696 (698).
[18] BGH FamRZ 2006, 99 (100) und Leitlinien der Oberlandesgerichte.
[19] BGH NJW 2000, 954.

2. Bundesfreiwilligendienst

Kinder, die den **Bundesfreiwilligendienst** statt des früheren Wehr- oder Zivildienstes leisten, haben keine eigene Lebensstellung, wenn sich der Dienst an Schule oder Studium anschließt. Ihr Unterhalt gilt jedoch regelmäßig als durch die staatlichen Leistungen gedeckt, sodass allenfalls ergänzende Ansprüche zum Beispiel für Musikunterricht, Mitgliedsbeiträge oder höhere Mietaufwendungen in Betracht komme.[20]

93

3. Einkommen des Barunterhaltspflichtigen

Der Barunterhaltsanspruch eines Kindes richtet sich regelmäßig allein nach dem Einkommen desjenigen Elternteils, von dem es nicht oder nur in einem geringeren Maße betreut wird als von dem anderen Elternteil. Hält sich ein Kind im Rahmen des Umgangs bei dem unterhaltspflichtigen Elternteil auf, darf der Barunterhalt wegen der in dieser Zeit erbrachten Unterhaltsleistungen nicht etwa anteilig gekürzt werden, und zwar auch dann nicht, wenn der Aufenthalt, wie zB in den Ferien, länger dauert. Dies folgt daraus, dass die pauschalierten Bedarfssätze der Düsseldorfer Tabelle die Ausübung eines üblichen Umgangsrecht bereits berücksichtigen, sodass dessen Kosten entschädigungslos von dem umgangsberechtigten Elternteil zu tragen sind. Auch wenn der barunterhaltspflichtige Elternteil sein Umgangsrecht über das übliche Maß hinaus wahrnimmt, sodass sich dessen Ausgestaltung bereits einer Mitbetreuung annähert, ändert sich an diesem Grundsatz nichts. Denn wenn und soweit der andere Elternteil gleichwohl die Hauptverantwortung für ein Kind trägt, bleibt es dabei, dass dieser Elternteil seine Unterhaltspflicht bereits durch die Pflege und Erziehung des Kindes erfüllt. Allerdings kann in solchen Fällen im Rahmen der stets gebotenen Angemessenheitskontrolle der wirtschaftlichen Belastung des Unterhaltspflichtigen insbesondere mit zusätzlichen Fahrtkosten und den Kosten für das Vorhalten von Wohnraum durch eine Herabstufung um eine oder mehrere Einkommensgruppen der Düsseldorfer Tabelle bzw. den Verzicht auf eine Höherstufung Rechnung getragen werden. Der auf diesem Weg nach den Tabellensätzen ermittelte Unterhaltsbedarf kann dann auch noch weitergehend gemindert sein, wenn der barunterhaltspflichtige Elternteil dem Kind in der Umgangszeit Leistungen erbringt, mit denen er den Unterhaltsbedarf des Kindes auf andere Weise als durch Zahlung einer Geldrente teilweise deckt. Dazu müsste der Unterhaltspflichtige dann allerdings die von ihm möglicherweise getragenen Mehraufwendungen für die Verköstigung des Kindes oder etwaige Ersparnisse, die durch seine Versorgungsleistung im Haushalt der Kindesmutter entstanden sein könnten, im Einzelnen darlegen.[21]

94

---

[20] BGH NJW 1990, 713.
[21] BGH NJW 2014, 1958 Rn. 28, 38 u. 39 = FamRZ 2014, 917.

C. Kindesunterhalt

4. Pauschalierter Bedarf nach Düsseldorfer Tabelle

95   Der einem Kind zu leistende Unterhalt muss seinen gesamten Lebensbedarf decken, also nicht nur Pflege und Erziehung, sondern auch Wohnung, Kleidung, Ernährung, Krankenvorsorge, Freizeitgestaltung und kulturelle Bedürfnisse. Im allgemeinen wird dieser Unterhaltsbedarf allerdings nicht individuell ermittelt, sondern aufgrund von Erfahrungswerten, die sich in **Unterhaltstabellen** niedergeschlagen haben, pauschaliert. In der Praxis wird die nachstehend abgedruckte und regelmäßig veröffentlichte **Düsseldorfer Tabelle**[22] (Stand: 1.1.2018) angewandt:

A. Kindesunterhalt

	Nettoeinkommen des Barunterhaltspflichtigen (Anm. 3, 4)	Altersstufen in Jahren (§ 1612a Abs. 1 BGB)				Prozentsatz	Bedarfskontrollbetrag (Anm. 6)
		0-5	6-11	12-17	ab 18		
		Alle Beträge in Euro					
1.	bis 1.900	348	399	467	527	100	880 / 1.080
2.	1.901 – 2.300	366	419	491	554	105	1.300
3.	2.301 – 2.700	383	439	514	580	110	1.400
4.	2.701 – 3.100	401	459	538	607	115	1.500
5.	3.101 – 3.500	418	479	561	633	120	1.600
6.	3.501 – 3.900	446	511	598	675	128	1.700
7.	3.901 – 4.300	474	543	636	717	136	1.800
8.	4.301 – 4.700	502	575	673	759	144	1.900
9.	4.701 – 5.100	529	607	710	802	152	2.000
10.	5.101 – 5.500	557	639	748	844	160	2.100
	ab 5.501	nach den Umständen des Falles					

96   Die Tabellenbeträge sollen den gesamten Unterhaltsbedarf eines Kindes einschließlich Ferienreisen und Pflege musischer oder sportlicher Interessen sowie Taschengeld decken. In den Beträgen nicht enthalten sind jedoch die **Kindergartenbeiträge**, sondern nur die in einer Kindereinrichtung anfallenden Verpflegungskosten.[23] Ebenso sind auch die **Kranken- und Pflegeversicherungskosten** nicht in den Tabellensätzen enthalten, weil Kinder in aller Regel bei einem Elternteil mitversichert sind. Ist das ausnahmsweise einmal nicht der Fall, besteht zusätzlich zum Tabellenunterhalt Anspruch auf Übernahme der Krankenversi-

---

[22] Vom Abdruck der **Anmerkungen** wurde abgesehen, sie sind online verfügbar ua unter www.olg-duesseldorf.nrw.de.
[23] BGH FamRZ 2009, 962.

II. Die Bemessung des Unterhalts

cherungskosten. Die Beträge der 4. Altersstufen gelten für volljährige Kinder, die noch im Haushalt der Eltern oder eines Elternteils wohnen. Der Gesamtunterhaltsbedarf eines **auswärts Studierenden** wird in der Regel mit monatlich 735 EUR in Ansatz gebracht, wobei die **Studiengebühren** nicht darin enthalten sind.

Die Tabellen staffeln den Unterhalt nach dem Nettoeinkommen des Unterhaltspflichtigen und dem Alter des unterhaltsberechtigten Kindes, wobei davon ausgegangen wird, dass der Unterhaltspflichtige für den betreuenden Elternteil und ein Kind Unterhalt zu leisten hat. 97

Beispiel:

Der Unterhaltspflichtige verfügt über ein für die Berechnung des Unterhalts maßgebliches (bereinigtes) monatliches Nettoeinkommen von 2.200 EUR und hat die getrennt lebende Ehefrau sowie 1 Kind im Alter von 5 Jahren zu unterhalten. Für dieses Kind sind dann 383 EUR monatlich zu zahlen. Erhält die Mutter für das Kind das staatliche Kindergeld von 194 EUR monatlich, so kommt dem Vater, wie oben Rn. 82 dargelegt, die Hälfte hiervon, also 97 EUR in der Weise zugute, dass er diesen Betrag von dem geschuldeten Unterhalt abziehen darf und nur noch 286 EUR zu zahlen hat.

Bei einer größeren oder geringeren Anzahl von Unterhaltsberechtigten also zB dem Ehegatten und zwei oder mehr Kindern sind Ab- oder Zuschläge in Höhe eines Zwischenbetrages oder durch Einstufung in eine niedrigere/höhere Einkommensgruppe angemessen. 98

1. Beispiel:

Der Unterhaltspflichtige verfügt über ein (bereinigtes) monatliches Nettoeinkommen von 3.000 EUR und hat zwei Kinder im Alter von 5 und 7 Jahren sowie deren Mutter zu unterhalten. Für die Kinder hat er dann nicht die Beträge aus der Einkommensgruppe 4, sondern nur diejenigen aus der Einkommensgruppe 3 zu zahlen, also für das 5jährige Kind 383 EUR und für das siebenjährige Kind 439 EUR. Bezieht die Mutter das staatliche Kindergeld von insgesamt 388 EUR , kann der Vater wiederum 97 EUR je Kind vom Unterhalt in Abzug bringen.

2. Beispiel:

Der Unterhaltspflichtige verfügt über ein (bereinigtes) monatliches Nettoeinkommen von 2.800 EUR, hat jedoch nur für ein Kind im Alter von 11 Jahren Unterhalt zu zahlen, weil der Unterhalt für die sorgeberechtigte Mutter durch deren eigene Einkünfte gedeckt ist. Der Unterhalt für das Kind ist infolgedessen nicht nach der Einkommensgruppe 4, sondern nach der Einkommensgruppe 5, eventuell auch der Einkommensgruppe 6 zu bemessen, so dass ein Unterhalt von 479 EUR bzw. 511 EUR monatlich, wiederum abzüglich oder zuzüglich des anteiligen Kindergeldes, zu zahlen ist.

Die Zu- und Abschläge sind in der Regel durch die nächst niedrigere/höhere Gruppe begrenzt. Zu zahlen sind die Unterhaltsbeträge für die jeweilige Altersstufe gemäß § 1612a Abs. 3 BGB ab dem Beginn des Monats, in dem das Kind das betreffende Lebensjahr vollendet hat. 99

Praktizieren die Eltern ein echtes **Wechselmodell** (s. dazu → Rn. 34), sind ihre Einkünfte zur Ermittlung des Bedarfs des Kindes ebenso wie bei volljährigen Kindern zusammenzurechnen und der Unterhaltsbetrag nach der sich daraus ergebenden Einkommensgruppe zu bestimmen. Der Tabellenbedarf ist dann um eventuelle Mehrkosten des Wechselmodells wie insbesondere Wohnmehrkosten und erhöhte Fahrtkosten für den Schul- und Kindergartentransfer sowie Fahrtkosten anlässlich des Wechsels zwischen den elterlichen haushalten zu erhöhen. 100

C. Kindesunterhalt

Kosten für Betreuungsleistungen für das Kind während seines Aufenthaltes bei dem jeweiligen Elternteil gehören aber grundsätzlich nicht dazu, weil dem Wechselmodell die Annahme zugrunde liegt, dass sich die persönlich zu erbringenden Betreuungsleistungen der Eltern in etwa entsprechen.[24] Dabei ist jedoch zu beachten, dass in den Tabellenbeträgen der Wohnbedarf von Kindern mit etwa 20 % und die Fahrtkosten für den Schul- oder Kindergartenbesuch in dem bei einem üblichen Umgang anfallenden Umfang bereits enthalten sind. (Berechnungsbeispiel s. → Rn. 125)

5. Sonder- und Mehrbedarf

101   Ein Bedarf, der nur unregelmäßig auftritt und bei der Bemessung des laufenden Unterhalts wegen seiner Unvorhersehbarkeit nicht berücksichtigt werden konnte, kann als **Sonderbedarf** zusätzlich zu dem Tabellenunterhalt geltend gemacht werden, wenn er im Verhältnis zum laufenden Unterhalt außergewöhnlich hoch ist. Allerdings ist die Rechtsprechung bei der Zuerkennung eines solchen Sonderbedarfs äußerst zurückhaltend und will es „im Zweifel bei der laufenden Unterhaltsrente" belassen. Sind größere oder zusätzliche Ausgaben wie zB die Anschaffung eines Musikinstrumentes bei einem musikalischen Kind oder die **Kommunions-** oder **Konfirmationsfeier** vorhersehbar, ist der laufende Unterhalt von vornherein so zu bemessen, dass genügend Spielraum für eine vernünftige Planung bleibt. Der von dem Sonderbedarf zu unterscheidende, über den Tabellenunterhalt hinaus gehende, regelmäßig auftretende und deshalb vorhersehbare **Mehrbedarf** wie zB die schon angesprochenen **Kindergartenbeiträge**, aber auch die Kosten einer Privatschule oder eines Internats, Klassenfahrten, Nachhilfeunterricht und Ähnliches ist konkret zu beziffern und zusätzlich zum Tabellenunterhalt zu zahlen. Hierfür haben die Eltern gemäß § 1606 Abs. 3 S. 1 BGB anteilig aufzukommen, der betreuende Elternteil ist von diesen Kosten also nicht entlastet.[25]

III. Ausbildungs- und Erziehungskosten

1. Angemessenheit der Ausbildung

102   Zum Lebensbedarf eines Kindes gehören gemäß § 1610 Abs. 2 BGB auch die „**Kosten einer angemessenen Vorbildung zu einem Beruf**, bei einer der Erziehung bedürftigen Person auch die Kosten der Erziehung". Kosten in diesem Sinne sind zum Beispiel die konkret anfallenden Ausgaben für Nachhilfeunterricht oder Schulgeld, aber auch diejenigen für Lehrmaterial oder eine auswärtige Unterbringung. Vor allem geht es bei diesen Kosten aber um den laufenden Unterhalt, den die Eltern während der Ausbildung ihres Kindes trotz gelegentlich schon recht hoher **Ausbildungsvergütungen** nach wie vor zu tragen haben werden, und damit um die Frage, auf welche Ausbildung ein Kind Anspruch hat. Insoweit gilt wie

---

[24] BGH NJW 2017, 1676 Rn. 20 = FamRZ 2017, 437.
[25] BGH NJW 2009, 1816 und FamRZ 2013, 1563.

schon bei der Bemessung des Barunterhalts zunächst einmal, dass es nicht auf die berufliche oder gesellschaftliche Stellung der Eltern ankommt. Ein Kind kann deshalb nicht allein deswegen eine akademische Ausbildung verlangen, weil seine Eltern Akademiker sind. Vielmehr ist allein maßgeblich, welche Ausbildung der Begabung und den Fähigkeiten, dem Leistungswillen und den beachtenswerten Neigungen eines Kindes am besten entspricht und sich in den Grenzen der wirtschaftlichen Leistungsfähigkeit der Eltern hält.[26] Das bedeutet, dass die Finanzierung einer gewünschten Ausbildung nicht etwa mit der Begründung abgelehnt werden kann, sie dauere zu lange oder biete keine guten **Berufsaussichten**, wohl aber deshalb, weil es zum Beispiel an der notwendigen Begabung für ein beabsichtigtes Studium fehlt oder die aufzubringenden Kosten für einen auswärtigen Aufenthalt und/oder Kursgebühren den angemessenen Unterhalt der Eltern gefährden. Im zuletzt angesprochenen Fall wäre dann natürlich vor allem an eine vollständige oder wenigstens teilweise öffentliche Ausbildungsförderung zu denken.

2. Ausbildungsdauer und -wechsel

Der **Ausbildungsanspruch** des Kindes kann **entfallen**, wenn es seine Ausbildung nicht **zielstrebig aufnimmt und pflichtbewusst** betreibt, um sie innerhalb angemessener und üblicher Zeit zu beenden[27]. Als Maßstab hierfür können die Regelstudienzeiten bis zur Höchstförderungsdauer nach dem BAFöG dienen. **Verzögerungen**, die sich zum Beispiel durch die Wiederholung einer Schulklasse oder eine gescheiterte Prüfung ergeben, sind jedoch hinzunehmen, weil sie in aller Regel (noch) nicht gegen die Eignung des Kindes und die Erreichbarkeit des Zieles sprechen. Ebenso verliert ein Kind seinen Unterhaltsanspruch nicht schon dann, wenn es ihm aufgrund eines notenschwachen Schulabschlusses erst nach drei Jahren vorgeschalteter Berufsorientierungspraktika und erlernter Fähigkeiten gelingt, einen Ausbildungsplatz zu erlangen.[28] Findet ein Kind allerdings trotz intensiver Suche keinen Ausbildungsplatz, muss es seinen Unterhalt nach den oben → Rn. 87 dargelegten Grundsätzen so weit wie möglich selbst bestreiten. 103

Verzögerungen, die sich durch einen **Ausbildungswechsel** ergeben, sind jedenfalls dann hinzunehmen, wenn 104

- gesundheitliche Gründe vorliegen,
- der zunächst erlernte Beruf keine ausreichende Lebensgrundlage bietet, dies aber bei Aufnahme der Ausbildung nicht vorhersehbar war,
- die Wahl der ersten Ausbildung auf einer deutlichen Fehleinschätzung der Begabung des Kindes beruht oder die Eltern das Kind gegen seinen Willen in einen seiner Begabung nicht entsprechenden Beruf gedrängt haben,
- die weitere Ausbildung als eine bloße Weiterbildung anzusehen ist, insbesondere wenn diese von vornherein angestrebt war oder sich während der ersten Ausbildung aufgrund einer besonderen Begabung als sinnvoll herausgestellt hat.[29]

---

[26] BGH FamRZ 2006, 1100.
[27] BGH NJW 1998, 1555.
[28] BGH NJW 2013, 2751 = FamRZ 2013, 1475.
[29] BGH FamRZ 2006, 1100.

105 Ein bloßer Sinneswandel ohne triftige, von dem Kind darzulegende Gründe befreit die Eltern dagegen von ihrer Unterhaltspflicht.

106 Bei einem **Studienfachwechsel** wird zusätzlich zu berücksichtigen sein, wie weit das erste Studium schon gediehen ist. Da Eltern und Kinder einander **wechselseitig Rücksichtnahme** schulden (§ 1618a BGB), muss das Kind den geplanten Ausbildungswechsel zuvor auch mit den Eltern besprechen, damit deren Interessen in die Entscheidung einfließen können. Verweigert ein Kind den Eltern die von ihnen erbetenen **Auskünfte** über den Stand seiner Ausbildung oder die Vorlage von Belegen, verliert es schon aus diesem Grund seinen Unterhaltsanspruch.[30]

3. Zweitausbildung und Weiterbildung

107 Haben die Eltern ihrem Kind eine seinen Begabungen und Fähigkeiten entsprechende Berufsausbildung finanziert, sind sie nicht verpflichtet, danach noch die Kosten einer **Zweitausbildung** zu tragen.[31] Denn sie sind dann ihrer Unterhaltspflicht in ausreichendem Maße nachgekommen. Eine Ausnahme gilt nur für diejenigen Fälle, in denen die vorstehend unter → Rn. 104 aufgeführten, auch einen Ausbildungswechsel rechtfertigenden, besonderen Umstände vorliegen.[32]

108 Von der Zweitausbildung nicht leicht abzugrenzen ist die auf einer Erstausbildung aufbauende **Weiterbildung,** für deren Kosten die Eltern allerdings auch nur dann aufzukommen haben, wenn die einzelnen Ausbildungsabschnitte in engem sachlichem und zeitlichem Zusammenhang stehen und die Finanzierung den Eltern wirtschaftlich zumutbar ist. Die einzelnen Ausbildungsabschnitte müssen mithin so zusammenhängen, dass der eine für den anderen eine fachliche Ergänzung, Weiterführung oder Vertiefung bedeutet. Einen solchen sachlichen Zusammenhang hat der BGH[33] für den Ausbildungsgang Abitur – Lehre – Studium einer Bauzeichnerin, die nach dem Abschluss ihrer Lehre ein Architekturstudium aufnehmen wollte, ebenso bejaht wie für den Fall einer Banklehre mit anschließendem Jurastudium[34], für ein Jurastudium nach vorangegangener Lehre zum Speditionskaufmann dagegen verneint.[35] Fehlt es an einem engen sachlichen Zusammenhang wie zB bei einer Ausbildung zum Bürokaufmann nach Realschulabschluss und der späteren Aufnahme eines Studiums im sozialwissenschaftlichen Bereich, so soll es sich nach Auffassung des BGH[36] zwar nicht um einen Fall der Weiterbildung, wohl aber um Teile einer einheitlichen Erstausbildung handeln, wenn das Kind schon bei Beginn seiner Ausbildung zum Bürokaufmann das Studium angestrebt hat und sein Plan in irgendeiner Weise nach außen erkennbar geworden ist. Denn die Einheitlichkeit der Ausbildung wird dann durch den von Anfang an bestehenden Plan des Kindes vermittelt. Dabei reicht es aus, dass der Studienentschluss erst nach Beendigung der Lehre gefasst wird.[37] Da-

---

[30] BGH NJW 1987, 1557 (1559).
[31] BGH FamRZ 2006, 1100.
[32] BGH FamRZ 2006, 1100.
[33] BGH NJW 1989, 2253.
[34] NJW 1992, 501.
[35] NJW-RR 1992, 1090.
[36] NJW-RR 1991, 195.
[37] BGH NJW 2017, 1478 Rn. 13 = FamRZ 2017, 799.

hinter steht der Gedanke, dass die Unterhaltspflicht der Eltern von der Frage mitbestimmt wird, inwieweit sie damit rechnen müssen, dass ihr Kind nach einem Schulabschluss und einer in sich geschlossenen Berufsausbildung noch eine berufsqualifizierende Ausbildung anstrebt.[38]

Ein geheimer Vorbehalt des Kindes würde allerdings nicht genügen, die Unterrichtung des barunterhaltspflichtigen Elternteils über die Ausbildungspläne soll andererseits nicht erforderlich sein. Übt das Kind also nach einem Ausbildungsabschnitt den erlernten Beruf aus und wird der Wille zur Weiterbildung nicht wenigstens in irgendeiner Weise erkennbar, so wird der Zusammenhang und damit die Einheitlichkeit des Ausbildungsgangs aufgehoben mit der Folge, dass der Unterhaltsanspruch des Kindes endgültig erloschen ist. Es empfiehlt sich deshalb, die Eltern rechtzeitig und umfassend über bestehende Ausbildungspläne schriftlich zu informieren, um Abgrenzungs- und Nachweisschwierigkeiten zu vermeiden. 109

Nach der Beendigung der Ausbildung tragen die Eltern noch das **Arbeitsplatzrisiko** ihres Kindes, bleiben ihm also bis zu einer Ersteinstellung zum Unterhalt verpflichtet. Zu beachten ist dabei jedoch, dass dem Kind, wie oben → Rn. 81 schon dargelegt wurde, in gesteigertem Maße die Suche nach einem Arbeitsplatz obliegt, und es nötigenfalls auch eine ausbildungsfremde Tätigkeit aufnehmen muss. Das Risiko, gerade in seinem erlernten Beruf einen Arbeitsplatz zu finden, trägt daher letzten Endes das Kind.[39] 110

IV. Leistungsfähigkeit

1. Angemessener und notwendiger Selbstbehalt

Stehen die Unterhaltsbedürftigkeit eines Kindes und die Höhe seines Unterhalts fest, ist als nächstes zu fragen, ob der Unterhaltsschuldner den Unterhalt ganz oder wenigstens teilweise leisten kann. Denn § 1603 Abs. 1 BGB setzt der Unterhaltspflicht generell dort eine Grenze, wo der Unterhaltspflichtige bei Berücksichtigung seiner sonstigen Verpflichtungen außerstande ist, ohne Gefährdung seines eigenen angemessenen Unterhalts den Unterhalt zu gewähren. Dem Unterhaltspflichtigen ist also im allgemeinen nach der Formulierung des Gesetzes sein eigener angemessener Unterhalt (**angemessener Selbstbehalt**) zu belassen. 111

Eine Ausnahme von diesem Grundsatz macht Abs. 2 der Vorschrift nur für das Verhältnis zwischen Eltern und ihren **minderjährigen unverheirateten** Kindern sowie den ihnen gleich gestellten (**privilegiert volljährigen**) Kindern. Ihnen gegenüber sind die Eltern verpflichtet, „alle verfügbaren Mittel gleichmäßig zu ihrem und der Kinder Unterhalt zu verwenden", unterliegen also einer **gesteigerten Unterhaltspflicht**. Dem barunterhaltspflichtigen Elternteil wird deshalb in diesen Fällen nur noch sein **notwendiger Selbstbehalt** belassen. Die **Unterhaltspflicht von Eltern** gegenüber ihren Kindern reicht also **unterschiedlich weit**: Minderjährigen unverheirateten und den privilegiert volljährigen Kindern ist Unterhalt bis zur Grenze des notwendigen Selbstbehalts zu gewähren, minderjährigen verhei- 112

---

[38] BGH NJW 2017, 1478 Rn. 13 und 14 = FamRZ 2017, 799.
[39] BSG FamRZ 1985, 1251; OLG-Hamm FamRZ 1990, 904.

rateten und anderen volljährigen Kindern dagegen nur bis zur Grenze des angemessenen Selbstbehalts. Für erwerbstätige Unterhaltspflichtige sieht die Düsseldorfer Tabelle einen angemessenen Selbstbehalt von mindestens 1.300 EUR netto und einen notwendigen Selbstbehalt von 1.080 EUR netto vor, für nicht erwerbstätige Unterhaltspflichtige einen notwendigen Selbstbehalt von 880 EUR. Im Selbstbehalt von 1.080 EUR sind 380 EUR für Warmmiete enthalten. Wird dieser Betrag erheblich überschritten und ist dies nicht vermeidbar, kann der Selbstbehalt angemessen erhöht werden. Zu beachten ist, dass es sich bei den angemessenen Selbstbehalten um **Mindestbeträge** handelt, die je nach den Umständen des Einzelfalles auch deutlich höher angesetzt werden können.[40]

113   Der in der Düsseldorfer Tabelle ausgewiesene **Bedarfskontrollbetrag** darf nicht mit dem Selbstbehalt verwechselt werden. Denn er soll lediglich eine ausgewogene Verteilung des Einkommens zwischen dem Unterhaltspflichtigen und den unterhaltsberechtigten Kindern gewährleisten. Wird er unter Berücksichtigung des Ehegattenunterhalts unterschritten, ist der Tabellenbetrag der nächst niedrigeren Gruppe, deren Bedarfskontrollbetrag nicht unterschritten wird, oder ein Zwischenbetrag anzusetzen. Reicht das verfügbare Einkommen des Unterhaltspflichtigen zur Deckung seines Bedarfs und desjenigen der gleichrangigen Unterhaltsberechtigten nicht einmal für die Zahlung von Unterhalt nach der untersten Tabellengruppe aus (**Mangelfall**), ist das nach Abzug des notwendigen Selbstbehalts verbleibende Einkommen auf die Unterhaltsberechtigten im Verhältnis ihrer jeweiligen Bedarfssätze zu verteilen (Berechnungsbeispiel in Anm. C der Düsseldorfer Tabelle).

2. Gesteigerte Unterhaltspflicht

114   Die sich aus § 1603 Abs. 2 BGB ergebende **gesteigerte Unterhaltspflicht** der Eltern minderjähriger unverheirateter Kinder und der ihnen gleichgestellten volljährigen Kinder bis zur Vollendung des 21. Lebensjahres zieht vor allem eine verstärkte **Erwerbsobliegenheit** nach sich. Verlangt werden besonders intensive Bemühungen um einen Arbeitsplatz, die Aufnahme von Nebentätigkeiten und in zumutbaren Grenzen ein Orts- oder Berufswechsel. Nicht einmal eine Aus- oder Fortbildung und erst recht nicht die beabsichtigte Aufnahme eines Studiums befreien von der Unterhaltspflicht – im Gegenteil: eine schon begonnene Ausbildung ist nötigenfalls abzubrechen, wenn sie nicht schon weit fortgeschritten und in absehbarer Zeit mit einem Abschluss zu rechnen ist. Die **Grundrechte** auf Freizügigkeit und freie Berufswahl sowie Berufsausübung sind insoweit eingeschränkt.[41]

115   Die in einer **neuen Ehe** übernommenen Pflichten zur Haushaltsführung und Kindesbetreuung vermögen an der Barunterhaltspflicht gegenüber einem minderjährigen unverheirateten Kind aus früherer Ehe ebenfalls nichts zu ändern. Denn gemäß § 1609 Abs. 1 Nr. 1 BGB haben minderjährige unverheiratete Kinder aus allen Ehen eines Elternteils untereinander gleichen Rang, so dass sich der Unterhaltspflichtige zumindest um eine Teilzeitbeschäftigung bemühen muss, um dem Unterhaltsanspruch aller Kinder gerecht zu werden. Etwas anderes kann unter Zumutbarkeitsgesichtspunkten nur dann gelten, wenn sich die Einkommensver-

---

[40] BGH NJW 1992, 1393.
[41] BGH NJW 1983, 814.

IV. Leistungsfähigkeit

hältnisse des Unterhaltspflichtigen selbst bei einer vollen Erwerbstätigkeit sehr viel schlechter gestalten würden als diejenigen seines neuen Partners, und sich deshalb die Haushaltsführung und Kindesbetreuung durch den Unterhaltspflichtigen aufdrängt[42]. Im Verhältnis zu **nicht privilegierten volljährigen Kindern** gelten diese Grundsätze nicht, weil ihnen gegenüber keine gesteigerte Unterhaltspflicht besteht. Infolgedessen verbleibt dem barunterhaltspflichtigen Elternteil bei volljährigen Kindern stets der angemessene Selbstbehalt.

Ist ein **anderer gleichrangiger** unterhaltsverpflichteter **Verwandter** vorhanden, der auch der Elternteil sein kann, von dem das Kind überwiegend betreut wird, dann entfällt die gesteigerte Unterhaltspflicht (§ 1603 Abs. 2 S. 3 1. Hs. BGB). Kann also zum Beispiel der betreuende Elternteil neben seinen Betreuungsaufgaben ohne Gefährdung des eigenen angemessenen Unterhalts auch noch den Barunterhalt für ein Kind ganz oder teilweise tragen, dann verbleibt dem an sich barunterhaltspflichtigen Elternteil sein Einkommen wiederum bis zum angemessenen Selbstbehalt.[43] Ebenso entfällt die gesteigerte Unterhaltspflicht, wenn der Unterhalt des Kindes aus dem Stamm seines Vermögens bestritten werden kann (§ 1603 Abs. 2 S. 3 2. Hs. BGB).

116

3. Verwertung von Vermögen

Die Leistungsfähigkeit eines Unterhaltspflichtigen richtet sich nicht nur nach seinen Einkommens-, sondern auch nach seinen Vermögensverhältnissen. Denn sein eigener angemessener Unterhalt ist solange nicht „gefährdet" im Sinne des Gesetzes, wie er zur Deckung seines eigenen Unterhalts und desjenigen des Unterhaltsberechtigten auf sein **Vermögen** zurückgreifen kann. Der Unterhaltspflichtige hat deshalb im Verhältnis zu seinen Kindern ganz unabhängig davon, ob sie minderjährig oder volljährig sind, sein Vermögen nicht nur ertragsgünstig anzulegen und zu diesem Zweck nötigenfalls umzuschichten[44], sondern muss grundsätzlich auch den **Stamm** seines Vermögens **verwerten**.[45] Dabei verbleibt dem Vermögensinhaber jedoch ein Anlagespielraum, und die Verwertung des Vermögensstammes findet dort ihre Grenze, wo sie aus wirtschaftlichen oder sonstigen Gründen nicht mehr zumutbar wäre. So kann zwar der Verkauf eines **Ferienhauses** verlangt werden, wenn es weder dem (laufenden) Wohnbedarf der Familie noch als Einkommensquelle dient, nicht aber der Verkauf des Familienheimes, in dem der Unterhaltsschuldner und eventuell noch weitere Unterhaltsberechtigte wohnen. Gehört das Wohnen in Eigentum zum angemessenen Unterhalt des Pflichtigen, darf deshalb der Verkaufserlös des Familienheimes auch wieder in entsprechendem Wohneigentum angelegt werden, muss also nicht für eine höher verzinsliche Geldanlage eingesetzt werden. Zu beachten ist dabei jedoch, dass die Zumutbarkeitsgrenze für Eltern minderjähriger unverheirateter und privilegiert volljähriger Kinder sehr viel enger zu ziehen ist als in allen anderen Fällen des Verwandtenunterhalts, weil sie eben gemäß § 1603 Abs. 2 S. 1 BGB, wie schon erwähnt, „alle verfügbaren Mittel" und damit natürlich auch ihr Vermögen für

117

---

[42] Hausmann-Ehe – BGH NJW 1980, 340.
[43] BGH NJW 2013, 2897 = FamRZ 2013, 1558.
[44] BGH NJW-RR 1986, 683.
[45] BGH NJW-RR 1986, 66.

den gemeinsamen Unterhalt einzusetzen haben. Dementsprechend ist in diesen Fällen der Wohnwert eines Familienheims grundsätzlich mit der bei einer Fremdvermietung erzielbaren objektiven Marktmiete zu bemessen.[46] Mit Recht hat der BGH deshalb zB den Verkauf eines Baugrundstücks zur Erfüllung der Unterhaltspflicht gegenüber minderjährigen Kindern als zumutbar angesehen.[47]

V. Unterschiedliche Haftung von Vater und Mutter

118   Eltern haben die Unterhaltsansprüche ihrer Kinder nicht als Gesamtschuldner, sondern gemäß § 1606 Abs. 3 S. 1 BGB **nur anteilig** nach ihren Erwerbs- und Vermögensverhältnissen zu erfüllen, und zwar unabhängig davon, ob die Kinder minderjährig oder volljährig sind. Bei minderjährigen Kindern erfüllt derjenige Elternteil, der ihre Pflege und Erziehung übernommen hat, gemäß § 1606 Abs. 3 S. 2 BGB seine Unterhaltspflicht allerdings in der Regel schon durch diese Betreuungsleistung. Dem jeweils anderen Elternteil bleibt dann nur noch die Verpflichtung, für den finanziellen Bedarf der Kinder aufzukommen (**Natural-** oder **Betreuungsunterhalt** einerseits und **Barunterhalt** andererseits). Der Barunterhalt ist zu Händen desjenigen Elternteils zu zahlen, der die Betreuung der minderjährigen Kinder übernommen hat, wobei im einzelnen folgendes gilt:

1. Natural- und Barunterhalt

119   **Natural- und Barunterhalt** sind einander in der Regel **gleichwertig**. Das gilt bei der umfassenden Betreuung minderjähriger Kinder ohne Rücksicht auf ihr Alter. Das häufig zu hörende Argument, mit zunehmendem Alter der Kinder vermindere sich der Betreuungsaufwand, greift nicht durch, weil die reinen Versorgungs- und Beaufsichtigungsaufgaben zwar abnehmen mögen, dafür aber die mit der schulischen und seelischen Entwicklung des Kindes verbundenen Fürsorge- und Beistandsleistungen zunehmen. Immerhin wirkt sich der Rückgang des unmittelbaren Betreuungs- und Beaufsichtigungsbedarfs eines Kindes dahingehend aus, dass es dem betreuenden Elternteil mehr und mehr obliegt, für seinen Unterhalt selbst zu sorgen, wie bei der Erörterung des Ehegattenunterhalts noch dargelegt werden wird. Die Gleichwertigkeit von Bar- und Betreuungsunterhalt zeigt sich auch daran, dass **eigene anrechenbare** Einkünfte eines minderjährigen unterhaltsberechtigten Kindes nicht etwa nur dem barunterhaltspflichtigen Elternteil zugutekommen, sondern beiden Eltern zu gleichen Teilen, indem nur die Hälfte auf den Barunterhaltsanspruch angerechnet wird (s. dazu vorstehend → Rn. 81).

120   Die Gleichwertigkeit von Natural- und Barunterhalt entfällt mit dem Eintritt der Volljährigkeit eines Kindes, und zwar auch dann, wenn es sich um ein gemäß § 1603 Abs. 2 S. 2 BGB den minderjährigen unverheirateten Kindern gleich gestelltes Kind handelt, also ein Kind, das das 21. Lebensjahr noch nicht vollendet hat, im Haushalt eines Elternteils lebt und sich in der allgemeinen Schulausbildung befindet. Das bedeutet, dass sich von diesem Zeitpunkt an auch derjenige

---

[46] BGH FamRZ 2014, 923 Rn. 19.
[47] NJW 1980, 340.

Elternteil, der das Kind bisher betreut hat, an dessen Barunterhalt beteiligen muss, und zwar auch dann, wenn er, wie wohl meist in diesen Fällen, weiterhin Betreuungsleistungen für das Kind erbringt. Voraussetzung ist natürlich, dass der grundsätzlich barunterhaltspflichtig gewordene Elternteil auch über eigene Einkünfte verfügt, diese seinen angemessenen Selbstbehalt von 1.300 EUR übersteigen und kein anderer unterhaltspflichtiger Verwandter, insbesondere also auch nicht der andere Elternteil, vorhanden ist, der den Kindesunterhalt ohne Gefährdung seines eigenen angemessenen Bedarfs von 1.300 EUR aufbringen kann.[48]

2. Betreuung des Kindes durch Dritte

Die Gleichwertigkeit von Natural- und Betreuungsunterhalt entfällt nicht dadurch, dass derjenige Elternteil, bei dem ein Kind seinen gewöhnlichen Aufenthalt hat, die **Betreuung des Kindes teilweise** einem **Dritten überlässt**, um selbst berufstätig sein zu können. Denn für die Erfüllung der Unterhaltspflicht und die Gleichwertigkeit der elterlichen Unterhaltsleistungen kommt es nicht darauf an, in welcher Weise und zu welchen Zeiten sich ein Elternteil der Pflege und Erziehung des Kindes widmet. Den mit der Betreuung durch einen Dritten eventuell verbundenen Mehraufwand wie zB die Kosten einer Tagesmutter hat der betreuende Elternteil dann allerdings selbst zu tragen, weil es sich um keinen Mehrbedarf des Kindes handelt und die Folgen der eigenen Erwerbstätigkeit nicht auf den Barunterhaltspflichtigen überwälzt werden können.[49] Angesichts der verstärkten Erwerbsobliegenheit beim Betreuungsunterhalt stellen Kindergartenbeiträge allerdings Mehrbedarf des Kindes dar.[50] 121

Lebt ein Kind überhaupt nicht bei dem Sorgeberechtigten, sondern auf Dauer bei einem Dritten, also zum Beispiel bei den Großeltern oder in einem Internat, dann sind beide Eltern zu Barunterhaltsleistungen verpflichtet, sofern nicht einer von ihnen durch die Betreuung von anderen gemeinschaftlichen Kindern an der Aufnahme einer Erwerbstätigkeit gehindert ist. 122

Ebenso wenig kann an dem Grundsatz der Gleichwertigkeit von Natural- und Barunterhalt festgehalten werden, wenn ein Kind einen **zusätzlichen Bar- oder Betreuungsunterhaltsbedarf** hat, wie dies vor allem bei **behinderten** Kindern vorkommt. In diesen Fällen kann, wenn beide Eltern auch erhöhte Barunterhaltsleistungen zu erbringen haben, bei deren Verteilung die erhöhte Betreuungsleistung des sorgeberechtigten Elternteils zu dessen Gunsten berücksichtigt werden[51]. 123

3. Wechselmodell

Praktizieren Eltern bei der Betreuung ihres Kindes/ihrer Kinder ein echtes Wechselmodell (s. dazu → Rn. 33 ff.), haben sie sich nicht nur die Betreuung ihres Kindes hälftig zu teilen, sondern auch seinen Barunterhalt gem. § 1606 Abs. 3 S. 1 BGB anteilig nach ihrer Erwerbs- und Vermögensverhältnissen zu tragen. Dabei 124

---

[48] BGH NJW 2011, 670 = FamRZ 2011, 454 Rn. 36.
[49] BGH NZFam 2017, 1101 Rn. 17 = FamRZ 2018, 23.
[50] S. oben → Rn. 101.
[51] BGH NJW 1983, 2082.

kann nicht von einer – auch nur stillschweigenden – Vereinbarung der Eltern ausgegangen werden, dass der Barunterhaltsbedarf eines Kindes jeweils von dem Elternteil gedeckt wird, bei dem es sich gerade aufhält. Vielmehr ist dieser Bedarf als einheitlicher zunächst gesondert zu ermitteln und sodann der Haftungsanteil der Eltern festzustellen. Danach ist dann zu prüfen, in wie weit die Eltern während des Aufenthaltes ihres Kindes bei ihnen den von ihnen geschuldeten Barunterhalt schon erfüllen und welcher Spitzenbetrag eventuell noch auszugleichen ist. Dabei kann der Ausgleich in Form der Verrechnung mit dem Kindesunterhalt erfolgen.[52] Entgegen einer weit verbreiteten Vorstellung führt die im Rahmen eines Wechselmodells geleistete Kindesbetreuung also nicht ohne weiteres zur Befreiung von der Barunterhaltspflicht. Vielmehr hängt dies von den Haftungsquoten der Eltern (s. dazu nachstehend → Rn. 125) und dem Maß der Erfüllung des danach jeweils geschuldeten Barunterhaltsanteils durch den jeweiligen Elternteil ab.

4. Barunterhaltspflicht beider Eltern

125 Sind **beide Eltern barunterhaltspflichtig,** dann haben sie bei etwa gleichen Vermögensverhältnissen zum Unterhalt ihres Kindes nur anteilig im Verhältnis ihrer Einkünfte zum Gesamteinkommen beizutragen. Bei kleinen und mittleren Einkommensverhältnissen ist ihr jeweiliger Anteil jedoch erst nach Abzug des für ihren eigenen Unterhalt erforderlichen Betrages, also des notwendigen oder des angemessenen Selbstbehalts, zu ermitteln, weil anderenfalls der weniger verdienende Elternteil stärker als der andere mit Unterhaltsleistungen belastet werden würde[53].

Beispiel:

Der Vater verfügt über ein bereinigtes Nettoeinkommen von 2.600 EUR, die Mutter über ein solches von 1.350 EUR. Es ist ein 16jähriges und deshalb vorrangiges Kind vorhanden, dem der Vater nach der Düsseldorfer Tabelle einen monatlichen Unterhalt von 514 abzüglich 97 EUR Kindergeld, also 417 EUR schuldet. Das außer Haus lebende volljährige Kind hat einen Unterhaltsbedarf von 735 EUR und erhält eine Ausbildungsvergütung von 700 EUR monatlich netto. Hiervon sind die berufsbedingten Aufwendungen mit pauschal 100 EUR monatlich abzuziehen, so dass der Bedarf in Höhe von 600 EUR gedeckt ist und noch ein Unterhaltsanspruch von 135 EUR verbleibt. Die Berechnung der elterlichen Haftungsanteile sieht dann wie folgt aus:

Einkommen des Vaters	2.600 EUR
./. vorrangiger Kindesunterhalt	417 EUR
./. angemessener Selbstbehalt	1.300 EUR
verbleiben	883 EUR
Einkommen der Mutter	1.350 EUR
./. angemessener Selbstbehalt	1.300 EUR
verbleiben	50 EUR

---

[52] BGH NJW 2017, 1676 Rn. 21 u. 22 = FamRZ 2017, 437.
[53] BGH FamRZ 1986, 151 u. 153.

Zur Deckung des Unterhaltsanspruchs von 135 EUR stehen also insgesamt 933 EUR zur Verfügung, von denen 94,64 % auf den Vater und 5,36 % auf die Mutter entfallen. Infolgedessen haben der Vater 127,76 EUR und die Mutter 7,24 EUR des Unterhalts von 135 EUR zu tragen hat.

Variante Wechselmodell

Praktizieren die Eltern im vorstehenden Beispiel in Bezug auf ihr 16-jähriges Kind das Wechselmodell, dann ist dessen Barunterhaltsbedarf aus dem zusammengerechneten Einkommen beider Eltern von 3.950 EUR zzgl. eines eventuellen, durch das Wechselmodell verursachten Mehrbedarfs von zum Beispiel 100 EUR für erhöhte Wohnkosten zu ermitteln. Der Bedarfsbetrag für dieses Kind beläuft sich dann auf 636 EUR plus 100 EUR = 736 EUR. Von diesem Bedarf ist die Hälfte des Kindergeldes mit 97 EUR in Abzug zu bringen, sodass noch ein ungedeckter Bedarf von 639 EUR verbleibt. Die Berechnung der Haftungsanteile der Eltern sieht dann wie folgt aus:

Einkommen des Vaters	2.600 EUR
abzügl. angemessener Selbstbehalt	1.300 EUR
verbleiben	1.300 EUR
Einkommen der Mutter	1.350 EUR
abzügl. angemessener Selbstbehalt	1.300 EUR
verbleiben	50,00 EUR

Zur Deckung des Unterhaltsanspruchs von 639 EUR stehen mithin 1.350 EUR zur Verfügung, von denen 96,3 % auf den Vater und 3,7 % auf die Mutter entfallen. Infolgedessen haben der Vater 615,36 EUR und die Mutter 23,64 EUR für den Barunterhalt des Kindes zur Verfügung zu stellen. Mit diesen Barunterhaltsbeträgen ist die zweite Hälfte des Kindergeldes von 97,00 EUR wegen der gleichmäßigen Betreuung durch beide Eltern je hälftig, also mit 48,50 EUR, zu verrechnen, sodass sich der vom Vater zu leistende Unterhalt bei Bezug des Kindergeldes durch die Mutter noch auf 566,86 EUR beläuft, während die Mutter den auf sie entfallenden Unterhaltsanteil nicht mehr zu zahlen hat.

5. Durchsetzung des Unterhaltsanspruchs

126 **Minderjährige Kinder** werden bei der Durchsetzung ihrer Unterhaltsansprüche grundsätzlich von dem sorgeberechtigten Elternteil **vertreten**. Solange die Eltern getrennt leben oder eine Ehesache zwischen ihnen anhängig ist, kann ein Elternteil Unterhaltsansprüche des Kindes gegen den anderen Elternteil jedoch gemäß § 1629 Abs. 3 S. 1 BGB nur **im eigenen Namen** geltend machen. Kläger ist deshalb in der Zeit der Trennung und während der Anhängigkeit einer Ehesache niemals das Kind, vertreten durch einen Elternteil, sondern immer nur ein Elternteil als **Prozessstandschafter** für das Kind, und zwar auch dann, wenn ihm schon die Personensorge für das Kind übertragen worden sein sollte. Ist in der Zeit der Trennung oder während des Ehescheidungsverfahrens noch keine Regelung über die Personensorge für das Kind getroffen worden, so kann gemäß § 1629 Abs. 2 S. 2 BGB derjenige Elternteil die Unterhaltsansprüche des Kindes gegen den anderen Elternteil geltend machen, in dessen Obhut sich das Kind befindet. Beim Wechselmodell bedarf es hierfür der Bestellung eines Ergänzungspflegers für das Kind, das den Unterhalt dann wieder in eigenem Namen geltend machen muss.[54] Bei der Geltendmachung der Unterhaltsansprüche eines minderjährigen Kindes

---

[54] Offen gelassen von BGH NJW 2017, 1676 = FamRZ 2017, 437.

haben die Eltern im Übrigen gemäß § 18 Abs. 1 S. 1 SGB VIII Anspruch auf **Beratung** und Unterstützung durch das örtliche **Jugendamt**.

127   **Volljährige Kinder** müssen ihren Unterhalt dagegen in ihrem eigenen Namen geltend machen, was regelmäßig nicht nur zu unerfreulichen Konfrontationen zwischen Eltern und Kindern führt, sondern spätestens dann auch den Abbruch jeglicher Kontakte zwischen dem betroffenen Elternteil und dem Kind nach sich zieht. Eltern sollten sich und den Kindern deshalb derartige Situationen dadurch ersparen, dass sie sich untereinander über den jeweils von ihnen zu leistenden Unterhaltsanteil verständigen. Denn sie sind einander zur Klärung ihrer Haftungsanteile ohnehin zur Auskunft über ihre Einkommens- und Vermögensverhältnisse verpflichtet[55], und über die Höhe des dem Kind insgesamt zu leistenden Unterhalts besteht in den seltensten Fällen Streit.

128   Die volljährigen Kinder sollten ihrerseits von der Möglichkeit des § 18 Abs. 4 SGB VIII Gebrauch machen, bis zum 21. Lebensjahr das örtliche **Jugendamt** auf **Beratung** und Unterstützung bei der Geltendmachung von Unterhalts- oder Unterhaltsersatzansprüchen in Anspruch zu nehmen, ehe sie eine Unterhaltsklage mit ihren unvermeidlichen Folgen erheben.

VI. Das Bestimmungsrecht der Eltern

1. Grundlagen

129   Unterhalt ist gemäß § 1612 Abs. 1 S. 1 und Abs. 3 S. 1 BGB im allgemeinen durch Entrichtung einer monatlich im voraus zahlbaren Geldrente zu gewähren. Haben Eltern einem **unverheirateten** Kind Unterhalt zu gewähren, können sie jedoch gemäß § 1612 Abs. 2 S. 1 BGB bestimmen, in welcher Art und für welche Zeit der Unterhalt gewährt werden soll. Bei **minderjährigen Kindern** ist dieses Bestimmungsrecht Teil ihrer Personensorge und steht ihnen deshalb meist gemeinsam zu. Infolgedessen müssen sie sich über die Art der Unterhaltsgewährung einigen, können bei Meinungsverschiedenheiten aber gemäß § 1628 Abs. 1 S. 1 BGB das Familiengericht anrufen.

130   Gegenüber **volljährigen** Kindern greift das Bestimmungsrecht der Eltern ebenfalls durch[56], so dass diese ihren Wunsch nach freier Gestaltung ihrer Lebensverhältnisse gegebenenfalls solange einschränken müssen, bis sie wirtschaftlich selbständig sind. Voraussetzung ist allerdings, dass dem Kind der gesamte erforderliche Unterhalt wie Wohnung, Kleidung, Kost- und Taschengeld angeboten wird, wobei der Unterhalt zu einem abgrenzbaren Teil in Natur (Wohnung!) und im Übrigen in Geld gewährt werden kann. Eine nur teilweise Unterhaltsbestimmung, also zum Beispiel nur die Aufnahme in der eigenen Wohnung, wäre dagegen unwirksam.[57] Auch darf das Bestimmungsrecht nicht missbräuchlich ausgeübt werden, also zum Beispiel einer erwachsenen Tochter Unterhalt in der eigenen Wohnung angeboten, zugleich aber ihrem Freund ohne besonderen Anlass Hausverbot erteilt werden. Denn das Bestimmungsrecht der Eltern darf nicht dazu genutzt werden, die Volljährigkeit des Kindes gleichsam wieder außer Kraft zu

---

[55] BGH FamRZ 1988, 268.
[56] BGH NJW 1981, 574.
[57] BGH NJW-RR 1993, 322.

setzen. Im Streitfall muss deshalb das Familiengericht im Rahmen des von dem Kind zu führenden Rechtsstreits um den ihm zu zahlenden Unterhalt auch die Wirksamkeit der elterlichen Unterhaltsbestimmung prüfen. Ist nur ein Elternteil in der Lage, den Unterhalt für das Kind aufzubringen, so steht das Bestimmungsrecht auch nur diesem zu, müssen dagegen beide für den Unterhalt ihres Kindes aufkommen, können sich bei der Ausübung des Bestimmungsrechtes Konflikte ergeben, die eine Abwägung der beiderseitigen Interessen erforderlich machen. Denn die Unterhaltsbestimmung eines Elternteils ist nur dann wirksam, wenn sie auch dem anderen Elternteil unter Berücksichtigung seiner entgegenstehenden Interessen zugemutet werden kann.[58] Als derartige Interessen kommen zB langjährige Bindungen des anderen Elternteils an das Kind oder besondere Belastungen durch den dann von ihm zu erbringenden Barunterhalt in Betracht. Auch hier ist den Eltern dringend zu einer Verständigung zu raten, weil nur wirksame, dh auch für den anderen Elternteil zumutbare Unterhaltsbestimmungen von der Unterhaltspflicht befreien, unwirksame Unterhaltsbestimmungen dagegen dazu führen, dass es bei der bloßen Barunterhaltspflicht beider Eltern verbleibt – ein Ergebnis, das gerade nicht in deren Interesse liegen dürfte.

2. Grenzen

Das Bestimmungsrecht der Eltern umfasst nicht das Maß des von ihnen zu gewährenden Unterhalts, weshalb sie sich hierüber mit ihrem **volljährigen** Kind verständigen müssen. Denn dieses ist nicht etwa an die von seinen Eltern während seiner Minderjährigkeit getroffenen Vereinbarungen gebunden, und braucht es auch nicht hinzunehmen, dass sein Unterhalt weiterhin zu Händen seiner Mutter oder seines Vaters gezahlt wird. Vielmehr kann es die Zahlung an sich selbst verlangen. Das volljährige Kind ist durch Vereinbarungen seiner Eltern, die ohne seine Beteiligung zustande gekommen sind, auch nicht daran gehindert, den Vater und/oder die Mutter jeweils getrennt auf denjenigen Unterhaltsanteil in Anspruch zu nehmen, der ihm seiner Meinung nach von dem betreffenden Elternteil geschuldet wird. Es empfiehlt sich deshalb, die beabsichtigten Unterhaltsleistungen mit dem volljährigen Kind zu besprechen, das noch so froh sein wird, sich hierüber nicht einzeln mit dem Vater und/oder der Mutter streiten zu müssen. Stimmt es dann der vorgeschlagenen Regelung zu oder tritt es – noch besser – dem Vertrag der Eltern durch eine eigene schriftliche Erklärung bei, so ist es hieran für die Zukunft seinerseits gebunden und ein sehr unerquicklicher Streit zwischen dem Kind und seinen Eltern vermieden.

131

VII. Änderungen

Die Höhe des Unterhalts richtet sich, wie dargelegt, nach einer Vielzahl von Faktoren, die einerseits die Bedürftigkeit des Unterhaltsgläubigers und andererseits die Leistungsfähigkeit des Unterhaltsschuldners beeinflussen. Diese Faktoren sind laufend Veränderungen unterworfen, sei es, dass der Bedarf des unterhalts-

132

---

[58] BGH NJW 1988, 1974 und BGH NJW 1986, 2054.

berechtigten Kindes mit fortschreitendem Alter gestiegen ist, oder sich ganz allgemein die Lebenshaltungskosten erhöht haben, sei es, dass sich die Einkommensverhältnisse des Unterhaltspflichtigen oder des Unterhaltsberechtigten verbessert oder verschlechtert haben und vieles andere mehr. Für die Betroffenen stellt sich dann immer die Frage, ob und inwieweit sie wegen solcher Veränderungen eine Abänderung des einmal festgelegten Unterhalts verlangen können. Diese Frage kann nur differenziert beantwortet werden:

1. Wesentlichkeit

133   Nicht jede Veränderung der für die ursprüngliche Bemessung des Unterhalts maßgeblich gewesenen Verhältnisse rechtfertigt auch eine Abänderung des Unterhaltsbetrages. Vielmehr muss die Veränderung **erheblich** oder **wesentlich** sein, wie die hierfür einschlägigen Vorschriften, nämlich § 1612a BGB einerseits und § 238 Abs. 1 FamFG andererseits formulieren. Unbedeutende Veränderungen, also zB solche, die nur kurzfristiger Natur sind oder zu keiner Über- oder Unterschreitung der Einkommensgrenzen der Düsseldorfer Tabelle führen, zahlenmäßig also nicht ins Gewicht fallen, bleiben deshalb unbeachtlich, und zwar nicht zuletzt im Interesse einer Beruhigung der Beziehung aller Beteiligten zueinander. Die Grenze zwischen einer wesentlichen und einer unwesentlichen Änderung wird bei **Unterhaltsbeschlüssen** in der Regel dort gezogen, wo sich aus der Veränderung der maßgeblichen Verhältnisse eine Erhöhung oder Verminderung des Unterhaltsanspruchs um etwa 10 % ergibt. Insbesondere bei beengten wirtschaftlichen Verhältnissen kommt jedoch auch eine wesentlich niedrigere Schwelle von zB 5 % in Betracht. Anpassungen der Düsseldorfer Tabelle an die wirtschaftliche Entwicklung stellen ebenfalls einen Abänderungsgrund dar.[59] Bei **Unterhaltsverträgen** ist eine Abänderung ganz unabhängig davon, ob sie außergerichtlich oder in der Form eines Prozessvergleichs abgeschlossen worden sind, nur nach den – sehr viel unschärferen – Regeln eines Wegfalls der Geschäftsgrundlage möglich.[60]

134   Liegen **mehrere Veränderungen** vor, so sind sie zu **saldieren**. Mehrere unwesentliche Veränderungen können sich deshalb zu einer wesentlichen Veränderung summieren, mehrere wesentliche Veränderungen dagegen auch neutralisieren. Maßgebend für die Wesentlichkeit von Veränderungen ist nämlich immer nur das **Ergebnis der Abwägung** aller im Zeitpunkt der Neufestsetzung des Unterhalts zu berücksichtigenden Umstände. So kommt es immer wieder vor, dass die Einkommensentwicklung des Unterhaltspflichtigen mit dem gewachsenen Unterhaltsbedarf des Berechtigten nicht nur nicht Schritt gehalten, sondern sich sogar erheblich verschlechtert hat. Die notwendige Saldierung der beiderseitigen Veränderungen kann dann durchaus zu einer Herabsetzung der zu erbringenden Unterhaltsleistungen führen. Im Verhältnis zu unterhaltsberechtigten Kindern gilt dies allerdings nur, wenn die veränderten Einkünfte des Unterhaltspflichtigen gleichzeitig zu seiner Einstufung in eine andere Einkommensgruppe der Düsseldorfer Tabelle führen; bewegt sich die Veränderung der Einkommensverhältnisse dagegen noch innerhalb der der Unterhaltsbemessung ursprünglich zugrunde gelegten Einkommensgruppe, so bleibt es auch bei den bisherigen Unterhalts-

---

[59] BGH NJW 2005, 1279 (1280).
[60] BGH NJW 1997, 2176 und § 239 Abs. 2 FamFG.

VII. Änderungen

pflichten. Gleiches gilt natürlich umgekehrt auch für überproportionale Einkommensverbesserungen des Unterhaltsschuldners.

2. Tatsächliche Verhältnisse

Eine Abänderung der jeweils zu erbringenden Unterhaltsleistung kommt nur dann in Betracht, wenn sich die für die ursprüngliche Bemessung des Unterhalts maßgeblich gewesenen **tatsächlichen Verhältnisse** wesentlich geändert haben. Für die beiden wichtigsten und im Laufe der Zeit regelmäßig eintretenden Veränderungen, nämlich den mit zunehmendem Alter eines Kindes wachsenden Unterhaltsbedarf und die Entwicklung der Lebenshaltungskosten, hält der Gesetzgeber in § 1612a Abs. 1 BGB folgende Regelung bereit: minderjährige Kinder und die ihnen in § 1603 Abs. 2 S. 2 BGB gleich gestellten volljährigen Kinder, die im Haushalt eines Elternteils leben und sich noch in der allgemeinen Schulausbildung befinden, können von dem anderen Elternteil statt eines festen, aus den Unterhaltstabellen ermittelten Betrages den Unterhalt als Prozentsatz des jeweiligen, vom Gesetzgeber festgelegten Mindestunterhalts verlangen. Dieser Mindestunterhalt will das Existenzminimum eines Kindes sichern und wird vom Gesetzgeber gemäß § 1612a Abs. 4 BGB alle zwei Jahre durch Rechtsverordnung festgelegt, was zuletzt zum 1.1.2018 geschehen und in der in → Rn. 95 abgedruckten Düsseldorfer Tabelle berücksichtigt ist. Da die Unterhaltssätze der Düsseldorfer Tabelle für die erste Einkommensgruppe mit dem gesetzlichen Mindestunterhalt identisch sind und etwaige Änderungen des Mindestunterhalts durch den Gesetzgeber zeitgleich in die Düsseldorfer Tabelle eingearbeitet werden, kann in gerichtlichen Entscheidungen oder Vereinbarungen über den Kindesunterhalt unbedenklich auf die Unterhaltssätze der Düsseldorfer Tabelle Bezug genommen werden. Denn sie werden auch nach Altersgruppen gestaffelt, und für die Unterhaltssätze der höheren Einkommensgruppen wird in der vorletzten Spalte der Düsseldorfer Tabelle der Einfachheit halber schon der jeweilige Vomhundertsatz des Mindestunterhalts angegeben, so dass der Unterhaltsanspruch eines Kindes nach der Düsseldorfer Tabelle problemlos auch in einem Prozentsatz des jeweiligen Mindestunterhalts ausgedrückt werden kann. Geschieht dies, werden die Anpassungsmöglichkeiten an die Entwicklung der Lebenshaltungskosten und den mit zunehmendem Alter eines Kindes wachsenden Unterhaltsbedarf optimal ausgeschöpft. Denn mit der Bezugnahme des festzulegenden Vomhundertsatzes auf den Kindesunterhalt der jeweiligen Altersstufe eines Kindes wird auch die automatische Anpassung des Unterhalts an die Beträge der jeweils von einem Kind erreichten Altersstufe gewährleistet. Der Unterhalt einer höheren Altersstufe ist dann gemäß § 1612a Abs. 3 BGB schon ab dem Beginn des Monats zu zahlen, in dem das Kind das betreffende Lebensjahr vollendet.

135

Die Wahl des zu vereinbarenden Vomhundertsatzes erfolgt in der Weise, dass aus der Düsseldorfer Tabelle die für die Bemessung des Kindesunterhalts maßgebliche Einkommensgruppe des Unterhaltspflichtigen ermittelt und dann nur noch der für diese Einkommensgruppe in der vorletzten Spalte der Tabelle ausgewiesene Vomhundertsatz abgelesen wird. Denkbar ist selbstverständlich auch die Vereinbarung niedrigerer oder höherer Vomhundertsätze als in der Düsseldorfer Tabelle angegeben, also zum Beispiel in der ersten Einkommensgruppe die Vereinbarung von nur 80 % oder in der höchsten Einkommensgruppe von 200 %

136

C. Kindesunterhalt

des jeweiligen Mindestunterhalts. Bei volljährigen Kindern braucht nicht mehr auf den jeweiligen Regelbetrag abgestellt zu werden, weil eine Änderung des Unterhalts wegen des Erreichens einer höheren Altersstufe nicht mehr in Betracht kommt. Vielmehr genügt es, einen bestimmten Vomhundertsatz des Regelbetrages für die dritte Altersstufe zu vereinbaren, wobei die Düsseldorfer Tabelle für diejenigen volljährigen Kinder, die noch im Haushalt eines Elternteils leben und sich in der allgemeinen Schulausbildung befinden, der Einfachheit halber eine 4. Altersgruppe gebildet hat.

137 Ist der Unterhalt eines **minderjährigen Kindes** in einem **vereinfachten Verfahren** gemäß den §§ 249 ff. FamFG pauschal bis zum 1,2-fachen des Mindestunterhalts festgesetzt worden, kann der Unterhaltspflichtige zur Anpassung des festgesetzten Unterhalts an die tatsächlichen Gegebenheiten gemäß § 240 Abs. 1 FamFG eine Korrekturklage erheben, die nicht mit der Abänderungsklage gemäß § 238 FamFG verwechselt werden darf. Denn bei der Korrekturklage geht es, anders als bei der Abänderungsklage gemäß § 238 FamFG, immer noch um die erstmalige Festsetzung des Unterhalts, weshalb die nachfolgend zu erörternden Grenzen für eine Abänderungsklage gemäß § 238 FamFG bei ihr nicht zum Tragen kommen. Ist der Unterhalt eines minderjährigen Kindes im vereinfachten Verfahren tituliert worden, und wird das Kind volljährig, kann der Unterhaltspflichtige einer Vollstreckung aus dem im vereinfachten Verfahren erlangten Titel nicht den Eintritt der Volljährigkeit entgegenhalten (§ 244 FamFG), so daß das volljährige Kind zumindest seinen Unterhaltsanspruch der 3. Altersstufe weiterhin durchsetzen kann. Will es wegen des Erreichens der 4. Altersstufe nunmehr einen höheren Unterhalt geltend machen, muss es seinerseits mit der Korrekturklage gemäß § 240 FamFG eine Abänderung des Titels beantragen. Auch bei diesem Verfahren geht es dann um eine erstmalige Festsetzung des Unterhalts für das volljährige Kind mit der Folge, dass das Kind nicht an die Beschränkungen des § 238 Abs. 2 FamFG gebunden ist, sondern sich die Begründetheit seines Antrages allein danach richtet, ob und ab wann materiell rechtlich sein höherer Unterhaltsanspruch besteht. Wegen der möglichen Einwendungen des Unterhaltspflichtigen und des weiteren Verfahrens wird auf die §§ 252 ff. FamFG verwiesen.

3. Zeitschranke für die Vergangenheit

138 Eine Abänderung von **Gerichtsbeschlüssen** kann immer nur wegen solcher Änderungen in den für die Unterhaltsbemessung maßgeblich gewesenen tatsächlichen Verhältnissen verlangt werden, die nach Schluss der Tatsachenverhandlung des vorausgegangenen Verfahrens entstanden sind und auch nicht mehr durch einen Einspruch gegen die ergangene Entscheidung geltend gemacht und nicht vorhergesehen werden konnten (§ 238 Abs. 2 FamFG). Was bei der erstmaligen Festsetzung nicht berücksichtigt worden ist, obwohl es hätte berücksichtigt werden können, kann deshalb nicht etwa im Wege einer Abänderungsklage nachgeholt werden. Vielmehr bleibt das Gericht bei einer Neufestsetzung des Unterhalts an diejenigen früheren Feststellungen gebunden, die in der Zwischenzeit von keiner Änderung betroffen worden sind.[61] Infolgedessen müssen im ersten Unter-

---

[61] So der BGH in ständiger Rechtsprechung zB NJW 2012, 2514 Rn. 14 = FamRZ 2012, 1284.

VIII. Unterhalt für die Vergangenheit und Rückforderung überzahlten Unterhalts

haltsrechtsstreit die für die Bemessung des Unterhalts maßgeblichen Verhältnisse besonders sorgfältig erforscht und umfassend vorgetragen werden. Dazu gehören auch unmittelbar bevorstehende Entwicklungen wie zB das Erreichen einer höheren Altersstufe der Düsseldorfer Tabelle oder eine verminderte Leistungsfähigkeit des Unterhaltspflichtigen wegen einer Änderung der Steuerklasse.

Ist die Klage im ersten Unterhaltsrechtsstreit allerdings ausdrücklich nur auf einen bestimmten Teil des Unterhalts wie zB nur den laufenden Unterhalt ohne die Ausbildungs- oder Krankenversicherungskosten oder auch auf einen bestimmten Zeitraum begrenzt worden (**Teilklage**), dann kann der nicht geltend gemachte Teil im Wege einer Zusatz- oder Nachforderungsklage noch nachgeholt werden und zwar gegebenenfalls auch für vergangene Zeiträume, wenn die materiell-rechtlichen Voraussetzungen hierfür vorliegen. Auf die nachfolgenden Ausführungen zum Unterhalt für die Vergangenheit wird verwiesen. **139**

Die Unterhaltsabänderung von Gerichtsbeschlüssen kann schließlich immer nur für die Zeit **ab Erhebung der Abänderungsklage** verlangt werden (§ 238 Abs. 3 FamFG), und zwar ohne Rücksicht darauf, ob und wie lange vorher die Änderung der maßgeblichen Verhältnisse schon eingetreten war. Bei Gerichtsbeschlüssen ist den Beteiligten deshalb bei einer Änderung der für die ursprüngliche Unterhaltsbemessung maßgeblichen Verhältnisse zu einem schnellen Handeln zu raten. **140**

Auf **Prozessvergleiche** und **notarielle Urkunden** ist § 238 Abs. 3 FamFG dagegen nicht anwendbar, sondern § 239 FamFG. Nach Abs. 2 dieser Vorschrift richten sich die Voraussetzungen und der Umfang der Abänderung aber nur nach den Vorschriften des bürgerlichen Rechts, insbesondere also nach den Grundsätzen des Wegfalls der Geschäftsgrundlage. Infolgedessen kann deren **Abänderung** auch **rückwirkend** von dem Zeitpunkt an verlangt werden kann, in dem die Änderung der maßgeblichen Verhältnisse eingetreten ist – eine insbesondere für den Unterhaltsschuldner mit erheblichen Risiken behaftete Rechtslage. Denn er kann sich in diesen Fällen nicht damit beruhigen, vom Unterhaltsgläubiger trotz eines erhöhten Bedarfs nicht in Anspruch genommen worden zu sein, sondern muss innerhalb der Verjährungsfristen mit der Geltendmachung von Nachforderungen rechnen, die sich schnell zu großen Beträgen summieren können. In solchen Fällen kann dem Unterhaltsschuldner dann nur noch der Einwand der **Verwirkung** helfen. **141**

VIII. Unterhalt für die Vergangenheit und Rückforderung überzahlten Unterhalts

1. Unterhalt für die Vergangenheit

Der Unterhalt ist grundsätzlich immer nur zur Deckung des laufenden Lebensbedarfs bestimmt, weshalb der Berechtigte von Verwandtenunterhalt gemäß § 1613 Abs. 1 BGB für die Vergangenheit Erfüllung oder Schadensersatz wegen Nichterfüllung von Unterhaltsansprüchen nur von der Zeit an fordern kann, zu welcher der Verpflichtete zum Zwecke der Geltendmachung des Unterhaltsanspruchs aufgefordert worden ist, über seine Einkünfte und sein Vermögen Auskunft zu erteilen, oder zu welchem der Verpflichtete in Verzug gekommen oder **142** der Unterhaltsanspruch rechtshängig geworden ist. Für die oben → Rn. 84 angesprochenen familienrechtlichen Ausgleichsansprüche gelten diese Grundsätze entsprechend[62], für in der Vergangenheit entstandenen Sonderbedarf dagegen gemäß § 1613 Abs. 2 BGB erst nach Ablauf eines Jahres seit seiner Entstehung.

143 In **Verzug** kommt der Unterhaltspflichtige durch eine Mahnung des Berechtigten oder seines gesetzlichen Vertreters, wobei Klarheit über den Betrag des geforderten Unterhalts bestehen muss. Die Aufforderung, den „angemessenen" Unterhalt oder den „nach der Düsseldorfer Tabelle geschuldeten" Unterhalt zu zahlen, reicht deshalb nicht aus. Die Forderung eines überhöhten Unterhaltsbetrages setzt den Unterhaltsschuldner dagegen wegen des tatsächlich geschuldeten Unterhalts in Verzug, belastet jedoch eventuell die Beziehungen zwischen den Beteiligten unnötig und setzt den Unterhaltsberechtigten der Gefahr einer negativen Feststellungsklage mit den sich daraus ergebenden Kostennachteilen aus. Lehnt der Unterhaltsschuldner die Zahlung von Unterhalt ganz oder teilweise eindeutig und endgültig ab, so kommt er ebenfalls in Verzug, ohne dass es noch einer Mahnung bedarf.

144 **Rechtshängig** ist der Unterhaltsanspruch schon mit der Zustellung einer Stufenklage auf Auskunft und Zahlung, auch wenn der Zahlungsanspruch noch nicht beziffert wird.[63] Der Zugang des **Verfahrenskostenhilfegesuchs** begründet dagegen noch keine Rechtshängigkeit, stellt aber eine verzugsbegründende Mahnung dar.[64]

145 Für Unterhaltsrückstände können, bezogen auf die jeweiligen Fälligkeitszeitpunkte, **Verzugszinsen** verlangt werden. Rückstände und Zinsen **verjähren** seit dem 1.1.2002 gemäß § 197 Abs. 2 BGB iVm § 195 BGB in drei Jahren, gerechnet vom Schluss des Jahres an, in dem die Ansprüche jeweils entstanden sind und der Unterhaltsgläubiger von den den Anspruch begründenden Tatsachen und der Person des Schuldners Kenntnis erlangt hat. Darüber hinaus kommt nach Ablauf nur eines Jahres auch eine **Verwirkung** des Anspruchs in Betracht, für deren Annahme das bloße Unterlassen einer Geltendmachung des Anspruchs aber nicht ausreicht.[65]

2. Rückforderung

146 Die **Rückforderung zu viel bezahlten Unterhalts** setzt bei vollstreckbaren Unterhaltstiteln deren vorherige Abänderung voraus. Bei Zahlungen aufgrund einer einstweiligen Anordnung oder einer Endentscheidung kann deshalb für die **vor** einer Abänderung geleisteten Zahlungen ein Rückforderungsanspruch allenfalls gemäß § 826 bestehen[66]. **Danach** richtet sich die Rückforderung zu viel bezahlten Unterhalts nach Bereicherungsgrundsätzen, wobei die Rechtshängigkeit eines auf Herabsetzung gerichteten Abänderungsantrages gegen einen bestehenden Unterhaltstitel die verschärfte Haftung des Unterhaltsempfängers gemäß § 818 Abs. 4 BGB auslöst (§ 241 FamFG). Allerdings kann gemäß § 238 Abs. 3 S. 4

---

[62] BGH NJW 1989, 2816.
[63] BGH NJW-RR 1990, 323.
[64] BGH aaO.
[65] BGH NJW 2018, 1013.
[66] BGH NJW 1986, 2047.

VIII. Unterhalt für die Vergangenheit und Rückforderung überzahlten Unterhalts

FamFG eine Herabsetzung eines titulierten Unterhaltsanspruchs für eine mehr als ein Jahr vor Rechtshängigkeit liegende Zeit nicht mehr verlangt werden. Auch läuft der Unterhaltsschuldner im Erstprozess über die Höhe des zu zahlenden Unterhalts bei Unterhaltsleistungen, die sich nachträglich als überhöht erweisen, nach wie vor Gefahr, daß sich der Unterhaltsgläubiger mit der Begründung auf den Wegfall der Bereicherung gemäß § 818 Abs. 3 beruft, ihm sei aus der Überzahlung von Unterhalt kein Vermögensvorteil mehr verblieben. Das ist insbesondere dann der Fall, wenn er die zu Unrecht erhaltenen Beträge für seinen laufenden Bedarf verbraucht[67] oder damit Schulden getilgt hat, die er auch ohne die Überzahlung unter Einschränkung seines Lebensstandards getilgt hätte.[68] Im Erstprozess muss der Unterhaltsschuldner deshalb eine **bezifferte Rückforderungsklage** rechtshängig machen, wenn er diesem Einwand des Unterhaltsempfängers erfolgreich begegnen will; die Erhebung einer negativen Feststellungsklage reicht hierfür nicht aus.[69]

---

[67] BGH NJW 1984, 2095.
[68] BGH NJW 1992, 2415.
[69] BGH NJW 1998, 2433.

D. Ehegattenunterhalt

I. Unterhalt bei Getrenntleben

1. Keine Identität mit nachehelichem Unterhalt

Leben die Ehepartner im Sinne der Ausführungen unter → Rn. 3 voneinander getrennt, so brauchen sie nichts mehr zum Familienunterhalt beizutragen, werden einander aber gemäß § 1361 Abs. 1 BGB unterhaltspflichtig. Diese Unterhaltspflicht ist vor allem wegen der unterschiedlichen Anspruchsvoraussetzungen **nicht mit der nachehelichen Unterhaltspflicht identisch**[70], weshalb die Wirksamkeit eines Unterhaltsbeschlusses oder einer Vereinbarung über den Trennungsunterhalt mit der Rechtskraft des Scheidungsbeschlusses endet. Der unterhaltsberechtigte Ehepartner muss deshalb im Zuge des Ehescheidungsverfahrens auf alle Fälle seinen nachehelichen Unterhaltsanspruch gesondert geltend machen, wenn keine Unterhaltslücke entstehen soll. Bis dahin ist aber allein § 1361 BGB mit seinen Verweisungen auf andere unterhaltsrechtliche Vorschriften für die wechselseitigen Unterhaltsansprüche der Ehepartner maßgeblich, wobei die **Unterhaltsbedürftigkeit** einerseits und die **Leistungsfähigkeit** andererseits als notwendige Grundelemente eines jeden Unterhaltsrechtsverhältnisses nicht ausdrücklich in die Vorschrift aufgenommen worden sind, als ungeschriebene Tatbestandsmerkmale aber auch beim Trennungsunterhalt immer mitbedacht werden müssen. Gleichwohl sollen sie nachfolgend erst in → Rn. 200 ff. und → Rn. 207 ff. erörtert werden, um die Darstellung hier ganz auf die Besonderheiten des Unterhalts während des Getrenntlebens beschränken zu können. 147

2. Erwerbsobliegenheit

Gekennzeichnet sind diese Besonderheiten vor allem dadurch, dass zumindest in der ersten Zeit des Getrenntlebens einschneidende Veränderungen in den wirtschaftlichen Verhältnissen der Familie so weit wie möglich vermieden werden sollen. Die Wiederherstellung der ehelichen Lebensgemeinschaft in den bis zur Trennung gegebenen Verhältnissen soll auf diese Weise erleichtert und der unterhaltsbedürftige Ehepartner, zumeist die sozial schwächere Ehefrau, geschützt werden. Ganz deutlich ergibt sich dies aus § 1361 Abs. 2 BGB, wonach der im Zeitpunkt der Trennung nicht erwerbstätige Ehepartner nur dann darauf verwiesen werden kann, seinen Unterhalt durch eine **Erwerbstätigkeit** selbst zu verdienen, wenn dies von ihm nach seinen persönlichen Verhältnissen, insbesondere wegen einer früheren Erwerbstätigkeit unter Berücksichtigung der Dauer der Ehe, und nach den wirtschaftlichen Verhältnissen beider Ehepartner erwartet werden kann. Die Erwerbsobliegenheit des unterhaltsbedürftigen Ehepartners ist also 148

---

[70] BGH NJW 1980, 2811 und FamRZ 1981, 242.

D. Ehegattenunterhalt

von seinen persönlichen Verhältnissen einerseits und den wirtschaftlichen Verhältnissen des Ehepaares andererseits abhängig.

149 Wenn der Gesetzgeber bei den zu berücksichtigenden persönlichen Verhältnissen eine frühere Erwerbstätigkeit und die Dauer der Ehe besonders hervorhebt, dann ergibt sich daraus mittelbar ein weiteres, wichtiges Kriterium, nämlich die Zeit, in der der unterhaltsberechtigte Ehepartner nicht berufstätig gewesen ist. Handelt es sich dabei um einen Zeitraum von acht, zehn oder noch mehr Jahren, dann muss dem betroffenen Ehepartner zunächst einmal Gelegenheit gegeben werden, durch Aus- oder Fortbildungsmaßnahmen diejenigen Qualifikationen zu erlangen, die für eine erfolgreiche Rückkehr in das Berufsleben erforderlich sind. Dies umso mehr, als der unterhaltsberechtigte Ehepartner insbesondere bei Ehen von langer Dauer keineswegs gehalten ist, unbedingt wieder in seinen alten Beruf zurückzukehren. Vielmehr braucht er ebenso wie ein geschiedener Ehegatte gemäß § 1574 Abs. 1 BGB immer nur eine ihm **angemessene Erwerbstätigkeit** auszuüben, die aber oft mit der früher ausgeübten Berufstätigkeit nicht mehr gleichgesetzt werden kann. Was im einzelnen darunter zu verstehen ist, wird in Abs. 2 der gleichen Vorschrift definiert und nachfolgend in → Rn. 180 ff. noch näher erläutert werden.

150 **Ab welchem Zeitpunkt** nach der Trennung von dem unterhaltsberechtigten Ehepartner die Aufnahme einer Erwerbstätigkeit erwartet werden kann, lässt sich nicht generell beantworten. Denn es kommt, wie sich aus dem Wortlaut des Gesetzes ergibt, immer auf die Verhältnisse des Einzelfalles an. Für den Regelfall kann jedoch bei einem längere Zeit nicht erwerbstätig gewesenen Ehepartner **im ersten Trennungsjahr keine Erwerbsobliegenheit** angenommen werden. Mit zunehmender Verfestigung der Trennung, insbesondere wenn die Scheidung nur noch eine Frage der Zeit ist, muss sich der nicht erwerbstätige Ehepartner dagegen verstärkt darauf einrichten, dass es nicht mehr zur Aufnahme der ehelichen Lebensgemeinschaft kommt, und er ebenso wie ein geschiedener Ehepartner selbst für seinen Unterhalt sorgen muss.[71] Schon im Laufe des zweiten Trennungsjahres werden deshalb auch bei einer Ehe von langer Dauer auf den Trennungsunterhalt die für den nachehelichen Unterhalt geltenden Grundsätze anzuwenden sein.[72] Der unterhaltsberechtigte Ehepartner sollte dies jedoch nicht nur als Nachteil ansehen, sondern bedenken, dass er durch die Aufnahme einer Erwerbstätigkeit noch während der Trennungszeit eine größere innere und äußere Unabhängigkeit von dem Unterhaltspflichtigen gewinnt.

3. Höhe des Trennungsunterhalts

151 Die **Höhe des Trennungsunterhalts** richtet sich gemäß § 1361 Abs. 1 BGB ebenso wie für den geschiedenen Ehepartner nach den **ehelichen Lebensverhältnissen**, sodass wegen der Einzelheiten dazu auf die Darstellung in → Rn. 182 ff. verwiesen werden kann. Der Gesetzgeber wollte dem unterhaltsberechtigten Ehepartner damit zunächst den von der Ehe her gewohnten **Lebensstandard garantieren**. Da die Trennung und Scheidung jedoch schon wegen der doppelten

---

[71] BGH FamRZ 2008, 963.
[72] BGH NJW-RR 1990, 323.

Haushaltsführung beträchtliche zusätzliche Kosten mit sich bringt (**trennungsbedingter Mehraufwand**), kann dies in den meisten Fällen nicht gelingen.

4. Kranken- und Altersvorsorge

Der Trennungsunterhalt ist bis zur rechtskräftigen Scheidung einer Ehe geschuldet, endet also nicht etwa mit der Einleitung des Scheidungsverfahrens, sondern erst mit der Rechtskraft des Scheidungsurteils. Wird das **Scheidungsverfahren rechtshängig**, gehören zum Trennungsunterhalt gemäß § 1361 Abs. 1 S. 2 BGB aber auch die Kosten einer angemessenen **Versicherung für den Fall des Alters** sowie der Berufs- oder Erwerbsunfähigkeit (**Altersvorsorgeunterhalt**). Die Kosten der **Krankenversicherung** sind dagegen bis zur Rechtskraft der Scheidung noch durch die Krankenversicherung des unterhaltspflichtigen Ehepartners gedeckt. 152

II. Nachehelicher Unterhalt – Anspruchsvoraussetzungen

Gemäß § 1569 BGB kann ein Ehegatte nach der Scheidung nur dann von dem anderen Unterhalt verlangen, wenn er nicht selbst für seinen Unterhalt sorgen kann (Grundsatz der **Eigenverantwortung**). In den sich daran anschließenden §§ 1570 bis 1576 BGB hat der Gesetzgeber jedoch nach dem gleichrangigen Grundsatz nachehelicher Mitverantwortung (**nachehelicher Solidarität**) eine – abschließende – Reihe von Unterhaltstatbeständen geschaffen, die die nacheheliche Unterhaltspflicht zumindest für eine Übergangszeit zum Regelfall werden lassen. **Kein Unterhaltsanspruch** besteht eigentlich nur bei Ehen von kurzer Dauer oder dann, wenn die Ehe kinderlos geblieben ist, beide Ehepartner während der Ehe erwerbstätig waren und es auch weiterhin sein können, und ihre Einkünfte etwa gleich hoch sind. Die Unterhaltstatbestände sind im einzelnen folgende: 153

1. Unterhalt wegen Betreuung eines Kindes – § 1570 BGB

Betreut ein Ehegatte nach der Scheidung ein gemeinschaftliches Kind beider Eheleute, kann er gemäß § 1570 Abs. 1 S. 1 BGB von dem anderen wegen der Pflege oder Erziehung dieses Kindes für mindestens drei Jahre nach dessen Geburt Unterhalt verlangen. Eine Verlängerung dieses Unterhaltsanspruchs über seine Mindestdauer hinaus kommt nach den S. 2 und 3 dieser Vorschrift nur in Betracht, „solange und soweit dies der Billigkeit entspricht", wobei „die Belange des Kindes und die bestehenden Möglichkeiten der Kinderbetreuung zu berücksichtigen" sind. 154

Mit der grundsätzlichen zeitlichen Beschränkung des Unterhaltsanspruchs hat der Gesetzgeber, einer Vorgabe des Bundesverfassungsgerichts[73] folgend, die 155

---

[73] BVerfG NJW 2007, 1735.

Mütter ehelicher und nichtehelicher Kinder unterhaltsrechtlich weitgehend gleichgestellt und will außerdem auf die Mütter auch einen gewissen Druck ausüben, trotz der Geburt eines betreuungsbedürftigen Kindes möglichst bald wieder in das Erwerbsleben zurückzukehren. Da dies jedoch nicht zu Lasten des Kindes gehen soll, ist bei der nach Ablauf der Dreijahresfrist vorzunehmenden Billigkeitsprüfung vor allem auf

- die Belange des Kindes und
- die Möglichkeiten der Kinderbetreuung (sog. kindbezogene Verlängerungsgründe)

abzustellen. Das bedeutet, dass einerseits der körperliche, seelische und geistige Entwicklungsstand des Kindes und andererseits alternative Betreuungsmöglichkeiten in Kindergärten, Kindertagesstätten oder durch Tagesmütter relevant sind.

156 Maßgeblich ist das tatsächliche Vorhandensein von verlässlichen, erreichbaren und zeitlich passenden Betreuungsmöglichkeiten, während es auf den Wunsch des bisher betreuenden Elternteils, das drei Jahre alt gewordene Kind auch weiterhin persönlich zu betreuen, nicht ankommt. Denn der Gesetzgeber hat mit der Neugestaltung des nachehelichen Betreuungsunterhalts in § 1570 BGB für Kinder ab Vollendung des dritten Lebensjahres den Vorrang der persönlichen Betreuung durch einen Elternteil aufgegeben.[74] Im Rahmen der Billigkeitsentscheidung über eine Verlängerung des Betreuungsunterhalts aus kindbezogenen Gründen sind infolgedessen stets zunächst die individuellen Umstände zu prüfen, ob und in welchem Umfang die Kindesbetreuung auf andere Weise gesichert ist oder in kindgerechten Betreuungseinrichtungen gesichert werden könnte. Das bloße Abstellen auf das jeweilige Alter des Kindes (Altersphasenmodell) wird diesen Anforderungen nicht gerecht.[75] Aus diesem Grunde steht auch die Betreuung eines Kindes, das sich noch im Grundschulalter befindet, einer vollschichtigen Erwerbstätigkeit nicht entgegen, wenn nach der Unterrichtszeit eine Betreuungsmöglichkeit besteht.[76]

157 Als möglicher Betreuer kommt, was nicht übersehen werden darf, auch der andere, für das Kind barunterhaltspflichtige Elternteil in Betracht, wenn er dies ernsthaft und verlässlich anbietet und die Betreuung durch ihn mit dem Kindeswohl vereinbar ist. Verläuft also der vereinbarte Umgang dieses Elternteils mit dem Kind problemlos und bietet er eine über den bisherigen Umgang hinausgehende Betreuung des Kindes an, dann wird sich der Unterhalt begehrende Ehegatte zur Begründung seines Anspruchs im Umfang der angebotenen Betreuung jedenfalls nicht auf eine fehlende Betreuungsmöglichkeit für das Kind berufen können. Auf eine Betreuung des Kindes durch Großeltern oder Tanten wird der Unterhalt begehrende Ehegatte dagegen nicht verwiesen werden können, weil er seine Verwandten zu derartigen Leistungen nicht verpflichten kann.

158 Nur in den ersten drei Lebensjahren eines Kindes kann der betreuende Elternteil also frei entscheiden, ob er das Kind selbst erziehen oder eine andere Betreuungsmöglichkeit in Anspruch nehmen will. In dieser Zeit kann er auch eine bereits begonnene Erwerbstätigkeit jederzeit wieder aufgeben. Erzielt er in dieser Zeit allerdings eigene Einkünfte, bleiben diese, obwohl überobligatorisch, nicht

---

[74] BGH NJW 2009, 1876.
[75] BGH NJW 2010, 3369.
[76] BGH NJW 2011, 2646.

notwendigerweise völlig unberücksichtigt, sondern können nach den Umständen des Einzelfalls und der Billigkeit anteilig berücksichtigt werden.

Die gesetzliche Regelung ist allerdings nicht so zu verstehen, dass nach Vollendung des dritten Lebensjahres eines Kindes ein abrupter Wechsel zu einer vollzeitigen Erwerbstätigkeit verlangt werden könnte. Vielmehr ist in Abhängigkeit von den individuellen Umständen, insbesondere der Notwendigkeit einer Betreuung weiterer Kinder und der regional sehr unterschiedlichen Möglichkeiten einer Fremdbetreuung, auch ein gestufter Übergang von einer Geringverdienertätigkeit bis hin zu einer Vollzeiterwerbstätigkeit in Betracht zu ziehen.[77] Zu den zu berücksichtigenden individuellen Umständen gehören auch sportliche, musische oder andere Bedürfnisse eines Kindes sowie damit verbundene Fahr- und Betreuungsleistungen, des Weiteren die Notwendigkeit, auch am Morgen oder am späten Nachmittag noch Erziehungs- und Betreuungsleistungen erbringen zu müssen.[78] Das ändert aber nichts daran, dass sich der ein Kind betreuende Elternteil bei einer normalen Entwicklung des Kindes darauf einstellen muss, ab dessen drittem Geburtstag zumindest teilweise, eventuell aber auch ganz für seinen eigenen Unterhalt sorgen zu müssen.

Liegen die vorstehend dargelegten kindbezogenen Gründe für eine Verlängerung des Betreuungsunterhalts nicht vor, kommt alternativ gemäß § 1570 Abs. 2 BGB unter dem Gesichtspunkt der nachehelichen Solidarität eine Verlängerung des Unterhaltsanspruchs über das dritte Lebensjahr eines gemeinschaftlichen Kindes hinaus auch dann in Betracht, „wenn dies unter Berücksichtigung der Gestaltung von Kinderbetreuung und Erwerbstätigkeit in der Ehe sowie der Dauer der Ehe der Billigkeit entspricht". Maßgeblich für diese Regelung ist das in der Ehe gewachsene Vertrauen in die praktizierte Rollenverteilung und die gemeinsame Ausgestaltung der Kindesbetreuung, wobei dem Vertrauen des unterhaltsberechtigten Ehegatten bei längerer Ehedauer oder auch der Aufgabe seiner Erwerbstätigkeit zur Erziehung gemeinsamer Kinder besondere Bedeutung zukommt. Die ausgeübte oder verlangte Erwerbstätigkeit des betreuenden Elternteils darf deshalb neben dem nach der Erziehung und Betreuung in einer Tageseinrichtung verbleibenden Anteil der persönlichen Betreuung nicht zu einer überobligatorischen Belastung des betreuenden Elternteils führen. Vielmehr ist dann unter Berücksichtigung des konkreten Betreuungsbedarfs des Kindes zu prüfen, ob und in welchem Umfang die Erwerbsobliegenheit des unterhaltsberechtigten Elternteils auch während der Zeit der möglichen Betreuung des Kindes in einer kindgerechten Einrichtung eingeschränkt ist.[79] Voraussetzung einer Verlängerung des Betreuungsunterhalts aus Vertrauensgesichtspunkten ist aber stets, dass der betreuende Elternteil das Kind neben der Betreuung in der Schule oder in weiteren kindgerechten Einrichtungen tatsächlich noch persönlich betreuen muss.[80]

Die Frage, ob die Voraussetzungen für eine Verlängerung des Unterhaltsanspruchs über das dritte Lebensjahr eines gemeinschaftlichen Kindes hinaus vorliegen, ist äußerst konfliktträchtig, geht es dabei doch nicht nur um die Verteilung der finanziellen Lasten, sondern oft auch um unterschiedliche Erziehungsvorstel-

---

[77] BGH NJW 2011, 1582 und 2646.
[78] BGH FamRZ 2012, 1040 Rn. 21, 24.
[79] Zwischenzeitlich wird dieser Aspekt vermehrt nicht mehr als elternbezogener, sondern als kindbezogener Grund für den Betreuungsunterhalt angesehen: MüKoBGB/*Maurer*, 7. Aufl., § 1570 Rn. 61, und wohl auch BGH NJW 2012, 1868 (Rn. 24).
[80] BGH NJW 2011, 1582.

D. Ehegattenunterhalt

lungen der Eltern. Eine Einigung des Ehepaares ist deshalb langwierigen gerichtlichen Auseinandersetzungen, bei denen die **Darlegungs- und Beweislast** für die Voraussetzungen einer Verlängerung des Betreuungsunterhalts beim Unterhaltsberechtigten liegt[81], unbedingt vorzuziehen. Oft lässt sich der Streit um den Unterhalt auch dadurch entschärfen oder sogar ganz vermeiden, dass dem Unterhaltsberechtigen Anreize zur Aufnahme oder Ausdehnung einer Erwerbstätigkeit in Gestalt von anrechnungsfreien Einkünften geboten werden. Auch sollte der Unterhaltspflichtige stets bedenken, dass seiner Entlastung beim Betreuungsunterhalt regelmäßig eine zusätzliche Belastung in Gestalt der von ihm zu tragenden Kosten der Kinderbetreuung gegenübersteht.

162 Der Unterhaltsanspruch besteht nur bei der Betreuung **gemeinschaftlicher** Kinder, zu denen auch die gemeinschaftlich adoptierten Kinder gehören, nicht aber Pflegekinder.[82] Der Unterhaltsanspruch endet mit der Beendigung der Kindesbetreuung, doch kann sich ein anderer Unterhaltsanspruch zum Beispiel wegen Krankheit, Alters oder der Unmöglichkeit, eine angemessene Erwerbstätigkeit zu finden, anschließen (**Unterhaltskette**).

2. Unterhalt wegen Alters – § 1571 BGB

163 Ein geschiedener Ehegatte kann gemäß § 1571 BGB von dem anderen Unterhalt verlangen, so weit von ihm im Zeitpunkt

- der Scheidung,
- der Beendigung der Pflege oder Erziehung eines gemeinschaftlichen Kindes oder
- des Wegfalls der Voraussetzungen für einen Unterhaltsanspruch nach den §§ 1572 und 1573 BGB

164 wegen seines Alters eine Erwerbstätigkeit nicht mehr erwartet werden kann.

165 Für den Unterhaltsanspruch wegen Alters kommt es mithin zunächst einmal darauf an, ob der Anspruchsteller oder die Anspruchstellerin in einem der im Gesetz genannten Zeitpunkte (Einsatzpunkt) ein Alter erreicht haben, in dem von ihnen wegen ihres Alters typischerweise eine Erwerbstätigkeit nicht mehr erwartet oder eine für sie angemessene Erwerbstätigkeit nicht mehr gefunden werden kann. Dies wird bei Erreichen der **allgemeinen gesetzlichen Regelaltersgrenze** generell zu bejahen sein, und zwar auch für Angehörige solcher Berufsgruppen, die im allgemeinen, wie zB Freiberufler, noch häufig über dieses Alter hinaus erwerbstätig sind. Gleichwohl erzielte Einkünfte sind deshalb als überobligatorisch anzusehen und nur noch nach den Grundsätzen von Treu und Glauben aufgrund der konkreten Umstände des Einzelfalles bei der Unterhaltsermittlung zu berücksichtigen.[83] Ist der Ehepartner bei Scheidung der Ehe schon erwerbstätig, muss er diese Tätigkeit aber grundsätzlich auch bis zur Regelaltersgrenze fortsetzen.

166 Unterhalb dieser Regelaltersgrenze kommt es dagegen stets auf die Umstände des Einzelfalls an, wobei allerdings zu bedenken ist, dass der Ehepartner gemäß

---

[81] BGH NJW 2009, 1876 und 2011, 1582.
[82] BGH NJW 1984, 1538.
[83] BGH NJW 2011, 670.

§ 1574 Abs. 1 BGB immer nur eine ihm angemessene Erwerbstätigkeit aufzunehmen braucht. Es dürfte aber oft schon von der Arbeitsmarktlage her, oder weil der Ehepartner keine eheangemessene Berufsausbildung mehr aufnehmen kann, nur schwer möglich sein, in einem Alter von mehr als 60 Jahren noch eine solche Erwerbstätigkeit zu finden. Das Fehlen einer entsprechenden Altersgrenze führt dann zwar dazu, dass sich der betreffende Ehepartner auch in einem solchen Alter noch intensiv um einen Arbeitsplatz bemühen und diese Bemühungen nachweisen muss. Gelingt es ihm trotz dieser Bemühungen aber nicht, einen angemessenen Arbeitsplatz zu finden, steht ihm ein Unterhaltsanspruch wegen Alters zu. Bei einem Rentenbezug auf Grund **flexibler Altersgrenzen** oder auch **vorgezogener Altersgrenzen,** wie sie zum Beispiel für Polizeivollzugsbeamte, Soldaten oder Bergleute gelten, ist zu beachten, dass diese Grenzen aus anderen Gründen als die allgemeine Altersgrenze geschaffen worden sind, und deshalb nicht einmal die Vermutung einer Erwerbsunfähigkeit wegen Alters für sich haben.[84]

Der Unterhaltsanspruch wegen Alters besteht im Übrigen, wie sich aus dem Wortlaut des Gesetzes ergibt, nur dann, wenn seine Voraussetzungen in einem der drei alternativ aufgeführten Zeitpunkte vorliegen, muss also lückenlos an diese anschließen (**Unterhaltskette**). Dagegen kommt es nicht darauf an, ob der unterhaltsbedürftige Ehepartner während der Ehe alt geworden ist oder schon bei Eheschließung aus Altersgründen keiner Erwerbstätigkeit mehr nachgehen konnte.[85] Denn es gehört **nicht** zu den Anspruchsvoraussetzungen der nachehelichen Unterhaltstatbestände, dass die Unterhaltsbedürftigkeit **ehebedingt** ist[86], sodass ein Unterhaltsanspruch auch dann gegeben ist, wenn die Bedürftigkeit ohne die Ehe in gleicher Weise eingetreten wäre. 167

3. Unterhalt wegen Krankheit oder Gebrechen – § 1572 BGB

Gemäß § 1572 BGB kann ein geschiedener Ehegatte von dem anderen Unterhalt verlangen, solange und so weit von ihm **vom Zeitpunkt** 168

- der Scheidung,
- der Beendigung der Pflege oder Erziehung eines gemeinschaftlichen Kindes,
- der Beendigung der Ausbildung, Fortbildung oder Umschulung oder
- des Wegfalls der Voraussetzungen für einen Unterhaltsanspruch nach § 1573 BGB an wegen Krankheit oder anderer Gebrechen oder Schwäche seiner körperlichen oder geistigen Kräfte eine Erwerbstätigkeit nicht erwartet werden kann.

Der Krankheitsbegriff im Sinne dieser Vorschrift ist kein anderer als der des Sozialversicherungsrechts, sodass darunter jeder körperliche oder seelisch-geistige Zustand zu verstehen ist, der ärztlicher Behandlung bedarf oder (zugleich oder ausschließlich) Arbeitsunfähigkeit zur Folge hat. Auch hier hängt der Unterhaltsanspruch nicht davon ab, dass die Krankheit ehebedingt ist[87], so dass selbst eine vor der Eheschließung ausgebrochene oder bei Eheschließung unbekannte Krank- 169

---

[84] BGH NJW 1999, 1547 im Fall einer 60-jährigen Frau.
[85] BGH NJW 1982, 929.
[86] BGH aaO.
[87] BGH FamRZ 2004, 779.

D. Ehegattenunterhalt

heit zu einem Unterhaltsanspruch führen kann. Andererseits kommen nur solche Krankheiten in Betracht, die in den in § 1572 BGB genannten Zeitpunkten vorliegen, während spätere Erkrankungen nicht mehr zu Lasten des Unterhaltspflichtigen gehen (**Unterhaltskette**). Allerdings genügt es, wenn sich eine in einem der maßgeblichen Zeitpunkte schon vorhanden gewesene Krankheit derart verschlimmert, dass sie von einer teilweisen zu einer vollständigen Erwerbsunfähigkeit führt.[88] In einem solchen Fall muss der Unterhaltsberechtigte dann jedoch einen Rentenantrag stellen, um seine Unterhaltsbedürftigkeit zu vermindern. Andererseits ist der wegen Krankheit Unterhaltsbedürftige gehalten, sich behandeln zu lassen und an einer Therapie mitzuwirken, wenn diese aussichtsreich ist. Bei **Suchterkrankungen** besteht generell eine Obliegenheit zur Behandlung. Wird sie verweigert oder trotz voller Einsichtsfähigkeit abgebrochen, entfällt der Unterhaltsanspruch. Schließt die Krankheit nur bestimmte Tätigkeiten aus, kann der unterhaltsbedürftige Ehepartner seinen Unterhalt aber durch eine andere angemessene Erwerbstätigkeit ganz oder teilweise decken, kommt nur ein Aufstockungsunterhalt gemäß § 1573 Abs. 2 in Betracht.[89]

4. Unterhalt wegen Erwerbslosigkeit oder nicht ausreichender Einkünfte (Aufstockungsunterhalt) – § 1573 BGB

170 Kann ein Ehepartner, der im Zeitpunkt der Scheidung oder bei Wegfall seiner Unterhaltsansprüche nach den §§ 1570 bis 1572 und 1575 BGB keine Berufstätigkeit ausübt, nicht sogleich eine ihm angemessene Erwerbstätigkeit finden, oder übt er eine solche Tätigkeit zwar aus, reichen die dadurch erzielten Einkünfte aber nicht zur vollen Deckung des ihm zustehenden Unterhalts aus, so steht ihm gemäß § 1573 Abs. 1 und 2 BGB auch dann ein Unterhaltsanspruch zu, wenn er nach den §§ 1570 BGB bis 1572 BGB keinen Unterhalt verlangen könnte. Auf diese Weise soll dem während der Ehe nicht oder nur teilweise erwerbstätig gewesenen Ehepartner der eheliche Lebensstandard so lange erhalten bleiben, bis er sich durch eine eigene angemessene Erwerbstätigkeit selbst unterhalten kann. Dabei kommt es auch hier wieder nicht darauf an, ob der Ehepartner gerade wegen der Ehe nicht erwerbstätig gewesen ist. Vielmehr reicht die bloße Tatsache der Erwerbslosigkeit oder einer nur eingeschränkten Erwerbstätigkeit in dem maßgeblichen Zeitpunkt aus, um den Unterhaltsanspruch nach § 1573 BGB zu begründen. Steht der Verlust eines angemessenen Arbeitsverhältnisses in dem maßgeblichen Zeitpunkt zwar schon fest, bleibt die Möglichkeit einer Anschlusstätigkeit aber noch offen, dann ist umgekehrt für den Unterhaltsanspruch gemäß § 1573 BGB (noch) kein Raum, weil die Unterhaltsbedürftigkeit des Anspruchstellers für den maßgeblichen Zeitpunkt nicht einfach unterstellt werden darf.[90]

---

[88] BGH NJW 2001, 3260.
[89] BGH NJW 1991, 224.
[90] BGH FamRZ 1984, 988.

II. Nachehelicher Unterhalt – Anspruchsvoraussetzungen

a) Erwerbslosigkeit und Obliegenheiten

Der Unterhaltsanspruch wegen **Arbeitslosigkeit** kommt gemäß § 1573 Abs. 1 BGB nur dann in Betracht, wenn es dem Ehepartner trotz aller zumutbaren Anstrengungen nicht gelungen ist, eine angemessene Erwerbstätigkeit zu finden. Er muss deshalb im einzelnen darlegen und beweisen, welche Maßnahmen er ergriffen hat[91], wobei die Rechtsprechung hohe Anforderungen stellt. Die bloße Meldung als arbeitssuchend beim Arbeitsamt genügt deshalb keinesfalls, sondern es müssen eigene Suchanzeigen aufgegeben und einschlägige Anzeigen beantwortet werden. Selbstverständlich müssen die Bewerbungen nach Form und Inhalt ihre Ernsthaftigkeit erkennen lassen und so intensiv sein, dass die Chancen des Arbeitsmarktes wirklich ausgeschöpft werden. Zwanzig bis dreißig konkrete Bewerbungen monatlich können deshalb bei Standardberufen durchaus erwartet werden, wobei die jeweils anfallenden Unterlagen im Hinblick auf die **Darlegungs- und Beweislast** des Anspruchstellers unbedingt aufbewahrt werden sollten. Wird die Arbeitsplatzsuche dieser Art und Intensität einige Wochen oder sogar Monate lang unterlassen, fehlt es an den erforderlichen Bemühungen des unterhaltsbegehrenden Ehepartners[92] mit der Folge, dass er so behandelt wird, als ob er eine ihm angemessene Erwerbstätigkeit hätte finden können. Die daraus erzielbaren Einkünfte (**fiktiven Einkünfte**) werden ihm dann auf seinen Unterhaltsanspruch angerechnet. Zu den zumutbaren Bemühungen um einen Arbeitsplatz kann unter Umständen sogar ein **Ortswechsel** gehören.[93]

171

Gemildert werden die Anforderungen an die Darlegungs- und Beweislast des unterhaltsbeanspruchenden Ehepartners nur dadurch, dass nach den Verhältnissen auf dem Arbeitsmarkt und den persönlichen Eigenschaften des Arbeitsuchenden wie Alter, Ausbildung, Berufserfahrung und Gesundheitszustand jedenfalls eine objektive Beschäftigungschance bestehen muss. Fehlt es daran, was der betreffende Ehepartner darzulegen hat und zum Beispiel durch eine entsprechende Auskunft der Arbeitsbehörde unter Beweis stellen kann, dann bedarf es der – ohnehin aussichtslosen – Bemühungen um einen Arbeitsplatz nicht.[94]

172

Ist es zur Aufnahme einer angemessenen Erwerbstätigkeit erforderlich, sich ausbilden, fortbilden oder umschulen zu lassen, so obliegt es gemäß § 1574 Abs. 3 BGB dem geschiedenen Ehepartner, entsprechende Maßnahmen zu ergreifen, wenn ein erfolgreicher Abschluss der Ausbildung zu erwarten ist. Dabei muss die Dauer der Ausbildung in einem rechten Verhältnis zum Lebensalter stehen, sodass für die Aufnahme eines 8-jährigen Studiums im Alter von 42 Jahren außergewöhnliche Gründe sprechen müssen, um die Ausbildung noch als „erforderlich" im Sinne des § 1574 Abs. 3 BGB ansehen zu können.[95] Die Kosten einer solchen Ausbildung hat der unterhaltspflichtige Ehepartner dann zusätzlich zum allgemeinen Unterhalt zu tragen. Wird die zumutbare Ausbildung nicht aufgenommen, muss der Unterhaltsberechtigte eine unterqualifizierte Arbeit annehmen und sich die nach Abschluss der Ausbildung erzielbaren Einkünfte fiktiv anrechnen lassen.

173

---

[91] BGH FamRZ 2008, 2104.
[92] BGH NJW-RR 1987, 962.
[93] BGH NJW 1981, 1609.
[94] BGH NJW 1986, 3080 und FamRZ 2008, 2104 (2105).
[95] BGH NJW 1984, 1685.

b) Aufstockungsunterhalt

174 Übt der Ehepartner im Zeitpunkt der Scheidung oder bei Wegfall seiner Unterhaltsansprüche nach den §§ 1570 bis 1572 und 1575 BGB bereits eine angemessene Erwerbstätigkeit aus oder findet er sie erst nach einer gewissen Zeit der Arbeitslosigkeit, reichen die dadurch erzielten Einkünfte aber, wie meist, nicht zur Deckung des vollen Unterhalts aus, so kann er gemäß § 1573 Abs. 2 BGB den Unterschiedsbetrag zwischen seinen Einkünften und dem vollen Unterhalt verlangen (**Aufstockungs- bzw. Ergänzungsunterhalt**). Das gilt auch dann, wenn der unterhaltsberechtigte Ehepartner nur eine angemessene **Teilzeittätigkeit** gefunden hat oder im maßgeblichen Zeitpunkt schon ausübt, ihm aber eine Vollzeittätigkeit obläge. Denn der Unterhaltsgläubiger muss zum Beispiel nicht ohne weiteres eine günstige Teilzeitstelle gegen eine unsichere Vollzeitstelle tauschen, sondern bleibt lediglich verpflichtet, sich entweder um eine zusätzliche Teilzeitstelle oder auch eine andere Vollzeitstelle zu bemühen.

c) Nachhaltigkeit von Erwerbseinkünften

175 Erzielt ein Ehepartner aus einer angemessenen Erwerbstätigkeit Einkünfte, die seinen Lebensbedarf ganz oder teilweise decken, gelingt es ihm aber trotz seiner Bemühungen nicht, den Unterhalt durch die Erwerbstätigkeit nach der Scheidung **nachhaltig zu sichern**, fällt er also ganz oder teilweise wieder in die Erwerbslosigkeit zurück, so **lebt sein Unterhaltsanspruch** gemäß § 1573 Abs. 4 BGB in Höhe des erlittenen Einkommensverlustes **wieder auf**. Ob das eigene Einkommen im Sinne dieser Vorschrift „nachhaltig gesichert" war, richtet sich danach, ob die Erwerbstätigkeit im Zeitpunkt der Rechtskraft der Scheidung oder bei ihrer Aufnahme nach objektiven Maßstäben und allgemeiner Lebenserfahrung mit einer gewissen Sicherheit als dauerhaft angesehen werden konnte oder befürchtet werden musste, dass der Ehepartner sie durch außerhalb seiner Entschließungsfreiheit liegende Umstände in absehbarer Zeit wieder verlieren werde.[96] Dabei sind – vom Standpunkt eines optimalen Beobachters – auch Umstände einzubeziehen, die zwar schon im Zeitpunkt der Arbeitsaufnahme bestanden, aber erst später zu Tage getreten sind, wie zum Beispiel eine latent bestehende Krankheit, die alsbald zur Aufgabe der aufgenommenen Tätigkeit führte.[97] Ähnliches gilt für Arbeitsplätze in Krisenbranchen, wenn sie schon bei Arbeitsantritt verlustbedroht sind, und auch **befristete Arbeitsverhältnisse** können in der Regel nicht als nachhaltig gesichert angesehen werden. Ist dagegen von einer nachhaltigen Sicherung des Unterhalts auszugehen, was nach einem zweijährigen Bestand des Arbeitsverhältnisses regelmäßig der Fall sein dürfte, entfällt der Unterhaltsanspruch gemäß § 1573 BGB endgültig, sodass das Risiko eines unvorhersehbaren Arbeitsplatzverlustes wie zum Beispiel bei einem unerwarteten Konkurs des Arbeitgebers zu Lasten des unterhaltsberechtigten Ehepartners geht.

---

[96] BGH FamRZ 2003, 1734.
[97] BGH aaO.

5. Unterhalt zur Ausbildung, Fortbildung oder Umschulung – § 1575 BGB

Ein geschiedener Ehegatte, der in Erwartung der Ehe oder während der Ehe 176 eine Schul- oder Berufsausbildung nicht aufgenommen oder abgebrochen hat, kann gemäß § 1575 Abs. 1 BGB von dem anderen Ehegatten Unterhalt verlangen, wenn er diese oder eine entsprechende Ausbildung sobald wie möglich aufnimmt, um eine angemessene Erwerbstätigkeit, die den Unterhalt nachhaltig sichert, zu erlangen und der erfolgreiche Abschluss der Ausbildung zu erwarten ist. Nach S. 2 der Vorschrift besteht der Anspruch längstens für die Zeit, in der eine solche Ausbildung im Allgemeinen abgeschlossen wird; dabei sind ehebedingte Verzögerungen der Ausbildung zu berücksichtigen. Ziel der Ausbildung ist zwar auch hier eine angemessene Erwerbstätigkeit des Unterhaltsberechtigten, doch kommt ein Unterhaltsanspruch nach § 1575 Abs. 1 BGB auch dann in Frage, wenn der Ehegatte an sich schon ohne die Ausbildung eine nach § 1574 Abs. 2 BGB angemessene Erwerbstätigkeit finden könnte. Denn § 1575 Abs. 1 BGB soll vor allem die Nachteile ausgleichen, die ein Ehegatte in seinem beruflichen Fortkommen mit Rücksicht auf die Ehe auf sich genommen hat.[98]

Gelingt es dem geschiedenen Ehegatten nach Beendigung der Ausbildung 177 nicht, eine seinem erreichten Ausbildungsstand angemessene Erwerbstätigkeit zu finden und verlangt er deshalb gemäß § 1573 BGB weiterhin Unterhalt, so kann er sich allerdings gemäß § 1575 Abs. 3 BGB bei der Bestimmung der ihm angemessenen Erwerbstätigkeit gemäß § 1574 Abs. 2 BGB nicht auf den erreichten höheren Ausbildungsstand berufen, sondern muss seinen vorherigen Ausbildungsstand gegen sich gelten lassen.

6. Unterhalt aus Billigkeitsgründen – § 1576 BGB

Gemäß § 1576 BGB kann schließlich ein geschiedener Ehegatte ganz allgemein 178 von dem anderen Unterhalt verlangen, soweit und solange von ihm „aus sonstigen schwerwiegenden Gründen" eine Erwerbstätigkeit nicht erwartet werden kann und die Versagung von Unterhalt unter Berücksichtigung der Belange beider Ehegatten „grob unbillig" wäre. Schwerwiegende Gründe dürfen nach S. 2 der Vorschrift nicht allein deswegen berücksichtigt werden, weil sie zum Scheitern der Ehe geführt haben. Wie sich aus dem Wortlaut der Bestimmung ergibt, handelt es sich um einen Auffangtatbestand, mit dessen Hilfe Lücken in den Unterhaltstatbeständen der §§ 1570 bis 1575 BGB geschlossen werden können sollen. Dementsprechend ist einem Ehegatten vor allem in den Fällen der Pflege und Erziehung eines **nicht gemeinschaftlichen Kindes** Unterhalt nach dieser Vorschrift zugesprochen worden, wobei allerdings immer noch besondere Umstände gegeben sein mussten, damit die vom Gesetz geforderte grobe Unbilligkeit bejaht werden konnte. Zu denken ist etwa daran, dass der Unterhaltsberechtigte im Einvernehmen mit dem Unterhaltsverpflichteten wegen der Betreuung des Kindes im gemeinsamen Haushalt auf die Aufnahme einer Erwerbstätigkeit verzichtet hat.[99]

---

[98] BGH NJW 1985, 1695.
[99] BGH FamRZ 1983, 800.

D. Ehegattenunterhalt

III. Die Angemessenheit der dem Unterhaltsberechtigten obliegenden Erwerbstätigkeit

179 Der geschiedene Ehegatte, dem nach den vorstehenden Ausführungen die Aufnahme einer Erwerbstätigkeit obliegt, braucht gemäß § 1574 Abs. 1 BGB nur eine ihm angemessene Erwerbstätigkeit auszuüben. Das gilt, wie oben in → Rn. 149 schon erwähnt wurde, über den Wortlaut der Vorschrift hinaus auch für den getrennt lebenden Ehepartner, weil er unterhaltsrechtlich nicht schlechter gestellt werden kann als in der Zeit nach der Ehescheidung.

180 „Angemessen" ist nach Abs. 2 der Vorschrift eine Erwerbstätigkeit, die der Ausbildung, den Fähigkeiten, einer früheren Erwerbstätigkeit, dem Lebensalter und dem Gesundheitszustand des geschiedenen Ehegatten entspricht, soweit eine solche Tätigkeit nicht nach den ehelichen Lebensverhältnissen unbillig wäre; bei den ehelichen Lebensverhältnissen sind insbesondere die Dauer der Ehe und die Dauer der Pflege oder Erziehung eines gemeinschaftlichen Kindes zu berücksichtigen. Die Angemessenheit einer Erwerbstätigkeit ist nicht allein nach einem der genannten Kriterien zu beurteilen, sondern es muss eine umfassende Abwägung aller maßgebenden Umstände vorgenommen werden.[100] Allerdings gehören die ehelichen Lebensverhältnisse, mit denen an dieser Stelle auch der erreichte soziale Status gemeint ist[101], nach der Formulierung des Gesetzes nicht (mehr) zu den gleichrangigen Abwägungskriterien. Vielmehr eröffnen sie im Rahmen einer Billigkeitsprüfung nur noch eine Korrekturmöglichkeit zugunsten eines Ehegatten, der sich auf eine seit langem bestehende gemeinsame Gestaltung der Ehe eingestellt hat. Aus diesem Grunde kann zum Beispiel die Wiederaufnahme eines erlernten, aber viele Jahre lang nicht ausgeübten Berufes unter Berücksichtigung des Alters und des Gesundheitszustandes des betreffenden Ehepartners sowie des erreichten sozialen Status nicht mehr angemessen sein.

Beispiel:
Die einen jungen Arzt heiratende Verkäuferin in einem Warenhaus braucht nicht mehr in ihren alten Beruf zurückzukehren, wenn ihr Mann nach 20-jähriger Ehe Chefarzt geworden ist.

181 Umgekehrt können sehr einfache eheliche Lebensverhältnisse die Übernahme von Hilfstätigkeiten auch dann als angemessen erscheinen lassen, wenn der Unterhaltsberechtigte über eine höher qualifizierte Ausbildung verfügt, in seinem Beruf aber keine Stelle findet.

Beispiel:
Ein arbeitsloser Lehrer ist mit einer Friseurin verheiratet und begehrt von dieser nun Unterhalt.

---

[100] BGH FamRZ 2005, 23 (24).
[101] BGH NJW 1991, 1049 (1052).

IV. Die ehelichen Lebensverhältnisse als Maßstab für die Höhe des Unterhalts

1. Verhältnisse am Ende der Ehe

Das Maß des Unterhalts eines geschiedenen Ehegatten bestimmt sich gemäß **182** § 1578 Abs. 1 BGB nach den **ehelichen Lebensverhältnissen** und umfasst den gesamten, sich daraus ergebenden Lebensbedarf. Das gilt sowohl für die Zeit des Getrenntlebens als auch für die Zeit nach rechtskräftiger Scheidung der Ehe. Bestimmt werden die „ehelichen Lebensverhältnisse" grundsätzlich durch die Umstände, die bis zur Rechtskraft der Ehescheidung eingetreten sind. Nacheheliche Entwicklungen wirken sich auf die Bedarfsbemessungen nach den ehelichen Lebensverhältnissen nur aus, wenn sie auch bei Fortbestehen der Ehe eingetreten wären oder in anderer Weise in der Ehe angelegt und mit hoher Wahrscheinlichkeit zu erwarten waren.[102] Dieses **Stichtagsprinzip** hatte der BGH seit Anfang des Jahres 2003 zugunsten einer generellen Berücksichtigung auch der nachehelichen Veränderungen in den Lebensverhältnissen der geschiedenen Eheleute aufgegeben und die Wandelbarkeit der ehelichen Lebensverhältnisse an seine Stelle gesetzt. Dementsprechend hatte er in jüngerer Zeit sogar die nacheheliche Geburt weiterer Kinder[103] und die Wiederverheiratung des unterhaltspflichtigen Ehegatten[104] zu den den Unterhaltsbedarf des geschiedenen Ehegatten beeinflussenden Veränderungen gerechnet und den Unterhaltsanspruch wegen des Eintritts dieser Ereignisse herabgesetzt. Nachdem das BVerfG diese Rechtsprechung aber Anfang des Jahres 2011 für verfassungswidrig erklärt hat,[105] ist der BGH in seiner grundlegenden Entscheidung vom 7.12.2011 nun wieder zum Stichtagsprinzip zurückgekehrt.[106] Infolgedessen gilt für Veränderungen in den ehelichen Lebensverhältnissen nach der Trennung der Eheleute nunmehr Folgendes:

Veränderungen der ehelichen Lebensverhältnisse, die während des Getrennt- **183** lebens eintreten, sind grundsätzlich zu berücksichtigen, und zwar unabhängig davon, ob sie zu einer Erhöhung oder einer Verminderung des Lebensstandards führen. Das beginnt mit dem Wegfall der günstigeren Ehegattenbesteuerung in dem auf die dauernde Trennung eines Ehepaares folgenden Kalenderjahr und der damit verbundenen Verminderung des Nettoeinkommens des Unterhaltspflichtigen und setzt sich mit der Aufnahme einer Berufstätigkeit der bis zur Trennung nicht berufstätig gewesenen Ehefrau und anderen, während des Getrenntlebens eintretenden Einkommensentwicklungen fort[107], wenn sie auf einem normalen Verlauf und nicht etwa auf einem davon abweichenden, unvorhergesehenen **Karrieresprung** beruhen.[108]

---

[102] BGH NJW 2012, 384 = FamRZ 2012, 281.
[103] BGH NJW 2008, 1663 = FamRZ 2008, 968.
[104] BGH FamRZ 2008, 1911.
[105] BVerfG NJW 2011, 836 = FamRZ 2011, 437ff.
[106] BGH NJW 2012, 384 = FamRZ 2012, 281.
[107] Sie tritt an die Stelle der bisherigen, lediglich nicht monetarisierbaren Tätigkeit im Haushalt. Insoweit gilt für die Zeit des Getrenntlebens nichts anderes als für die Zeit nach der Ehescheidung.
[108] BGH FamRZ 2007, 793 (795) lehnt unter diesem Gesichtspunkt die Berücksichtigung einer Beförderung von Oberstudienrat (A 14) zum Studiendirektor (A 15) ab.

D. Ehegattenunterhalt

184 Veränderungen in den ehelichen Lebensverhältnissen, die erst nach Rechtskraft der Ehescheidung entstanden sind, können dagegen nur insoweit berücksichtigt werden, als sie in der Ehe bereits angelegt und ihr Eintritt mit hoher Wahrscheinlichkeit zu erwarten war. Dies ist für den Fall der Aufnahme einer Berufstätigkeit der bis zur Ehescheidung nicht berufstätig gewesenen Ehefrau als Surrogat der Haushaltstätigkeit und Kindererziehung während der Ehe ebenso zu bejahen[109] wie beim Verkauf des Familienheims[110], dem Wegfall regelmäßig wiederkehrender Verbindlichkeiten[111] oder der Unterhaltsverpflichtung gegenüber einem gemeinsamen Kind[112] bis hin zum Eintritt in den Ruhestand.[113] Alle diese Veränderungen beeinflussen also die „ehelichen Lebensverhältnisse" und damit den Unterhaltsbedarf des Unterhaltsberechtigten, obwohl sie doch teilweise erst lange Zeit nach der Scheidung der Ehe eintreten. An Einkommensverbesserungen oder -verminderungen nehmen auch die geschiedenen Ehegatten wechselseitig teil, weil sie insoweit nicht besser, aber auch nicht schlechter gestellt sein sollen als ohne die Scheidung ihrer Ehe. Voraussetzung ist natürlich, dass die jeweilige Entwicklung dauerhaft und vom Schuldner nicht durch eine Verletzung seiner Erwerbsobliegenheit oder freiwillige berufliche oder wirtschaftliche Dispositionen herbeigeführt worden ist.[114] Hätte die jeweilige Entwicklung also von dem Unterhaltspflichtigen durch die im Rahmen seiner Erwerbsobliegenheit gebotenen Anstrengungen vermieden oder aber durch zumutbare Vorsorge aufgefangen werden können, wird der Unterhaltsbedarf weiterhin nach dem von dem Unterhaltspflichtigen erzielbaren statt dem von ihm tatsächlich erzielten Einkommen bemessen (fiktive Einkünfte). Die grundlose Reduzierung einer vollschichtigen Erwerbstätigkeit auf eine Halbtagstätigkeit oder der Wechsel in Altersteilzeit[115] sind deshalb ebenso wenig wie der Wechsel von einer abhängigen Beschäftigung in die Selbständigkeit mit niedrigeren Einkünften[116] geeignet, die Unterhaltspflicht zum Nachteil des Unterhaltsberechtigten zu vermindern. **Einkommensverbesserungen** sind bei der Bemessung des nachehelichen Unterhalts grundsätzlich ebenfalls zu berücksichtigen, wenn sie schon in der Ehezeit angelegt und im Zeitpunkt der Scheidung mit hoher Wahrscheinlichkeit zu erwarten waren. Typischerweise in der Ehe angelegt sind zB die schon erwähnte Aufnahme oder Ausweitung einer Erwerbstätigkeit der Ehefrau anstelle früherer Haushaltstätigkeit und Kindererziehung, die allgemeinen Lohnsteigerungen oder normale berufliche Entwicklungen wie zB eine Regelbeförderung im öffentlichen Dienst.[117]

---

[109] BGH NJW 2001, 2254 = FamRZ 2001, 986 und BGH NJW 2012, 384 Rn. 25.
[110] BGH NJW 2009, 145 = FamRZ 2009, 23 (24).
[111] BGH FamRZ 1995, 869 (871) I. Sp.
[112] BGH NJW 1990, 2886 = FamRZ 1990, 1085.
[113] BGH NJW 2003, 1796 = FamRZ 2003, 848 (850).
[114] BGH FamRZ 1992, 1045 und BGH NJW 2003, 1518 = FamRZ 2003, 590 (592).
[115] OLG Koblenz NJW-RR 2004, 938.
[116] Wechsel vom Oberarzt zum niedergelassenen Facharzt BGH NJW-RR 1988, 514 = FamRZ 1988, 145 (147).
[117] Zum Beispiel Regelbeförderung im öffentlichen Dienst von A 11 nach A 12 – OLG Hamm FamRZ 2008, 1446; aber auch Anstellung als Kfz.-Meister nach der Ehescheidung, nachdem die Meisterprüfung schon während der Ehe abgelegt worden war, in BGH NJW 1985, 1699; Anstellung als Assistenzarzt nach der Ehescheidung, obwohl das Medizinstudium im Zeitpunkt der Scheidung noch nicht abgeschlossen war; Beförderung vom Assistenzarzt zum Oberarzt OLG Hamm FamRZ 2008, 1446.

IV. Die ehelichen Lebensverhältnisse als Maßstab für die Höhe des Unterhalts

Als unerwartete und nicht vorhersehbare Entwicklungen (sog. Karrieresprung) **185**
sind dagegen außerhalb der Regelbeförderung liegende Leistungsbeförderungen[118]
oder ein Arbeitgeberwechsel mit erheblich erweitertem Aufgabenfeld und deutlich
erhöhten Einkünften anzusehen. Eine zeitlich feste Grenze, von der an solche
Entwicklungen nicht mehr berücksichtigt werden dürfen, besteht nicht, weshalb
es immer auf die Umstände des Einzelfalls ankommt. Die **Wiederverheiratung**
des unterhaltspflichtigen Ehegatten und die nacheheliche Geburt weiterer Kinder
lässt die ehelichen Lebensverhältnisse der geschiedenen Ehe dagegen unberührt.
Die ehelichen Lebensverhältnisse der neuen Ehe sind also von vorne herein mit
den Unterhaltspflichten aus der geschieden Ehe belastet. Sind ein geschiedener
und ein neuer Ehegatte nach § 1609 BGB gleichrangig, wird allerdings bei einer
nicht ausreichenden Leistungsfähigkeit des Unterhaltspflichtigen eine Billigkeitsabwägung in Form einer Dreiteilung des gesamten unterhaltsrechtlich relevanten
Einkommens nicht zu beanstanden sein.[119]

2. Maßgebende Faktoren

Die ehelichen Lebensverhältnisse werden in erster Linie von dem bis zur Schei- **186**
dung der Ehe nachhaltig erzielten **Bareinkommen** eines Ehepaares[120] sowie dem
Wert der Haushaltsführung[121] geprägt. Letzterer wird allerdings erst dann in
Geld ausgedrückt, wenn der haushaltführende Ehegatte im Rahmen seiner Erwerbsobliegenheit Einkünfte erzielt. Für den Lebensbedarf eingesetzte Vermögenserträge und Nutzungsvorteile sind ebenfalls zu berücksichtigen, ohne dass
es auf ihre Herkunft ankommt. So führt ein **mietfreies Wohnen** im eigenen[122]
oder ererbten Haus[123] nach Abzug der Belastungen zu einem entsprechend erhöhten Lebensstandard und ist deshalb bei der Bemessung des Unterhalts zu berücksichtigen. Wird das Haus im Zuge der Ehescheidung oder auch zu einem späteren
Zeitpunkt verkauft, treten die Zinsen aus dem Erlös an seine Stelle, sind also als
eheprägend in die Unterhaltsberechnung einzustellen. In einer Beamtenehe gehören auch die Beihilfeansprüche und die beitragsfreie Altersvorsorge zu den die
ehelichen Lebensverhältnisse prägenden Faktoren.[124] Einkünfte aus einer unzumutbaren oder **überobligationsmäßigen Tätigkeit**, wie zum Beispiel einer Erwerbstätigkeit trotz Kinderbetreuung, können nach Treu und Glauben unter
Berücksichtigung der Umstände des Einzelfalls in einen den Unterhaltsbedarf
prägenden Teil und einen für die Unterhaltsermittlung irrelevanten Teil aufgeteilt
werden. Ein pauschal bemessener hälftiger Ansatz der aus einer solchen Erwerbstätigkeit erzielten Einkünfte genügt diesen Anforderungen nicht.[125] Vielmehr
wird dabei im Einzelnen zu prüfen sein, wie die Kindesbetreuung mit den kon-

---
[118] OLG Celle FamRZ 2008, 1853 – Berufung eines Oberarztes zum Chefarzt oder
Beförderung eines Beamten des gehobenen Dienstes mit einer Besoldung nach A 12 in den
höheren Dienst und einer Besoldung nach A 13 und später A 14.
[119] BGH NJW 2012, 384 = FamRZ 2012, 281.
[120] BGH NJW 2008, 57.
[121] BGH NJW 2001, 2254.
[122] BGH NJW 1990, 3274.
[123] BGH NJW-RR 1988, 514.
[124] BGH NJW-RR 1989, 386
[125] BGH FamRZ 2005, 1154.

D. Ehegattenunterhalt

kreten Arbeitszeiten unter Berücksichtigung erforderlicher Fahrzeiten zu vereinbaren ist und ob und gegebenenfalls zu welchen Zeiten die Kinder in Folge eines Kindergarten- oder Schulbesuchs zeitweise ohnehin keiner Betreuung bedürfen. Andererseits können Einkünfte aus **Überstunden** die ehelichen Lebensverhältnisse durchaus prägen, wenn sie zum Berufsbild gehören und regelmäßig anfallen, desgleichen Vergütungen für Bereitschafts- und Nachtdienste bei ärztlichem Personal.[126]

187 **Schulden** können bei der Ermittlung der ehelichen Lebensverhältnisse berücksichtigt werden, wenn sie bis zur Trennung der Ehegatten begründet worden sind[127], sog. ehebedingte Verbindlichkeiten. Allerdings ist hierbei zu berücksichtigen, dass dies uneingeschränkt nur für nicht vermögensbildende Schulden, sog. Konsumschulden, gilt. Demgegenüber können bei einseitig vermögensbildenden Schulden, also zB Schulden für die Finanzierung einer im Alleineigentum eines Ehegatten stehenden Immobilie, ab Zustellung des Scheidungsantrags nur die Zinsleistungen vom Einkommen in Abzug gebracht werden, nicht hingegen die Tilgungsleistungen, da eine solche Vermögensbildung des einen Ehegatten ansonsten über den Unterhalt durch den anderen Ehegatten „mitfinanziert" werden würde. Nach der Trennung oder Scheidung aufgenommene Schulden können berücksichtigt werden, wenn sie nicht vermögensbildend sind und nicht leichtfertig aufgenommen wurden.[128] Der **Kindesunterhalt** für minderjährige Kinder und die ihnen gleichgestellten volljährigen Kinder ist bei der Ermittlung des Ehegattenunterhalts vorweg von den die ehelichen Lebensverhältnisse prägenden Einkünften abzuziehen, weil er gemäß § 1609 Nr. 1 BGB vorrangig zu erfüllen ist. Aber auch bei den anderen, noch unterhaltsbedürftigen volljährigen und deshalb gemäß § 1609 Nr. 4 BGB gegenüber dem Ehegatten an sich nachrangigen Kindern ist der Vorwegabzug des an sie zu zahlenden Unterhalts bei leistungsfähigen Eltern gerechtfertigt, weil er den Lebensstandard der Eltern auch während ihres Zusammenlebens vermindert hat. Fällt der Kindesunterhalt später ganz oder teilweise weg, erhöht sich der Unterhaltsbedarf entsprechend[129].

188 Einkommensteile, die bei vernünftiger Lebensführung zur **Vermögensbildung** verwendet werden, bleiben unberücksichtigt, weil der Unterhalt auf die Deckung des Lebensbedarfs begrenzt und nicht zur Vermögensbildung bestimmt ist[130]. An einer besonders sparsamen Lebensführung braucht sich der unterhaltsberechtigte Ehepartner nach gescheiterter Ehe aber ebenso wenig festhalten zu lassen, wie er sich auch nicht auf eine besonders aufwendige Lebensführung während der Ehe berufen kann. Maßgebend ist vielmehr ein Ausgabeverhalten, wie es nach den Einkommensverhältnissen des jeweiligen Ehepaares vom Standpunkt eines vernünftigen Betrachters aus gesehen angemessen ist[131]. Reichen die nach diesem Maßstab zur Deckung des Lebensbedarfs vorhandenen Mittel nicht aus, so sind zur Erfüllung des verbleibenden Unterhaltsanspruchs diejenigen Mittel heranzuziehen, die bisher zur Vermögensbildung verwendet worden sind. Denn die Befriedigung des **Unterhaltsbedarfs** hat **Vorrang vor der Vermögensbildung**[132].

---

[126] BGH NJW-RR 1988, 514.
[127] BGH NJW 2008, 1663.
[128] BGH NJW 2008, 1663.
[129] BGH NJW 1990, 2886.
[130] BGH NJW 2008, 57 Rn. 26.
[131] Objektiver Maßstab – BGH aaO Rn. 27.
[132] BGH NJW-RR 1987, 194.

IV. Die ehelichen Lebensverhältnisse als Maßstab für die Höhe des Unterhalts

3. Bedarfsermittlung

Der Unterhaltsbedarf des anspruchsberechtigten Ehepartners kann anhand der einzelnen Bedarfspositionen wie Wohnungskosten, Kleidung, Ernährung, Kraftfahrzeugkosten, Urlaub, etc. konkret ermittelt werden, was sich jedoch nur bei sehr guten Einkommensverhältnissen als sinnvoll erweist, weil nur sie die Deckung des vollen Lebensbedarfs beider Ehepartner zulassen. Aber auch in solchen Fällen besteht nach der jüngsten Rechtsprechung des BGH eine tatsächliche Vermutung dafür, dass die von den Ehegatten erzielten Einkünfte für ihren Lebensunterhalt eingesetzt wurden, so dass jeder der Ehepartner die Hälfte des nach Vorwegabzug aller Verbindlichkeiten und des Kindesunterhalts für den gemeinsamen Lebensunterhalt zur Verfügung stehenden Einkommens zu beanspruchen hat (**Halbteilungsgrundsatz**).[133] Dessen ungeachtet hat sich in der Rechtsprechung die von dem BGH gebilligte Praxis[134] durchgesetzt, dem erwerbstätigen Unterhaltspflichtigen mit Rücksicht auf seinen höheren **berufsbedingten Mehraufwand**, wie Fahrtkosten, Arbeitsmaterialien, Gewerkschaftsbeiträge und ähnliches einen – pauschalen – Abzug zu gewähren und als Anreiz zur Ausübung einer Erwerbstätigkeit (**Erwerbstätigenbonus**) einen etwas höheren Anteil als die Hälfte zuzusprechen (**Quotenunterhalt**). Nach der sog. Düsseldorfer Tabelle werden dem Unterhaltspflichtigen zum Beispiel pauschal 5 % seines monatlichen Nettoeinkommens, höchstens jedoch 150 EUR, für berufsbedingte Aufwendungen und ein Bonus von 1/7 zugestanden, während die Süddeutschen Leitlinien nur einen Erwerbstätigenbonus von 1/10 vorsehen. Dementsprechend kommt es dann zwischen Ehepaaren, bei denen nur ein Partner erwerbstätig ist, zu einer Aufteilung des bereinigten Nettoeinkommens des Unterhaltspflichtigen im Verhältnis 4/7 : 3/7 oder 5,5/10 : 4,5/10.

189

Beispiel *(nur ein Ehegatte ist erwerbstätig):*

Einkommen des Unterhalts**pflichtigen** nach Steuern
Sozialabgaben und Kindesunterhalt 1.700 EUR
./. 5 % berufsbedingte Aufwendungen (rund) 85 EUR
Bereinigtes Nettoeinkommen: 1.615 EUR
3/7 hieraus für den nicht erwerbstätigen Ehepartner (rund) 692 EUR

wegen des Selbstbehalts des Unterhaltspflichtigen von 1.200 EUR ergibt sich allerdings im Ergebnis nur ein Unterhaltsanspruch in Höhe von 184 EUR, weil sich das unterhaltsrechtliche Einkommen des Unterhaltspflichtigen nur auf 1.384 EUR beläuft (1.615 EUR abzgl. 1/7 Erwerbstätigenbonus (rund) 231 EUR = 1.384 EUR) und daher nur 184 EUR für den Unterhalt zur Verfügung stehen.

Der **Erwerbstätigenbonus** darf seinem Zweck entsprechend selbstverständlich nur von Erwerbseinkünften, nicht dagegen von anderen Einkünften wie zum Beispiel Kapitalerträgen, Mieten oder Renten in Abzug gebracht werden. Bezüglich dieser Einkünfte bleibt es also beim Halbteilungsgrundsatz. Ist bei der Ermittlung des bereinigten Nettoeinkommens vorweg noch Kindesunterhalt in Abzug zu bringen, wird der Erwerbstätigenbonus erst aus dem danach noch verbleibenden Einkommen errechnet.[135]

190

---

[133] BGH FamRZ 2018, 260.
[134] BGH NJW-RR 1997, 1919.
[135] BGH NJW 1997, 1919.

D. Ehegattenunterhalt

191 Will der Unterhaltspflichtige höhere berufsbedingte Aufwendungen als die Pauschale von 5 % geltend machen, muss er diese konkret belegen. In Betracht kommen diesbezüglich auch Kosten für die Betreuung eines Kindes durch eine Tagesmutter, wenn es sich hierbei nicht um Mehrbedarf des Kindes handelt.[136]

192 Übt der Unterhaltsberechtigte ebenfalls eine Erwerbstätigkeit aus, müssen ihm natürlich vorab in gleicher Weise berufsbedingte Aufwendungen und ein Vorwegabzug von 1/7 seines Nettoeinkommens zugebilligt werden. Die danach verbleibende Einkommensdifferenz ist dann hälftig zu teilen, so dass die Rechnung nach dem vorstehenden Beispiel wie folgt aussieht:

Beispiel *(beide Ehegatten sind erwerbstätig)*:

Einkommen des Unterhalts**berechtigten** nach Steuern und Sozialabgaben	420 EUR
./. 5 % berufsbedingte Aufwendungen	21 EUR
	399 EUR
./. 1/7 Erwerbstätigkeitsbonus	49 EUR
Bereinigtes Nettoeinkommen	350 EUR
Bereinigtes Nettoeinkommen des Unterhalts**pflichtigen** wie im vorigen Beispiel ./. 1/7 Erwerbstätigenbonus von rund 231 EUR	1.384 EUR
Differenzeinkommen	1034 EUR
hiervon 1/2 als zu zahlender Unterhalt	517 EUR
wegen des Selbstbehalts von 1.200 EUR begrenzt auf 184 EUR	

193 Zu beachten ist, dass mit der Trennung insbesondere durch die Anmietung einer neuen Wohnung und die getrennte Haushaltsführung (zB doppelte Telefon- und Zeitungsgebühren, Strom- und Heizkosten für zwei Wohnungen, zweiter PKW) regelmäßig Mehrkosten entstehen (**trennungsbedingter Mehraufwand**), die aus dem zur Verfügung stehenden und der Berechnung des Quotenunterhalts zugrunde gelegten Einkommen nicht gedeckt und deshalb zusätzlich zum Quotenunterhalt in Ansatz gebracht werden können.[137] Eine schematische Berücksichtigung dieses trennungsbedingten Mehrbedarfs etwa in Form einer prozentualen Erhöhung des Quotenunterhalts hat der BGH in der zitierten Entscheidung jedoch verworfen und stattdessen vom Unterhaltsberechtigten in jedem Einzelfall eine konkrete Darlegung seines Mehrbedarfs gefordert, wobei dann die Höhe einzelner Mehrbedarfspositionen vom Richter gemäß § 287 ZPO auch geschätzt werden kann.

194 Erzielt nur der Unterhaltspflichtige Einkünfte, dann scheitert die Geltendmachung eines solchen trennungsbedingten Mehrbedarfs allerdings schon am Halbteilungsgrundsatz, ganz abgesehen davon, dass der Unterhaltspflichtige ebenso wie der Unterhaltsberechtigte von einem trennungsbedingten Mehraufwand belastet sein dürfte. Erzielen beide Ehegatten Erwerbseinkünfte, so dass dem Unterhaltsberechtigten, wie in dem vorangegangenen Beispiel, die Hälfte aus der Differenz zwischen seinem eigenen anrechenbaren Einkommen und dem anrechenbaren Einkommen des Unterhaltspflichtigen zuzusprechen ist (**Differenzmethode**), dann ist damit bei durchschnittlichen Einkommensverhältnissen ein trennungsbedingter Mehrbedarf ebenfalls schon abgegolten. Denn der Quotenunterhalt deckt in diesen Fällen zwar auch nicht den vollen Unterhaltsbedarf einschließlich des trennungsbedingten Mehrbedarfs, stellt jedoch eine angemes-

---

[136] BGH NZFam 2017, 1101 Rn. 18 = FamRZ 2018, 23.
[137] BGH NJW 1990, 2886.

IV. Die ehelichen Lebensverhältnisse als Maßstab für die Höhe des Unterhalts

sene Verteilung der beiderseitigen Einkünfte dar, so dass eine andere Aufteilung nicht in Betracht kommt.[138] Von Bedeutung ist die Berücksichtigung des trennungsbedingten Mehraufwandes deshalb nur dann, wenn der unterhaltsberechtigte Ehepartner eigene Einkünfte erzielt, die die ehelichen Lebensverhältnisse nicht geprägt haben, die er sich aber auf seinen Unterhaltsbedarf anrechnen lassen muss (zB Zinserträge aus einer späteren Erbschaft – **Anrechnungsmethode**). Denn dann hätte er ohne Berücksichtigung des Mehrbedarfs bis zum Wegfall seines Unterhaltsanspruchs nie die Möglichkeit, wenigstens mit Hilfe dieses zusätzlichen Einkommens seinen vollen Lebensbedarf inklusive des trennungsbedingten Mehrbedarfs zu decken wie die folgende Berechnung zeigt:

Beispiel *(abgeleitet aus dem Beispiel → Rn. 192)*:

Eigenes Erwerbseinkommen	399 EUR
Quotenunterhalt wie oben	184 EUR
Nicht gedeckter trennungsbedingter Mehrbedarf	701 EUR
Voller Unterhaltsbedarf	1.284 EUR
./. Zusätzliches nicht anzurechnendes Einkommen (Beispiel)	701 EUR
./. Eigenes anzurechnendes Erwerbseinkommen	399 EUR
zu zahlender Unterhalt unveränder	184 EUR

Bliebe der trennungsbedingte Mehraufwand unberücksichtigt, würden die zusätzlichen Einkünfte des Unterhaltsberechtigten in der vollen Höhe von 501 EUR teilweise zum Wegfall seines Quotenunterhalts von 184 EUR führen, also insoweit ausschließlich den Unterhaltspflichtigen entlasten. Bei Berücksichtigung des trennungsbedingten Mehrbedarfs führt das zusätzliche Einkommen des Unterhaltsberechtigten dagegen allein zur Deckung seines vollen Lebensbedarfs. In allen Fällen, in denen die Anrechnungsmethode anzuwenden ist, ist deshalb unbedingt der trennungsbedingte Mehraufwand zu beachten.

4. Höchst- und Mindestbedarf

Einen **Höchstbetrag** für den Unterhaltsbedarf eines Ehepartners im Sinne einer **Sättigungsgrenze** hält der BGH allenfalls in seltenen Ausnahmefällen bei besonders hohen Einkünften für denkbar, weil eine Einzelperson auch bei Berücksichtigung hoher Ansprüche nicht alle verfügbaren Mittel sinnvoll für billigenswerten Lebensbedarf ausgeben kann[139], sondern einen Teil davon zur Vermögensbildung verwenden wird. Liegt umgekehrt ein Mangelfall vor, reicht also das Einkommen des Unterhaltspflichtigen nicht aus, um seinen eigenen angemessenen Selbstbehalt und denjenigen aller gleichrangigen Unterhaltsberechtigten zu decken, ist für den unterhaltsberechtigten Ehegatten der seiner jeweiligen Lebenssituation entsprechende notwendige Eigenbedarf als **Mindestbedarf** in die Verteilungsrechnung einzustellen.[140]

195

---

[138] BGH NJW 1984, 1237.
[139] BGH NJW 1982, 1645. Vgl. auch → Rn. 188.
[140] BGH NJW 2003, 1112 in Abkehr von seiner vorangegangenen Rechtsprechung.

D. Ehegattenunterhalt

5. Kranken- und Altersvorsorge

196 Zum Lebensbedarf gehören gemäß § 1578 Abs. 2 und 3 BGB die Kosten einer angemessenen **Versicherung** für den Fall der **Krankheit** und für den Fall des **Alters** sowie der Berufs- oder Erwerbsunfähigkeit und der Pflegeversicherung. Denn mit der Rechtskraft der Ehescheidung erlischt der Krankenversicherungsschutz im Rahmen der Familienhilfe nach § 10 SGB V und schon ab Rechtshängigkeit des Scheidungsantrages nimmt der unterhaltsberechtigte Ehepartner nicht mehr an den Altersversorgungsanrechten des anderen teil. Allerdings hat ein während der Ehe in der **gesetzlichen Krankenversicherung** mitversicherter Ehepartner gemäß § 9 SGB V die Möglichkeit, innerhalb von drei Monaten nach Rechtskraft des Scheidungsurteils der Krankenversicherung seines früheren Partners beizutreten, und hat dann Beiträge zu zahlen, deren Höhe sich nach seinem Unterhalt bemisst. Diese Beiträge sind im Quotenunterhalt nicht enthalten und von dem Unterhaltsverpflichteten deshalb zusätzlich zu zahlen.[141] Das gilt auch beim **Wegfall der Beihilfeberechtigung** im öffentlichen Dienst für die dann wesentlich höheren Kosten der privaten Krankenversicherung. Allerdings werden diese Kosten bei der Ermittlung des bereinigten Nettoeinkommens des Unterhaltspflichtigen ebenso wie seine eigenen diesbezüglichen Kosten vorweg abgezogen, so dass der Unterhaltsberechtigte die Kosten im Ergebnis in Höhe seiner Unterhaltsquote mitträgt.

Beispiel:

Einkommen des Unterhaltspflichtigen nach Steuern und Sozialabgaben	2.600,00 EUR
./. 5 % berufsbedingte Aufwendungen	130,00 EUR
./. Unterhalt für 1 Kind im Alter von 5 Jahren nach Abzug von 97,00 EUR Kindergeld	286,00 EUR
./. Krankenversicherungskosten Unterhaltsberechtigter	130,00 EUR
	2.054,00 EUR
./. 1/7 Erwerbstätigenbonus	93,43 EUR
Bereinigtes Nettoeinkommen	1.760,57 EUR
Hiervon 1/2 für den nicht erwerbstätigen Ehepartner	880,29 EUR

Ließe man die Krankenversicherungskosten des Unterhaltsberechtigten bei der Ermittlung des bereinigten Nettoeinkommens des Unterhaltspflichtigen unberücksichtigt, würde sich dieses Einkommen zwar um 130 EUR und der Unterhaltsanspruch seines Ehegatten auf 936 EUR erhöhen, doch müsste er davon seine Krankenversicherungskosten dann selbst bezahlen und behielte nur 806 EUR übrig.

197 Gleiches gilt für den **Altersvorsorgeunterhalt**, der danach bemessen wird, welches – fiktive – Bruttoeinkommen aus Erwerbstätigkeit der an sich geschuldete Unterhalt ohne den Krankenversicherungs- und Vorsorgeunterhalt darstellen würde. Die Umrechnung erfolgt mit Hilfe der **Bremer Tabelle**, die von dem *OLG Bremen* entwickelt worden ist und wegen der laufenden Änderung der Beitragsbemessungsgrenzen und der Beitragssätze in der Sozialversicherung regelmäßig auf den neuesten Stand gebracht wird. Aus dem sich danach ergebenden „Bruttoeinkommen" (Bruttobemessungsgrundlage) wird dann mit dem jeweils geltenden Beitragssatz der gesetzlichen Rentenversicherung (derzeit ab Januar 2018: 18,6 %) der Vorsorgeunterhalt errechnet.

---

[141] BGH NJW 1983, 1552.

IV. Die ehelichen Lebensverhältnisse als Maßstab für die Höhe des Unterhalts

Beispiel:

Bereinigtes Nettoeinkommen des Unterhaltspflichtigen wie im vorigen Beispiel	1.760,57 EUR
1/2 hiervon als vorläufiger Ehegattenunterhalt = Nettobemessungsgrundlage	880,29 EUR
Zuschlag nach Bremer Tabelle 13 %	114,44 EUR
Bruttobemessungsgrundlage also	994,73 EUR
18,6 % hieraus als Altersvorsorgeunterhalt	185,02 EUR

Dieser Vorsorgeunterhalt ist auch dann zu zahlen, wenn der Unterhaltsberechtigte aufgrund einer versicherungspflichtigen Tätigkeit schon eigene Versorgungsanwartschaften erwirbt und nur noch einen Aufstockungsunterhalt beanspruchen kann. Denn er kann zwar durch weitere freiwillige Beiträge in der gesetzlichen Rentenversicherung nur noch eine Höherversicherung erreichen, aus der keine dynamischen Versorgungsansprüche mehr erwachsen, doch sind ihm daneben durchaus auch andere Vorsorgemöglichkeiten gestattet. Wird der Altersvorsorgeunterhalt allerdings nicht bestimmungsgemäß verwendet, kann der Unterhaltspflichtige verlangen, die Leistung direkt an den Versicherungsträger erbringen zu dürfen.[142] **198**

Da der Vorsorgeunterhalt ebenso wie die Krankenversicherungskosten vorweg von dem verfügbaren Nettoeinkommen des Unterhaltspflichtigen in Abzug gebracht[143] und der Quotenunterhalt zur Deckung des laufenden Lebensunterhalts (**Elementarunterhalt**) nur noch aus dem danach verbleibenden Einkommen des Unterhaltspflichtigen errechnet wird, decken die hierfür verbleibenden Mittel, wie sich an der Beispielsrechnung → Rn. 196 nach Abzug des vorstehend errechneten Altersvorsorgeunterhalts von 185,02 EUR ablesen lässt, oft nicht einmal mehr den angemessenen Selbstbehalt von 1.200 EUR. In diesen Fällen geht dann der Elementarunterhalt dem Vorsorgeunterhalt vor, sodass letzterer entweder gekürzt werden oder ganz entfallen muss.[144] Für den Krankenversicherungsunterhalt gilt dies nicht, weil er einen Teil des vorrangig zu befriedigenden gegenwärtigen Unterhaltsbedarfs darstellt.[145] Nötigenfalls muss deshalb der Gesamtunterhalt in einer den Interessen beider Parteien gerecht werdenden Art und Weise auf die beiden Unterhaltsbestandteile Elementarunterhalt und Krankenversicherungsunterhalt verteilt werden. **199**

---

[142] BGH NJW 1983, 1547.
[143] BGH NJW 1980, 934.
[144] BGH NJW 1987, 2229 (2231).
[145] BGH NJW-RR 1989, 386.

D. Ehegattenunterhalt

V. Die Unterhaltsbedürftigkeit des Unterhaltsberechtigten

1. Eigene Einkünfte

200 Eigene Erwerbseinkünfte des Unterhaltsberechtigten vermindern seine Unterhaltsbedürftigkeit. Wurden die ehelichen Lebensverhältnisse schon von den Erwerbseinkünften beider Ehepartner geprägt (sog. **Doppelverdienerehe**), wird die gleichmäßige Teilhabe hieran dadurch gewährleistet, dass der Unterhalt mit der für richtig gehaltenen Quote nur noch aus der Differenz der beiderseitigen bereinigten Nettoeinkünfte errechnet wird.[146] Wegen der Art und Weise der Berechnung kann auf das Beispiel in → Rn. 192 verwiesen werden.

201 Nichts anderes gilt aber nach der Rechtsprechung des BGH auch dann, wenn einer der Ehepartner während der Ehe nicht oder nur teilweise erwerbstätig war (**Hausfrauen- oder Hausmannehe**) und erst – früher oder später – nach der Ehescheidung eine ihm obliegende Erwerbstätigkeit aufnimmt. Denn seine haushaltführende Tätigkeit hat sich selbstverständlich ebenso prägend auf die ehelichen Lebensverhältnisse ausgewirkt wie die Erwerbseinkünfte des anderen Ehepartners. Tritt an die Stelle seiner haushaltführenden Tätigkeit eine ihm obliegende Erwerbstätigkeit, sind die hieraus erzielten Einkünfte deshalb ebenfalls als eheprägend anzusehen und in die Differenzrechnung einzustellen.[147]

2. Unzumutbare Einkünfte

202 Nimmt ein Ehegatte dagegen in der Zeit der Trennung oder auch nach der Scheidung der Ehe eine Erwerbstätigkeit auf, obwohl er dazu nicht verpflichtet wäre, so können diese **unzumutbaren Einkünfte** nicht ebenso wie Einkünfte aus einer zumutbaren Tätigkeit zu einer Entlastung des Unterhaltspflichtigen führen. Vielmehr verbleiben derartige Einkünfte dem Unterhaltsberechtigten gemäß der allein auf diese Fälle anzuwendenden Vorschrift des § 1577 Abs. 2 S. 1 BGB ohne jede Anrechnung, soweit der Verpflichtete nicht den vollen Unterhalt leistet.[148] Dies ist bei der Zahlung von Quotenunterhalt hinsichtlich eines eventuellen trennungsbedingten Mehrbedarfs[149] regelmäßig nicht der Fall, so dass das Einkommen aus unzumutbarer Tätigkeit ebenso wie anderes nicht anzurechnendes Einkommen im Beispiel → Rn. 194 anrechnungsfrei bleibt.

203 Über das anrechnungsfreie Einkommen hinausgehende Einkünfte sind nach § 1577 Abs. 2 S. 2 BGB nur insoweit anzurechnen, als dies unter Berücksichtigung der beiderseitigen wirtschaftlichen Verhältnisse der Billigkeit entspricht. Da es sich um überobligationsmäßige Einkünfte handelt, gelten hierfür die oben in → Rn. 186 dargestellten Grundsätze entsprechend. Bei unzumutbarer Arbeit trotz Versorgung der Kinder sollten dem Unterhaltsberechtigten allerdings auch noch

---

[146] **Differenzmethode** – BGH NJW 1982, 2439.
[147] BGH NJW 2001, 2254.
[148] BGH NJW 1983, 933.
[149] S. dazu → Rn. 193 ff.

V. Die Unterhaltsbedürftigkeit des Unterhaltsberechtigten

die tatsächlichen Kosten einer Kinderbetreuung während seiner Erwerbstätigkeit vorab belassen werden.

Beispiel *(im Anschluss an das Beispiel → Rn. 194)*:

Eigenes Einkommen aus zumutbarer Teilzeitarbeit	399 EUR
Bezahlter Quotenunterhalt	184 EUR
Trennungsbedingter Mehrbedarf (nachgewiesen)	701 EUR
Voller Unterhaltsbedarf	1.284 EUR
Eigenes Einkommen aus wegen Kinderbetreuung unzumutbarer Mehrarbeit, davon anrechnungsfrei:./. für nicht gedeckten Unterhalt	800 EUR 701 EUR
./. für Kinderbetreuung	100 EUR
hiervon auf den vollen Bedarf von	1.284 EUR
anzurechnen	0 EUR
Noch zu zahlender Unterhalt unverändert	184 EUR

3. Sonstige Einkünfte

Bei sonstigen Einkünften, also insbesondere **Vermögenserträgen** wie Mieteinnahmen oder Zinserträgen, ist zunächst darauf zu achten, dass sie dem bereinigten Nettoeinkommen erst nach Abzug des Erwerbstätigenbonus in voller Höhe hinzugerechnet werden, weil der Bonus ausschließlich den Einkünften aus Erwerbstätigkeit vorbehalten ist. Im Übrigen kommt es auch bei den sonstigen Einkünften darauf an, ob und inwieweit sie schon die ehelichen Lebensverhältnisse geprägt haben oder unabhängig davon angefallen sind. Denn im ersteren Falle sind sie bei der Bemessung des Unterhaltsbedarfs zu berücksichtigen und deshalb wie Erwerbseinkünfte in die Differenzrechnung einzustellen, im letzteren Falle dagegen als den Bedarf bereits (teilweise) deckend in voller Höhe auf den Quotenunterhalt anzurechnen (**Anrechnungsmethode**).

204

Beispiel:

(Variante 1)	
Bereinigtes Nettoeinkommen des Unterhalts**pflichtigen**	1.800 EUR
Mieteinnahmen des Unterhalts**berechtigten** aus **während der Ehe** geerbtem Haus	500 EUR
eheprägende Einkünfte	2.300 EUR
hiervon 1/2 als Unterhaltsbedarf	1.150 EUR
./. Mieteinnahmen des Unterhaltsberechtigten	500 EUR
verbleibender Unterhaltsanspruch	650 EUR
(Variante 2)	
Bereinigtes Nettoeinkommen des Unterhalts**pflichtigen**	1.800 EUR
eheprägende Einkünfte des Unterhalts**berechtigten**	0 EUR
eheprägende Einkünfte	1.800 EUR
hiervon 1/2 als zu zahlender Unterhalt	900 EUR
./. Mieteinnahmen des Unterhaltsberechtigten aus **nach der Ehescheidung** geerbtem Haus	500 EUR
zu zahlender Unterhalt	400 EUR

In den Fällen der Variante 2, in denen es in voller Höhe zu einer Anrechnung der eigenen Einkünfte des Unterhaltsberechtigten auf seinen Quotenunterhalt kommt, ist, wie oben in

→ Rn. 193 f. schon im Einzelnen dargelegt wurde, bei der Ermittlung des Unterhaltsbedarfs vor allem ein eventueller trennungsbedingter Mehrbedarf zu prüfen.

4. Vermögensstamm

205 Schließlich muss der Unterhaltsberechtigte nötigenfalls auch den **Vermögensstamm** für seinen Unterhalt einsetzen, bevor er den anderen Ehepartner auf Unterhalt in Anspruch nimmt. Gemäß § 1577 Abs. 3 BGB gilt dies allerdings nicht, soweit die Verwertung unwirtschaftlich oder unter Berücksichtigung der beiderseitigen wirtschaftlichen Verhältnisse unbillig wäre. „Unwirtschaftlich" wäre eine Verwertung zum Beispiel dann, wenn Immobilien oder Wertpapiere wegen ungünstiger Marktverhältnisse nur unter erheblichen Verlusten verkauft werden könnten, „unbillig" wäre sie, wenn auch der Unterhaltspflichtige über Vermögen verfügt und den Unterhalt ohne weiteres aus seinen laufenden Einkünften bezahlen kann. In Betracht zu ziehen ist in diesem Zusammenhang auch eine Obliegenheit zur **Umschichtung von Vermögen** mit dem Ziel, höhere Erträge zu erwirtschaften. Allerdings muss sich die tatsächliche Anlage des Vermögens als eindeutig unwirtschaftlich darstellen, ehe der Unterhaltsberechtigte auf eine andere Anlageform und daraus erzielbare Beträge verwiesen werden kann. Beim Kauf einer Eigentumswohnung oder eines Hauses kann dies nach Auffassung des BGH selbst dann der Fall sein, wenn das Wohnen in einer eigenen Wohnung oder einem eigenen Haus dem ehelichen Lebensstandard entsprach.[150]

206 War zum Zeitpunkt der Ehescheidung zu erwarten, dass der Unterhalt des Berechtigten aus seinem Vermögen nachhaltig gesichert sein würde, fällt das Vermögen aber später weg, so entsteht dadurch kein Anspruch auf Unterhalt. Dies gilt gemäß § 1577 Abs. 4 BGB jedoch nicht, wenn im Zeitpunkt des Vermögenswegfalls von dem Ehepartner wegen der Pflege oder Erziehung eines gemeinschaftlichen Kindes eine Erwerbstätigkeit nicht erwartet werden kann.

VI. Die Leistungsfähigkeit des Unterhaltspflichtigen und die Rangfolge der Unterhaltsberechtigten

1. Leistungsfähigkeit

207 Kann der Unterhaltsverpflichtete nach seinen Erwerbs- und Vermögensverhältnissen unter Berücksichtigung seiner sonstigen Verpflichtungen dem Berechtigten nicht ohne Gefährdung des eigenen angemessenen Unterhalts den vollen Unterhalt einschließlich eines trennungsbedingten Mehrbedarfs zahlen, was im Hinblick auf die realen Einkommensverhältnisse in aller Regel der Fall sein dürfte, so braucht er gemäß § 1581 S. 1 BGB nur insoweit Unterhalt zu leisten, als dies mit Rücksicht auf die Bedürfnisse und die Erwerbs- und Vermögensverhältnisse des geschiedenen Ehepartners der Billigkeit entspricht. Den **Stamm seines Vermögens** braucht er ebenso wie der Unterhaltsberechtigte nicht zu verwerten, soweit die

---

[150] BGH NJW 2006, 1794.

VI. Die Leistungsfähigkeit des Unterhaltspflichtigen

Verwertung unwirtschaftlich oder unter Berücksichtigung der beiderseitigen wirtschaftlichen Verhältnisse unbillig wäre. Da der eigene angemessene Unterhalt mit dem eheangemessenen Unterhalt nach § 1578 Abs. 1 S. 1 BGB gleichzusetzen ist[151], ist es nach allgemeiner Meinung der **Quotenunterhalt,** der der Billigkeit im Sinne dieser Vorschrift entspricht. Sinkt dieser im Verhältnis zu dem unterhaltsberechtigten Ehepartner unter den angemessenen Selbstbehalt ab, ist die absolute Grenze der Leistungsfähigkeit des Unterhaltspflichtigen bei einem Wert zwischen angemessenem und notwendigem Selbstbehalt erreicht. Denn es entspräche nicht der „Billigkeit", dem Unterhaltspflichtigen im Verhältnis zu seinem Ehepartner nur den notwendigen Selbstbehalt zu belassen, und zwar auch dann nicht, wenn der Ehepartner seinerseits nicht einmal diesen notwendigen Selbstbehalt zur Verfügung hat.[152] Diese Untergrenze liegt nach der Düsseldorfer Tabelle derzeit bei 1.200 EUR monatlich.

Hat der Unterhaltspflichtige seine teilweise oder vollständige **Leistungsunfähigkeit selbst herbeigeführt,** indem er zum Beispiel die Zahl seiner Arbeitsstunden herabsetzt oder ein bestehendes Arbeitsverhältnis kündigt, kann er sich hierauf nur dann berufen, wenn er dies nicht aus einer unterhaltsrechtlich verantwortungslosen oder zumindest leichtfertigen Haltung heraus getan hat.[153] Gemildert werden die Folgen dieser Rechtsprechung für den Unterhaltsberechtigten dadurch, dass der Unterhaltspflichtige berufliche Veränderungen erst verwirklichen darf, wenn er etwa durch Bildung von Rücklagen oder durch Aufnahme eines Kredits sichergestellt hat, dass er seine Unterhaltspflichten jedenfalls vorerst auch bei geringeren Einkünften in der bisherigen Höhe erfüllen kann.[154]

Zu den „sonstigen Verpflichtungen" des Unterhaltsschuldners, die bei der Überprüfung seiner Leistungsfähigkeit zu berücksichtigen sind, gehören insbesondere auch seine **Unterhaltsverpflichtungen,** für die das Gesetz eine feste **Rangfolge** geschaffen hat.

Danach stehen die minderjährigen unverheirateten Kinder und die volljährigen privilegierten Kinder im 1. Rang, Elternteile, die wegen der Betreuung eines Kindes unterhaltsberechtigt sind sowie Ehegatten und geschiedene Ehegatten bei einer Ehe von langer Dauer im 2. Rang. Im 3. Rang folgen diejenigen Ehegatten und geschiedenen Ehegatten, die nicht im 2. Rang stehen, und erst im 4. Rang die volljährigen, nicht privilegierten Kinder. Da in dieser Rangfolge immer erst die Ansprüche der vorrangig Berechtigten in voller Höhe zu erfüllen sind, kann sich der Unterhaltsschuldner nicht einmal dann auf seine Verpflichtungen gegenüber nachrangig Berechtigten berufen, wenn diese schon einen Unterhaltstitel gegen ihn erwirkt haben. Dies führt in den meisten Fällen dazu, dass nur die Ansprüche der minderjährigen unverheirateten und der ihnen gleich gestellten privilegiert volljährigen Kinder sowie der im 2. und 3. Rang stehenden Ehegatten befriedigt werden können, während die nachrangigen volljährigen Kinder in Ausbildung oft schon teilweise oder sogar ganz leer ausgehen. Sind allerdings ausreichende finanzielle Mittel zur Deckung der Unterhaltsansprüche aller Kinder und des geschiedenen Ehegatten vorhanden, dann wird der Unterhalt auch der an sich nachrangigen volljährigen Kinder bei der Ermittlung des Unterhalts des geschiedenen Ehegatten vorweg von dem Einkommen des Unterhaltspflichtigen

---

[151] BGH NJW 2006, 1654.
[152] BGH 2006, 1654.
[153] BGH NJW 2008, 1525; BGH NJW 2003, 3122.
[154] BGH FamRZ 1987, 372.

in Abzug gebracht, weil er den Eltern auch schon während ihres Zusammenlebens nicht zur Verfügung gestanden und deshalb ihre eigenen Lebensverhältnisse nicht geprägt hat.[155]

211 Bei einer **Wiederverheiratung** des unterhaltspflichtigen Ehegatten besteht gemäß § 1609 Nr. 2 BGB zwischen dem von ihm geschiedenen und seinem neuen Ehegatten Gleichrang, sofern beide wegen der Betreuung eines Kindes des Unterhaltspflichtigen unterhaltsberechtigt sind oder die geschiedene Ehe von langer Dauer war und der neue Ehegatte wegen der Betreuung eines Kindes unterhaltsberechtigt ist. Bei der Feststellung der langen Dauer einer Ehe sind auch Nachteile durch die Betreuung von gemeinsamen Kindern oder die Rollenverteilung bei Berufstätigkeit und Haushaltsführung zu berücksichtigen. Besteht zwischen einem geschiedenen und dem neuen Ehegatten Gleichrang, dann ändert sich, wie oben → Rn. 185 dargelegt, zwar nichts am Bedarf des unterhaltsberechtigten geschiedenen Ehegatten, in der Regel aber wohl etwas an der Leistungsfähigkeit des Unterhaltspflichtigen. Denn dann müssen die über seinen Selbstbehalt von 1.200 EUR monatlich hinausgehenden finanziellen Mittel (Verteilungsmasse) im Verhältnis der individuellen Bedarfsbeträge der beiden konkurrierenden Ehegatten auf sie verteilt werden. Die vom BGH in diesen Fällen ohne Rücksicht auf die Rangverhältnisse angewandte Dreiteilung der vorhandenen Mittel (sog. Drittelmethode) hat das BVerfG für verfassungswidrig erklärt.[156]

2. Verbindlichkeiten

212 „Sonstige Verpflichtungen" im Sinne des § 1581 BGB sind schließlich **anderweitige Verbindlichkeiten** des Unterhaltsschuldners, denen gegenüber die zuvor erörterten Unterhaltsansprüche nicht einmal Vorrang genießen. Vielmehr ist ein Ausgleich der Belange aller Gläubiger des Unterhaltsschuldners erforderlich[157], wobei allerdings leichtfertig und nur für luxuriöse Zwecke eingegangene Verbindlichkeiten unberücksichtigt bleiben. Ob der Unterhaltsschuldner einem Unterhaltsgläubiger seine Verbindlichkeiten entgegenhalten kann, hängt infolgedessen vor allem von dem Zweck der eingegangenen Verbindlichkeit und dem Zeitpunkt ab, in dem sie begründet worden ist. Kannte der Unterhaltsschuldner bei Eingehung der Verbindlichkeit seine Unterhaltsverpflichtungen, bedarf es für ihre Anerkennung besonderer Gründe, war der Unterhaltsberechtigte mit der Eingehung der Verbindlichkeiten einverstanden, wird er sie sich in aller Regel auch entgegenhalten lassen müssen.[158] Schulden, die der **Vermögensbildung** dienen, können nicht berücksichtigt werden, weil die Erfüllung der Unterhaltspflichten gegenüber der Vermögensbildung vorrangig ist. Desgleichen sind Schulden, die zur Deckung allgemeiner Lebenshaltungskosten aufgenommen worden sind, also insbesondere für die Anschaffung von Hausrat, Möbeln oder Unterhaltungselektronik, nicht absetzbar, es sei denn, die Anschaffung war auch nach Durchführung der Hausratsteilung unbedingt notwendig.

---

[155] BGH NJW 1990, 2886.
[156] NJW 2011, 836; s.o. → Rn. 182.
[157] BGH NJW 1982, 380.
[158] BGH NJW 1982, 232.

VII. Begrenzung und Befristung des Unterhaltsanspruchs

Trennungsbedingter Mehrbedarf ist dagegen ebenso wie bei dem Unterhaltsberechtigten zu berücksichtigen, wenn er konkret belegt wird. Insoweit gilt für den Unterhaltspflichtigen nichts anderes als für den Unterhaltsberechtigten. Während die Rechtsprechung bislang davon ausging, dass die Kosten der **Ausübung des Umgangsrechtes** mit den gemeinschaftlichen Kindern im allgemeinen nicht berücksichtigt werden können, oder jedenfalls nur dann, wenn hierfür über den notwendigen Selbstbehalt hinaus keine Mittel, wie zB das Kindergeld, zur Verfügung stehen[159], hat der BGH nunmehr entschieden, dass Umgangskosten seit der Neuregelung der Anrechnung des hälftigen Kindergeldes auf den zu leistenden Kindesunterhalt wegen der hiermit verbundenen Erhöhung des Ehegattenunterhalts durch einen – teilweisen – Abzug vom Einkommen oder eine Erhöhung des Ehegattenselbstbehalts berücksichtigt werden können.[160] 213

Berücksichtigungsfähige Schulden können im Übrigen nur mit angemessenen Tilgungsraten in die Ermittlung des bereinigten Nettoeinkommens eingestellt werden und müssen zu diesem Zweck nötigenfalls umfinanziert werden. Auf der anderen Seite müssen dem Unterhaltspflichtigen auf alle Fälle so viel Mittel verbleiben, dass er ein Anwachsen der Schulden verhindern kann.[161] 214

Die **Darlegungs- und Beweislast** für die nach Auffassung des Unterhaltspflichtigen zu berücksichtigenden Schulden liegt bei ihm, weil er damit eine Minderung seiner Leistungsfähigkeit geltend macht.[162] 215

VII. Begrenzung und Befristung des Unterhaltsanspruchs

Der Unterhaltsanspruch des geschiedenen Ehegatten ist gemäß § 1578b Abs. 1 BGB S. 1 auf den „angemessenen" Lebensbedarf herabzusetzen, wenn eine an den ehelichen Lebensverhältnissen orientierte Bemessung des Unterhaltsanspruchs auch unter Wahrung der Belange eines dem Berechtigen zur Pflege oder Erziehung anvertrauten gemeinschaftlichen Kindes unbillig wäre. Dabei ist nach S. 2 und 3 der Vorschrift insbesondere zu berücksichtigen, inwieweit durch die Ehe Nachteile im Hinblick auf die Möglichkeit eingetreten sind, für den eigenen Unterhalt zu sorgen (**ehebedingte Nachteile**). Solche Nachteile können sich vor allem aus der Dauer der Pflege oder Erziehung eines gemeinschaftlichen Kindes, aus der Gestaltung von Haushaltsführung und Erwerbstätigkeit während der Ehe sowie aus der Dauer der Ehe ergeben. Gemäß § 157b Abs. 2 BGB ist der Unterhaltsanspruch des geschiedenen Ehegatten außerdem zeitlich zu begrenzen, wenn ein zeitlich unbegrenzter Unterhaltsanspruch auch unter Wahrung der Belange eines dem Berechtigten zur Pflege oder Erziehung anvertrauten gemeinschaftlichen Kindes unbillig wäre. Bei der Prüfung dieser Frage sind insbesondere die in § 1578b Abs. 1 S. 2 und 3 BGB genannten Kriterien zu berücksichtigen. Nach Abs. 3 der Vorschrift können schließlich die Herabsetzung und die zeitliche Begrenzung des Unterhaltsanspruchs auch miteinander verbunden werden. Diese Regelungen gelten für alle Unterhaltstatbestände, wobei eine bei einer Befristung des Unterhaltsanspruchs möglicherweise eintretende Sozialleistungsbedürftigkeit 216

---
[159] BGH FamRZ 2005, 706.
[160] BGH NJW 2009, 2592.
[161] BGH NJW 1982, 1641.
[162] BGH NJW-RR 1990, 323.

des unterhaltsberechtigten Ehegatten die Befristung seines Unterhaltsanspruchs nicht ausschließt[163].

217 Bei einem Unterhaltsanspruch wegen Kindesbetreuung kommt eine Befristung in der Regel allerdings nicht in Betracht, weil sie eine sichere Prognose voraussetzt, von welchem Zeitpunkt an eine vollständige Drittbetreuung des oder der Kinder gewährleistet ist. Eine solche Prognose ist aber angesichts der mit der Entwicklung der Kinder verbundenen Unwägbarkeiten nicht möglich. Zudem erfolgt schon bei der Entscheidung über den Betreuungsunterhalt eine umfassende Billigkeitsabwägung, so dass für weitere Billigkeitsgesichtspunkte iSd § 1578b BGB kein Raum mehr ist.[164]

218 Bei einem Unterhaltsanspruch wegen Alters wird es vor allem darauf ankommen, wie lange die Scheidung der Ehe zurückliegt, und ob die geschiedene Ehe von langer Dauer war, inwieweit also der unterhaltsberechtige Ehegatte ehebedingte Nachteile ausgleichen konnte. Bei einem Unterhaltsanspruch wegen Krankheit wird die Krankheit als solche regelmäßig keinen ehebedingten Nachteil darstellen, sondern schicksalhaft sein. Infolgedessen ist auch bei diesem Unterhaltsanspruch zunächst nach den ehebedingten Nachteilen, dann aber auch danach zu fragen, inwieweit das im Einzelfall gebotene Maß nachehelicher Solidarität auch ohne ehebedingte Nachteile eine Fortdauer der Unterhaltspflicht zu rechtfertigen vermag. Dabei sind vor allem die in § 1578b Abs. 1 S. 3 BGB aufgeführten Gesichtspunkte zu berücksichtigen.[165]

219 Ein Unterhaltsanspruch wegen Erwerbslosigkeit wird häufig auf ein Aussetzen der Berufstätigkeit wegen Kindererziehung oder die Rollenverteilung in der Haushaltsführung zurückzuführen und deshalb ehebedingt sein. Bis zu welchem Zeitpunkt die dadurch entstandenen Nachteile ausgeglichen sein werden, lässt sich nur schwer prognostizieren, weshalb eine Befristung dieses Unterhaltsanspruchs wiederum kaum in Betracht kommen dürfte. In der Praxis am häufigsten stellt sich die Frage nach einer Herabsetzung und zugleich einer Befristung deshalb bei dem Anspruch auf **Aufstockungsunterhalt**, weil er auf den Erhalt der Lebensstandardgarantie gerichtet ist, der Gesetzgeber das dem Unterhaltsrecht ursprünglich zugrundeliegende Konzept einer Lebensstandardgarantie für den geschiedenen Ehegatten aber mit dem Unterhaltsänderungsgesetz 2007 aufgegeben hat. Beruht die Einkommensdifferenz zwischen den Ehegatten auf fortwirkenden ehebedingten Nachteilen zu Lasten des Unterhaltsberechtigten, kommt allerdings eine zeitliche Befristung auch des Aufstockungsunterhalts in der Regel nicht einmal bei kurzer Ehedauer in Betracht.[166]

220 Andererseits steht auch eine lange Ehedauer von mehr als 20 Jahren bei Fehlen ehebedingter Nachteile einer Befristung nicht entgegen, es sei denn, es wäre für den unterhaltsbedürftigen Ehegatten namentlich unter Berücksichtigung seines Alters im Scheidungszeitpunkt unzumutbar, sich dauerhaft auf den niedrigeren Lebensstandard, der seinen eigenen beruflichen Möglichkeiten entspricht, einzurichten.[167]

221 Als Maßstab für den **angemessenen Bedarf** im Unterschied zu dem Bedarf nach den ehelichen Lebensverhältnissen dient im Allgemeinen diejenige – fortge-

---

[163] BGH NJW 2011, 1285 Rn. 26 und NJW 2010, 2953.
[164] BGH NJW 2009, 1876.
[165] BGH NJW 2011, 300 und 1285.
[166] BGH-RR 2008, 1.
[167] BGH NJW FamRZ 2006, 1006.

schriebene – Lebensstellung, die der Unterhaltsberechtigte vor der Ehe hatte oder ohne die Ehe erreicht hätte. Dabei folgt aus dem Begriff der Angemessenheit zugleich, dass es sich dabei mindestens um einen Bedarf handeln muss, der das Existenzminimum erreicht.[168]

Wo die **zeitliche Grenze** für die Befristung der Unterhaltsansprüche zu ziehen ist, lässt sich weder dem Gesetz noch seiner Begründung entnehmen und wegen der Vielfalt der denkbaren Fallkonstellationen auch nicht generell festlegen. Vielmehr ist sie unter Abwägung aller maßgeblichen Gesichtspunkte in jedem Einzelfall besonders zu bestimmen. Dabei ist entsprechend dem Gesetzeszweck darauf abzustellen, welche Zeit dem Unterhaltsberechtigten zuzubilligen ist, um sich auf die neue Lebenssituation einzustellen. Da die Herabsetzung und zeitliche Befristung des Unterhaltsanspruchs eine Ausnahme von der Regel darstellt, trägt die **Darlegungs- und Beweislast** für das Vorliegen ihrer Voraussetzungen der Unterhaltsverpflichtete.[169] 222

VIII. Ausschluss und Ende des Unterhaltsanspruchs

1. Grundlagen

Nach § 1579 BGB kann ein **Unterhaltsanspruch versagt, herabgesetzt oder zeitlich begrenzt** werden, soweit die Inanspruchnahme des Verpflichteten auch unter Wahrung der Belange eines dem Berechtigten zur Pflege oder Erziehung anvertrauten gemeinschaftlichen Kindes aus den nachstehend aufgeführten Gründen grob unbillig wäre, nämlich weil 223

- die Ehe von kurzer Dauer war; dabei ist die Zeit zu berücksichtigen, in welcher der Berechtigte wegen der Pflege oder Erziehung eines gemeinschaftlichen Kindes nach § 1570 BGB Unterhalt verlangen kann (vgl. unten a)),
- der Berechtigte in einer verfestigten Lebensgemeinschaft lebt (vgl. unten b))
- der Berechtigte sich eines Verbrechens oder eines schweren vorsätzlichen Vergehens gegen den Verpflichteten oder einen nahen Angehörigen des Verpflichteten schuldig gemacht hat (vgl. unten c)),
- der Berechtigte seine Bedürftigkeit mutwillig herbeigeführt hat (vgl. unten d)),
- der Berechtigte sich über schwerwiegende Vermögensinteressen des Verpflichteten mutwillig hinweggesetzt hat (vgl. unten e)),
- der Berechtigte vor der Trennung längere Zeit hindurch seine Pflicht, zum Familienunterhalt beizutragen, gröblich verletzt hat (vgl. unten f)),
- dem Berechtigten ein offensichtlich schwerwiegendes, eindeutig bei ihm liegendes Fehlverhalten gegen den Verpflichteten zur Last fällt (vgl. unten g)), oder
- ein anderer Grund vorliegt, der ebenso schwer wiegt wie die in den Nummern 1 bis 7 aufgeführten Gründe (vgl. unten h)).

Die Vorschrift ist neben dem vorstehend unter Ziff. 6 erörterten § 1578b BGB anwendbar, setzt jedoch eine „grobe" Unbilligkeit statt einer bloßen Unbilligkeit voraus. Andererseits kommt bei Vorliegen der Tatbestandsvoraussetzungen dieser 224

---

[168] BGH NJW FamRZ 2009, 1990.
[169] BGH FamRZ 2008, 134.

Vorschrift auch eine sofortige, völlige Versagung des Unterhaltsanspruchs in Betracht, während § 1578b BGB nur eine Herabsetzung und/oder zeitliche Begrenzung des Anspruchs vorsieht.

Zu den einzelnen Gründen ist zu bemerken:

a) Kurze Ehedauer

225 Als **Ehe von kurzer Dauer** ist eine Ehe zu verstehen, die rechtlich, also von der Eheschließung bis zur Einreichung des Scheidungsantrags, nicht länger als zwei Jahre gedauert hat. Darauf, wie lange das Ehepaar tatsächlich zusammengelebt hat, kommt es also nicht an. Vielmehr ist auch die Trennungszeit in die Berechnung einzubeziehen. Eine Ehe, die in diesem Sinne mehr als drei Jahre gedauert hat, kann dagegen in der Regel nicht mehr als kurz bezeichnet werden.[170] Bei Ehen im Bereich zwischen zwei und drei Jahren kommt es vor allem darauf an, inwieweit die Ehepartner ihre Lebensführung schon aufeinander eingestellt, also zum Beispiel einen gemeinsamen Hausstand begründet, eine Arbeitsstelle aufgegeben oder einen Ortswechsel vorgenommen haben.

226 Die in der Zukunft zu erwartende Zeit der Pflege oder Erziehung eines gemeinschaftlichen Kindes ist entgegen dem Wortlaut der Vorschrift bei der Feststellung der Ehedauer nicht zu berücksichtigen, weil es sonst in Kinderbetreuungsfällen nie zur Anwendung dieser Vorschrift käme. Stattdessen ist zunächst nur auf die eigentliche Ehezeit abzustellen und, wenn diese als „kurz" zu beurteilen ist, anschließend die zur Wahrung der Belange des Kindes gesetzlich vorgesehene Abwägung vorzunehmen.[171]

b) Neue Partnerbeziehung

227 Lebt der unterhaltsberechtigte Ehegatte in einer neuen **verfestigten Lebensgemeinschaft iSd Nr. 2**, hat er sich damit endgültig aus der nachehelichen Solidarität mit dem früheren Ehegatten herausgelöst und soll ihn deshalb auch nicht mehr auf Unterhaltsleistungen in Anspruch nehmen können. Unter einer solchen verfestigten Lebensgemeinschaft ist eine auf Dauer angelegte, eheähnliche Gemeinschaft zu verstehen, die die Partner nach einem „probeweisen" Zusammenleben von zwei bis drei Jahren bewusst auch für ihre weitere Zukunft als Lebensform gewählt haben.[172] Indizien für eine solche Lebensgemeinschaft sind neben dem langjährigen Zusammenleben ein gemeinsames Wirtschaften, die Versorgung des neuen Partners, gemeinsame Freizeiten, der gemeinsame Kauf einer Eigentumswohnung, ein gemeinsames Kind und ähnliches. Diese Merkmale müssen jedoch nicht alle gleichzeitig vorliegen, sodass eine verfestigte Lebensgemeinschaft zum Beispiel auch dann angenommen werden kann, wenn die neuen Partner in getrennten Wohnungen leben und eine Wochenendbeziehung führen.[173] Halten die Partner ihre Lebensbereiche dagegen bewusst getrennt und verbringen sie ihre überwiegende Zeit jeweils dort, weil sie ein enges Zusammenleben – etwa aufgrund der in ihren bisherigen Partnerschaften gemachten Erfahrungen – nicht

---

[170] BGH NJW 2011, 1582 Rn. 37.
[171] BVerfG NJW 1989, 2807 und BGH FamRZ 1990, 492.
[172] BGH NJW 1989, 1083 (1086) und FamRZ 1997, 671.
[173] BGH FamRZ 1997, 671.

VIII. Ausschluss und Ende des Unterhaltsanspruchs

wünschen, dann wird ihre Gemeinschaft von ihrer Intensität her nur in den seltensten Fällen gleichwohl einem ehelichen Zusammenleben gleichgestellt werden können.[174] Entscheidend ist eine wertende Betrachtung aller maßgeblichen Umstände, wobei es nicht darauf ankommt, ob der Unterhaltsberechtigte eine intime Beziehung – auch in der Form einer nichtehelichen Lebensgemeinschaft – zu einem neuen Partner eingeht oder nicht.[175] Liegt eine verfestigte Lebensgemeinschaft vor, kann es für den Verpflichteten objektiv unzumutbar werden, den früheren Ehegatten unter derartig veränderten Lebensumständen gleichwohl weiterhin (uneingeschränkt) unterhalten zu müssen. In diesem Fall kann der Unterhaltsanspruch des Berechtigten herabgesetzt oder versagt, gegebenenfalls auch für eine bestimmte weitere Dauer zeitlich begrenzt werden, soweit die Inanspruchnahme des Verpflichteten – unter Wahrung der Belange gemeinschaftlicher Kinder – grob unbillig wäre. Bei der hiernach gebotenen Billigkeitsprüfung spielen dann die wirtschaftlichen Verhältnisse des neuen Partners des Berechtigten keine Rolle. Allerdings wird es als „grob unbillig" anzusehen sein, wenn die Partner einer festen Lebensgemeinschaft trotz einer ausreichenden Leistungsfähigkeit des neuen Partners nicht zu einer „ehegleichen ökonomischen Solidarität" – also zu einer Unterhaltsgemeinschaft – gelangen, in der der den Haushalt führende Partner wie in einer Ehe von dem anderen unterhalten wird. Gleiches gilt für den Fall, dass der Unterhaltsberechtigte nur deshalb von einer Eheschließung mit seinem neuen Partner absieht, weil er den Unterhaltsanspruch gegen seinen geschiedenen Ehegatten nicht verlieren will.[176]

c) Verbrechen oder Vergehen

Bei den genannten **Verbrechen** oder **schweren vorsätzlichen Vergehen** gegen den Unterhaltspflichtigen oder einen seiner nahen Angehörigen spielen vor allem Streitigkeiten in der Ehekrise mit schwerwiegenden Folgen wie Körperverletzungen und Nötigungen sowie betrügerische Machenschaften im Unterhaltsrechtsstreit eine Rolle. 228

d) Verschuldete Unterhaltsbedürftigkeit

Seine **Unterhaltsbedürftigkeit mutwillig herbeigeführt** hat der Berechtigte, wenn er zum Beispiel eine gebotene Erwerbstätigkeit aus unterhaltsbezogenen Gründen leichtfertig aufgibt oder nicht annimmt. Ebenso gehören die Fälle der **Alkohol- oder Drogenabhängigkeit** hierher[177], wobei es allerdings darauf ankommt, ob der Ehepartner noch die Einsicht und Fähigkeit hat, sich zum Beispiel einer Entziehungskur zu unterziehen. 229

---

[174] BGH NJW 2002, 217 (219).
[175] BGH FamRZ 2002, 810 (812).
[176] BGH NJW 2008, 57 Rn. 37.
[177] BGH NJW 1981, 2805.

D. Ehegattenunterhalt

e) Verletzung von Vermögensinteressen

230 Über **schwerwiegende Vermögensinteressen des Verpflichteten** setzt sich der Berechtigte zum Beispiel dann hinweg, wenn er diesen bei seinem Arbeitgeber anschwärzt und damit dessen Arbeitsplatz gefährdet oder den Ruf eines selbständig Tätigen durch wissentlich falsche oder leichtfertig unwahre Behauptungen schädigt. Typisch für diese Fallgruppe sind auch die – immer wieder angesprochenen – Anzeigen beim Finanzamt wegen Steuerhinterziehung. Aber auch das **Verschweigen** einer inzwischen aufgenommenen Erwerbstätigkeit und der hieraus erzielten **Einkünfte** kann hierher gehören, wenn es nicht sogar als Betrug und dann als ein Fall des § 1579 Nr. 2 BGB zu werten ist.[178] Gleiches gilt für das Verschweigen einer verfestigten Lebensgemeinschaft.

f) Unterhaltspflichtverletzung

231 Die Verletzung der **Pflicht, zum Familienunterhalt** beizutragen, muss nicht nur für eine längere Zeit vor der Trennung stattgefunden haben, sondern auch „gröblich" gewesen sein. Der verbreitete Vorwurf einer nachlässigen oder schlampigen Haushaltsführung reicht deshalb nicht aus mit der Folge, dass dieser Tatbestand in der Praxis kaum eine Rolle spielt.

g) Fehlverhalten gegen den Verpflichteten

232 Bei dem **offensichtlich schwerwiegenden, eindeutig beim Unterhaltsberechtigten liegenden Fehlverhalten** gegen den Verpflichteten stehen die Fälle im Vordergrund, in denen sich der unterhaltbegehrende Ehegatte noch während der Ehe gegen den Willen des anderen einem anderen Partner zugewandt hat. Da sich dies zugleich als ein eindeutig einseitiges Fehlverhalten des Unterhaltsberechtigten darstellen muss, ist eine detaillierte Untersuchung der Trennungsgründe einschließlich der wechselseitigen Vorwürfe unvermeidlich. Können Ursache und Vorwerfbarkeit der Eheverfehlung nicht geklärt werden, entfällt die Anwendung dieser Vorschrift, weshalb die Berufung hierauf die Ausnahme bilden sollte.

233 Eine gewisse Bedeutung gewinnt diese Vorschrift in der letzten Zeit in den Fällen einer hartnäckigen **Vereitelung des Umgangsrechts**.[179]

h) Sonstiger schwerwiegender Grund

234 Der vom Gesetzgeber schließlich noch gebildete allgemeine **Auffangtatbestand** eröffnet einen Ermessensspielraum, bei dem alle objektiven oder in der Person eines der Ehepartner liegenden Umstände unter Billigkeitsgesichtspunkten berücksichtigt werden können. Nachdem der Gesetzgeber mit dem am 1.1.2008 in Kraft getretenen Unterhaltsrechtsänderungsgesetz für die verfestigte Lebensgemeinschaft in Nr. 2 des § 1579 BGB einen eigenen, oben bereits erörterten Tatbestand geschaffen hat, der von der Rechtsprechung bis dahin nur im Rahmen des

---

[178] BGH NJW 2008, 2581.
[179] BGH FamRZ 2007, 882 Rn. 64.

VIII. Ausschluss und Ende des Unterhaltsanspruchs

Auffangtatbestandes der jetzigen Nr. 8 erfasst werden konnte, kommt der Vorschrift allerdings nur noch eine weit geringere Bedeutung als früher zu.

Liegt einer der unter a) bis h) erläuterten Tatbestände vor, ist immer noch zu prüfen, ob die Herabsetzung, zeitliche Begrenzung oder vollständige Versagung des Unterhalts unter Wahrung der Belange des dem Berechtigten zur Pflege oder Erziehung anvertrauten gemeinschaftlichen Kindes **grob unbillig** wäre. Dabei hat die Wahrung der Kindesbelange grundsätzlich Vorrang vor dem Interesse des Unterhaltspflichtigen an Einschränkungen oder einem Fortfall seiner Unterhaltslast[180]. Es soll nämlich verhindert werden, dass der betreuende Elternteil aus wirtschaftlicher Not das Kind zugunsten eigener Erwerbstätigkeit vernachlässigt. Auch die Zahlung des eheangemessenen Unterhalts kann dabei im Kindesinteresse geboten sein, zumal der Lebensstandard des Kindes nicht wegen eines elterlichen Fehlverhaltens absinken soll.[181] Eine grobe Unbilligkeit wird vor allem dann zu bejahen sein, wenn und soweit der Unterhaltsberechtigte auf die Unterhaltsleistungen nicht (mehr) besonders angewiesen ist, während sie den Unterhaltspflichtigen in besonderem Maße belasten. 235

2. Wiederheirat, Tod und Verzicht

Bei **Wiederheirat** oder **Tod** des Berechtigten erlischt dessen Unterhaltsanspruch (§ 1586 Abs. 1 BGB), bei dem Tod des Verpflichteten geht die Unterhaltspflicht dagegen auf den Erben als Nachlassverbindlichkeit über. Der Erbe haftet jedoch nicht über einen Betrag hinaus, der dem Pflichtteil entspricht, welcher dem Berechtigten zustünde, wenn die Ehe nicht geschieden worden wäre (§ 1586b Abs. 1 BGB). Eine Witwenrente für geschiedene Ehefrauen beziehungsweise einen Unterhaltsbeitrag nach beamtenversorgungsrechtlichen Bestimmungen gibt es seit dem Inkrafttreten des neuen Scheidungsrechts am 1.7.1977 nicht mehr, sodass für den Unterhaltsberechtigten bei einem Vorversterben des Unterhaltspflichtigen vor dem Erreichen einer eigenen Rentenversorgung eine empfindliche Versorgungslücke entstehen kann. 236

Ein Unterhaltsverzicht ist gemäß § 1585c BGB ausschließlich in Bezug auf den nachehelichen Unterhalt gemäß § 1585c BGB zulässig, in allen anderen Fällen dagegen gemäß § 1614 Abs. 1 BGB unzulässig. Auch kann nur dann zu einem solchen Verzicht geraten werden, wenn bei Abschluss des Vertrages keine Unterhaltsbedürftigkeit besteht und auch in absehbarer Zeit nicht damit zu rechnen ist. Geht nämlich ein Unterhaltsverzicht seinem objektiven Gehalt nach zu Lasten des Sozialhilfeträgers oder führt er unter Berücksichtigung eventueller weiterer Vereinbarungen zu einer evident einseitigen und durch die individuelle Gestaltung der ehelichen Lebensverhältnisse nicht gerechtfertigten Lastenverteilung, so kann er wegen Sittenwidrigkeit nichtig sein oder nach Treu und Glauben einer nachträglichen Korrektur bedürfen[182], womit die angestrebte Rechtssicherheit wieder verloren ginge. 237

---

[180] BVerfG NJW 1981, 1771 und BGH NJW 1998, 1309.
[181] BGH NJW 1983, 1552.
[182] BGH NJW 2004, 930.

IX. Abänderung des Unterhalts und Unterhalt für die Vergangenheit

1. Abänderung

238 Was die **Abänderung** des Ehegattenunterhalts betrifft, so gelten die diesbezüglichen Ausführungen zum Kindesunterhalt (→ Rn. 132 ff.) auch hier. Eine Abweichung ergibt sich lediglich insofern, als die Anpassung des Ehegattenunterhalts sehr viel enger an die Entwicklung des Einkommens des Unterhaltsberechtigten oder der Lebenshaltungskosten gekoppelt ist. Dies deshalb, weil die Unterhaltsbeträge für die Kinder bestimmten, relativ weit gespannten Einkommensgruppen zugeordnet sind und bei einer Einkommensentwicklung innerhalb der jeweiligen Einkommensgruppe unverändert bleiben. Beim Ehegattenunterhalt besteht dagegen schon bei jeder wesentlichen Änderung iSd → Rn. 133 ff. der Erläuterungen zum Kindesunterhalt ein Anpassungsanspruch.

2. Vergangenheit

239 Für die **Vergangenheit** kann Unterhalt gemäß § 1585b Abs. 2 BGB nach denselben Grundsätzen geltend gemacht werden, wie sie oben in → Rn. 142 ff. für den Kindesunterhalt dargelegt worden sind. Das bedeutet, dass rückständiger Unterhalt von dem Zeitpunkt an gefordert werden kann, in dem der Unterhaltspflichtige aufgefordert worden ist, zum Zwecke der Geltendmachung des Unterhaltsanspruchs Auskunft über seine Einkünfte und sein Vermögen zu erteilen oder **in Verzug** gekommen oder der Unterhaltsanspruch rechtshängig geworden ist. Da der Anspruch auf Trennungsunterhalt mit dem Anspruch auf nachehelichen Unterhalt nicht identisch ist, bedarf es für jeden dieser Ansprüche einer gesonderten Mahnung, wobei die Mahnung wegen nachehelichen Unterhalts erst nach Eintritt der Rechtskraft des Scheidungsurteils wirksam erfolgen kann.[183] Für eine mehr als ein Jahr vor der Rechtshängigkeit der Unterhaltsklage liegende Zeit kann Unterhalt gemäß § 1585 Abs. 3 BGB allerdings nur verlangt werden, wenn anzunehmen ist, dass der Verpflichtete sich der Leistung absichtlich entzogen hat (Verwirkung). Die **Verjährung** von Ansprüchen zwischen Ehegatten ist gemäß § 207 Abs. 1 S. 1 BGB gehemmt, solange die Ehe besteht.

---

[183] BGH NJW 1992, 1956.

E. Anhang zu III und IV: Die Einkommensermittlung

Voraussetzung für die richtige Bemessung des Kindes- und Ehegattenunterhalts **240** ist die vollständige Ermittlung aller für die Unterhaltsberechnung maßgeblichen Einkünfte. Dabei gelten für alle an einem Unterhaltsrechtsverhältnis beteiligten Personen die gleichen Maßstäbe, weshalb die nachstehenden Ausführungen auch auf alle Unterhaltsfälle in gleicher Weise anzuwenden sind. Beim Ehegattenunterhalt ist allerdings zwischen den die ehelichen Lebensverhältnisse prägenden Einkünften und den übrigen Einkünften (wie zum Beispiel denjenigen, die der Vermögensbildung vorbehalten bleiben) zu unterscheiden. Wegen der Einzelheiten ist insoweit auf → Rn. 188 zu verweisen.

I. Unterhaltsrechtlich relevante Einkünfte

1. Erwerbseinkünfte und geldwerte Vorteile

Grundsätzlich sind alle einer Person tatsächlich zufließenden Gelder, aber auch **241** alle sonstigen geldwerten Vorteile als unterhaltsrechtlich beachtliches Einkommen zu behandeln. Zum Einkommen gehören deshalb alle Nettoeinkünfte aus **Erwerbstätigkeit** unabhängig davon, ob sie laufend oder unregelmäßig gezahlt werden. Deshalb sind auch weitere Monatsgehälter (13. und 14. Gehalt) oder das **Urlaubs- und das Weihnachtsgeld** in der Weise zu berücksichtigen, dass sie auf die 12 Monate des Jahres umgelegt werden. Andererseits sind zusätzlich zu den gesetzlichen Abzügen **berufsbedingte Aufwendungen** wie zum Beispiel die Kosten für die Fahrt zum Arbeitsplatz, die Anschaffung von Berufskleidung oder die Beiträge zu Berufsverbänden vom Einkommen abzuziehen. In der Düsseldorfer Tabelle wird zu diesem Zweck ein pauschaler Abzug von 5 Prozent zugelassen, der nach unten durch den Mindestbetrag von 50 EUR und nach oben auf 150 EUR monatlich begrenzt ist. Will der Unterhaltspflichtige höhere berufsbedingte Aufwendungen geltend machen, wie sie insbesondere durch die Fahrtkosten zu einer weiter entfernten Arbeitsstelle anfallen können, dann muss er diese konkret darlegen und beweisen. Nachdem die Altersvorsorge in der gesetzlichen Rentenversicherung nicht mehr als ausreichend angesehen werden kann, dürfen außerdem für private Altersvorsorge noch bis zu 4 % vom Bruttoeinkommen in Abzug gebracht werden, sofern sie auch tatsächlich betrieben wird.

Zu den zu berücksichtigenden Einkünften gehören natürlich auch diejenigen **242** aus Vermögen, also zum Beispiel aus Vermietung oder Zinserträge einschließlich derjenigen aus einem eventuellen Zugewinnausgleich[184], aber auch sonstige wirtschaftliche Vorteile wie zum Beispiel solche aus **Sachbezügen** wie der Überlassung einer Dienstwohnung oder eines Dienstwagens[185], freies oder verbilligtes Essen,

---

[184] BGH NJW 2008, 57 Rn. 47.
[185] BGH NJW 1983, 2318 (2319).

E. Anhang zu III und IV: Die Einkommensermittlung

Einkaufsrabatte oder die Bezahlung von Reisen als Belohnung und Ansporn für eine erfolgreiche Tätigkeit im Unternehmen.

243 Bei **Pauschalen**, die zur Abgeltung von Mehraufwand bei der Erzielung von Einkünften gezahlt werden, wie **Spesen**, Trennungsentschädigungen, Auslösungen, Auslandszulagen und ähnlichem, ist in jedem Einzelfall zu prüfen, ob und in welcher Höhe ihnen ein realer Mehraufwand gegenübersteht.[186] So weit eine Pauschale darüber hinausgeht, stellt sie reales, bei der Unterhaltsbemessung zu berücksichtigendes Einkommen dar. Auch **Abfindungen** für den Verlust des Arbeitsplatzes sind, auf einen angemessenen Zeitraum verteilt, zur Deckung des Unterhaltsbedarfs einzusetzen.

244 Eine besondere Bedeutung kommt in diesem Zusammenhang immer wieder der **Nutzung eines Eigenheims oder einer Eigentumswohnung** zu. Denn der Wert dieser Nutzung, der jedenfalls nach Scheidung der Ehe, aber auch schon nach ein- bis zweijährigem Getrennt leben mit der marktüblichen Miete gleich gesetzt werden kann, stellt ebenfalls ein bei der Unterhaltsbemessung zu berücksichtigendes Einkommen dar, wird aber häufig noch durch Zins- und Tilgungsleistungen erkauft und ist außerdem stets mit festen Kosten wie Grundsteuer, Gebäudeversicherung, Wohnungsgeld, Instandhaltungsrücklage und ähnlichem verbunden. Es liegt daher nahe, alle diese Lasten von dem Nutzungswert der Wohnung in Abzug zu bringen und lediglich einen sich danach noch ergebenden Überschuss als zu berücksichtigendes Einkommen anzusehen. Bei der Ermittlung des Unterhaltsbedarfs nach den ehelichen Lebensverhältnissen ist dies auch richtig, weil das Eigentümer-Ehepaar insoweit nicht billiger als ein Mieter gelebt, also keinen vermögenswerten Vorteil erwirtschaftet hat. Als zusätzliches Einkommen kann deshalb nur die Differenz zwischen dem objektiven Mietwert des jeweiligen Wohneigentums und den tatsächlichen, nicht verbrauchsabhängigen Kosten hierfür in Ansatz gebracht werden.[187] Bei der Ermittlung der Unterhaltsbedürftigkeit und der Leistungsfähigkeit ist dagegen zu bedenken, dass mit diesen Lasten zunächst einmal der eigene angemessene Wohnbedarf gedeckt wird, dessen Kosten aber ohnehin aus dem jedem Ehepartner zur Verfügung stehenden Unterhalt bestritten werden müssen und deshalb dem jeweils anderen nicht entgegengehalten werden können. Infolgedessen führen die mit dem Haus- oder Wohnungseigentum verbundenen Lasten in Höhe dieser Kosten nicht zu einer Verminderung der Leistungsfähigkeit bzw. einer Erhöhung der Unterhaltsbedürftigkeit.[188]

245 Darüber hinaus dienen Tilgungsleistungen der Vermögensbildung, während der Unterhalt nicht zur Vermögensbildung bestimmt ist und Vermögen auch nicht zu Lasten des Unterhalts gebildet werden darf. Zins- und Tilgungsleistungen sind deshalb nur in der Trennungszeit in voller Höhe zu berücksichtigen[189], ab Zustellung des Scheidungsantrages die Tilgungsleistungen dagegen nicht mehr, weil der andere Ehegatte beim Zugewinnausgleich nicht mehr davon profitiert und die Vermögensbildung nicht zu Lasten des Unterhalts gehen darf.

Zur Verdeutlichung dieser Überlegungen diene folgendes

---

[186] BGH FamRZ 1980, 342 zur Auslandszulage.
[187] BGH NJW 1998, 753 (754).
[188] BGH NJW 1984, 1237 (1238).
[189] BGH FamRZ 2007, 879.

I. Unterhaltsrechtlich relevante Einkünfte

Beispiel:

Ein geschiedener unterhaltsberechtigter Ehegatte, der noch über anderweitige anrechenbare Einkünfte verfügt, bewohnt eine Eigentumswohnung, für die er monatlich folgende Kosten aufzuwenden hat:

Zins und Tilgung (Tilgungsanteil 80 EUR)	500 EUR
Steuer und Versicherung	60 EUR
Wohnungsgeld (ohne Verbrauchskostenanteil aus Heizung, Abwasser oder ähnlichem)	80 EUR
Instandhaltungsrücklage	100 EUR
Belastungen insgesamt	740 EUR

Der Nutzungswert der Wohnung belaufe sich auf 560 EUR, der zur Deckung des angemessenen Wohnbedarfs aufzubringende Betrag ebenfalls auf 560 EUR. Die Einkommensberechnung für den unterhaltsberechtigten Ehegatten sieht dann wie folgt aus:

Nutzungsvorteil aus Eigentumswohnung	560 EUR
./. Zinslasten (Tilgungsanteil als Vermögensbildung nicht abzugsfähig)	420 EUR
./. Steuer und Versicherung	60 EUR
./. Wohnungsgeld	80 EUR
Instandhaltungsrücklage als Vermögensbildung nicht abzugsfähig	0 EUR
verbleibender Nutzungsvorteil	0 EUR

Die mit der Eigentumswohnung insgesamt verbundenen Lasten können von dem unterhaltsberechtigten Ehegatten unter keinem rechtlichen Gesichtspunkt von seinen anderweitigen Einkünften in Abzug gebracht werden. Denn die Tilgungsleistungen und die Bildung einer Instandhaltungsrücklage dienen der Vermögensbildung und sind schon deshalb nicht berücksichtigungsfähig, die übrigen Lasten übersteigen nicht die zur Deckung des angemessenen Wohnbedarfs erforderlichen Kosten, sind also Teil der Lebenshaltungskosten des Unterhaltsberechtigten und können dem Unterhaltspflichtigen aus diesem Grunde nicht entgegengehalten werden. Nur wenn und so weit die nicht der Vermögensbildung dienenden Lasten die zur Deckung des angemessenen Wohnbedarfs ansonsten zu zahlende Kalt-Miete (hier: 560 EUR) überstiegen, käme mithin ein Abzug von den anderweitigen Einkünften des Unterhaltsberechtigten und eine entsprechende Erhöhung seiner Unterhaltsbedürftigkeit in Betracht. Wären die der Deckung des angemessenen Wohnbedarfs dienenden Lasten geringer als der Nutzungsvorteil der Wohnung von 560 EUR, dann wäre die überschießende Differenz als Einkommen des Unterhaltsberechtigten den sonstigen Einkünften hinzuzurechnen, würde so seine Unterhaltsbedürftigkeit vermindern. Da dies in dem gewählten Beispiel aber nicht der Fall ist, muss sich der Unterhaltsberechtigte den Nutzungsvorteil seiner Eigentumswohnung in der vollen Höhe von 560,– EUR monatlich als eigenes Einkommen anrechnen lassen, obwohl die damit verbundenen Lasten diesen Vorteil sogar erheblich übersteigen.

In den ersten ein bis höchstens zwei Jahren der Trennung kann dem in der ehelichen Wohnung verbleibenden Ehegatten allerdings nicht ihr voller Mietwert zugerechnet werden, weil sie für ihn nun natürlich zu groß geworden ist, er aber im Interesse einer möglichen Wiederherstellung der ehelichen Lebensgemeinschaft nicht sogleich gezwungen sein soll, die Wohnung aufzugeben. Stattdessen ist der Nutzungsvorteil nur mit demjenigen Betrag in Ansatz zu bringen, den der betreffende Ehegatte als Miete für eine dem ehelichen Lebensstandard entsprechende kleinere Wohnung auf dem örtlichen Wohnungsmarkt zu zahlen hätte.[190] Nach Ablauf dieser Schonfrist muss sich der in einem für ihn zu groß gewordenen Haus verbleibende Ehegatte dagegen den über diesen konkret bemessenen Nutzungsvorteil hinausgehenden Wohnwert des Hauses wie einen sonstigen Vermögenswert zurechnen lassen, ihn also zum Beispiel durch Vermietung einzelner

246

---

[190] BGH NJW 1998, 2821.

Räume oder auch des ganzen Hauses möglichst ertragbringend nutzen.[191] Befindet sich der unterhaltspflichtige Ehegatte in vergleichbarer Lage, gelten die vorstehenden Erwägungen für ihn selbstverständlich entsprechend.

247 Nimmt ein Ehepartner eine andere Person wie zum Beispiel seinen neuen Lebensgefährten in seine eigene oder auch in seine Mietwohnung auf, so ist ihm für die **Wohnungsgewährung** und gegebenenfalls auch für die **Haushaltsführung** ein (fiktives) Entgelt als Einkommen zuzurechnen.[192]

2. Renten und sozialstaatliche Leistungen

248 **Renten** und **sozialstaatliche Leistungen** mit Lohnersatzfunktion wie Arbeitslosengeld, Kurzarbeitergeld, Erziehungsgeld, Krankengeld und vieles andere mehr sind ebenfalls zu den für das Unterhaltsrecht maßgeblichen Einkünften zu rechnen. Bei den Renten hat die Rechtsprechung lange Zeit die Frage beschäftigt, ob und gegebenenfalls in welcher Weise deren öffentlich-rechtliche Zweckbestimmung auch für das Unterhaltsrecht maßgebend sein kann. Für Leistungen, die infolge eines Körper- oder Gesundheitsschadens erbracht werden, wie zB die **Schwerbeschädigten-Grundrente** nach § 31 BVG oder das **Blindengeld,** hat der Gesetzgeber die damit verbundenen Streitfragen weitgehend entschärft, indem er in § 1610a BGB eine gesetzliche Vermutung dafür verankert hat, dass die Kosten der mit dem Körper- oder Gesundheitsschaden verbundenen Aufwendungen nicht geringer sind als die Höhe der Sozialleistungen. Infolgedessen obliegt es dem jeweils nicht von der Beschädigung Betroffenen, substantiiert darzulegen und zu beweisen, dass die Sozialleistung den tatsächlichen schadensbedingten Mehraufwand übersteigt. Auch das **staatliche Kindergeld** kann nicht wie sonstiges Einkommen zur Bedarfsberechnung herangezogen oder bei der Leistungsfähigkeit berücksichtigt werden, weil es gemäß § 1612b BGB auf der Ebene des Kindesunterhalts ausgeglichen wird. **Erziehungsgeld, Sozial-** und **Arbeitslosenhilfe** bzw. **Arbeitslosengeld II** sind gegenüber dem Unterhalt nachrangig, sodass der Unterhaltspflichtige den Unterhaltsberechtigten also nicht auf die Inanspruchnahme diesen Leistungen verweisen kann, solange und soweit er selbst zur Unterhaltsleistung in der Lage ist. Das **Wohngeld** zählt dagegen zum unterhaltspflichtigen Einkommen, so weit es nicht unvermeidbare tatsächliche Aufwendungen ausgleicht, die über das dem Wohngeldempfänger unterhaltsrechtlich zuzumutende Maß der Beteiligung an den Wohnkosten für „normalen Wohnbedarf" hinausgehen. Angesichts der Fülle staatlicher Leistungen muss wegen weiteren Einzelheiten auf die einschlägige Spezialliteratur und Rechtsprechung verwiesen werden.

3. Steuerliche Aspekte

249 Für die Bemessung des Unterhalts kommt es stets nur auf das Einkommen nach Abzug der **Steuern** und der **Sozialversicherungslasten** an. Das steuerrechtlich relevante Einkommen und das unterhaltspflichtige Einkommen sind jedoch nicht identisch, weil bei weitem nicht alle steuerrechtlich berücksichtigungsfähigen Ab-

---

[191] BGH NJW 2000, 2349; FamRZ 2008, 963.
[192] BGH NJW 1983, 683.

I. Unterhaltsrechtlich relevante Einkünfte

züge auch unterhaltsrechtlich anzuerkennen sind. Maßgeblich sind die jeweiligen tatsächlichen Verhältnisse, so dass sich nachzuzahlende Steuern einkommensmindernd, zurückzuerstattende Steuern einkommenserhöhend auswirken und – wie andere einmalige Ausgaben oder Einnahmen – jeweils auf einen längeren Zeitraum, in der Regel das Jahr des Zu- oder Abflusses, zu verteilen sind.[193] Nachzahlungen und Rückerstattungen entfallen bei gemeinsamer Veranlagung auf die Ehegatten im Verhältnis der bei getrennter Veranlagung entstehenden Steuerbeträge.[194]

Steuervorteile sind vom Unterhaltspflichtigen auszuschöpfen, wobei den Unterhaltsberechtigten gegebenenfalls eine Mitwirkungspflicht trifft. So werden zum Beispiel Ehepartner, die zu Beginn eines Veranlagungszeitraumes voneinander getrennt leben, wie Ledige besteuert, obwohl sie noch nicht geschieden sind. Dies kann aber dadurch gemildert werden, dass der unterhaltspflichtige Ehepartner seine Unterhaltsleistungen an den getrennt lebenden oder geschiedenen Ehepartner gemäß § 10 Abs. 1 Nr. 1 EStG bis zum Jahresbetrag von 13.805 EUR von seinem zu versteuernden Einkommen abzieht (sog. begrenztes **Realsplitting**). Allerdings bedarf es hierfür der Zustimmung des unterhaltsberechtigten Ehegatten, weil dieser die Unterhaltszahlungen dann nämlich gemäß § 22 Nr. 1a EStG als eigenes Einkommen zu versteuern hat. Verpflichtet sich der Unterhaltspflichtige aber, alle mit dem Realsplitting verbundenen Nachteile, also nicht nur die steuerliche Mehrbelastung, sondern zum Beispiel auch eventuelle Kürzungen des Kindergeldes oder den Verlust von Sparprämien und Arbeitnehmerzulagen auszugleichen, dann ist der Unterhaltsberechtigte zur Zustimmung verpflichtet.[195] Von einer Beteiligung an der Steuerersparnis des Unterhaltspflichtigen darf er seine Zustimmung dagegen nicht abhängig machen. Vielmehr ist diesem Umstand – nachdem die Steuerersparnis eingetreten ist – lediglich im Rahmen einer eventuellen Unterhaltsneubemessung Rechnung zu tragen.[196] 250

Der mit einer **Wiederheirat** verbundene Steuervorteil kommt seit dem Beschluss des BVerfG vom 7.10.2003[197] entgegen der bisherigen ständigen Rechtsprechung nicht dem unterhaltsberechtigten geschiedenen Ehegatten, sondern allein dem neuen Ehepaar zugute, ist also unterhaltsrechtlich irrelevant. Für die Ermittlung des bereinigten Nettoeinkommens des unterhaltspflichtigen Ehegatten ist deshalb fiktiv von seiner getrennten Veranlagung, also der Steuerklasse IV, auszugehen. 251

Steuervorteile, die mit **Aufwendungen** verbunden sind (Bauherrenmodelle, Abschreibungen von Gebäuden, Darlehenszinsen) können nur dann berücksichtigt werden, wenn und so weit auch die Aufwendungen selbst einkommensmindernd geltend gemacht werden dürfen. Denn sonst würde der jeweils andere Ehepartner in den Genuss der Vorteile kommen, ohne die damit verbundenen Nachteile mittragen zu müssen. Können die Aufwendungen nicht einkommensmindernd geltend gemacht werden, weil sie zum Beispiel, wie meist, der Vermögensbildung dienen, ist das unterhaltsrechtlich maßgebliche Einkommen in der Weise zu ermitteln, dass die steuerrechtlich abzugsfähigen Aufwendungen dem Einkommen wieder zugerechnet und dieses sodann um die sich daraus ergebende – fiktive – Steuerlast gekürzt wird.[198] 252

---

[193] BGH NJW 1985, 195 (196).
[194] BGH FamRZ 2006, 1178 (1180).
[195] BGH NJW 1983, 1545.
[196] BGH NJW 1985, 195.
[197] NJW 2003, 3466.
[198] BGH NJW 1992, 2477 (2480).

4. Fiktive Einkünfte

253 Zum Einkommen gehören schließlich auch diejenigen – fiktiven – Einkünfte, die ein Unterhaltsberechtigter oder Unterhaltspflichtiger zwar zumutbarerweise erzielen könnte, aber zu erzielen unterlässt.[199] Zu denken ist dabei in erster Linie daran, dass vorhandene Erwerbsmöglichkeiten nicht ausgeschöpft, also zum Beispiel ein bestehendes gutbezahltes Arbeitsverhältnis ohne Grund gekündigt oder bei Arbeitslosigkeit keine ausreichend intensiven Bemühungen um eine neue Arbeitsstelle unternommen werden. In derartigen Fällen werden diejenigen Einkünfte, die bei gutem Willen erzielt werden könnten, den tatsächlichen Einkünften hinzugerechnet und der Unterhalt aus den fiktiven Einkünften errechnet. Der so ermittelte Unterhalt kann dann nötigenfalls im Wege der Zwangsvollstreckung in das gesamte bewegliche und unbewegliche Vermögen des Unterhaltsschuldners beigetrieben werden, weshalb sich die bei einer Trennung oder Scheidung immer wieder zu hörende Drohung von Unterhaltspflichtigen, man werde einfach weniger oder gar nicht mehr arbeiten, um keinen Unterhalt mehr zahlen zu müssen, besser nicht in die Tat umgesetzt werden sollte. Denn auf eine verantwortungslos oder zumindest leichtfertig herbeigeführte Leistungsunfähigkeit kann sich der Unterhaltsschuldner eben nicht berufen[200], ganz abgesehen davon, dass die Verletzung von Unterhaltspflichten gemäß § 170b StGB mit Freiheitsstrafe bis zu drei Jahren oder mit Geldstrafe bedroht ist.

II. Besonderheiten bei Selbständigen

254 Die Feststellung der Einkünfte von **Selbständigen** (Unternehmer, Freiberufler) gehört zu den schwierigsten Problemen, vor die sich Richter und Rechtsanwälte im Familienrecht gestellt sehen. Denn das Handels- und Steuerrecht lässt bei der Ermittlung des jeweiligen Jahresergebnisses Abzüge zu, die unterhaltsrechtlich nicht anerkannt werden können.[201] So können zum Beispiel die Anschaffungskosten für einen PKW in der Regel auf einen Zeitraum von fünf Jahren verteilt gewinnmindernd geltend gemacht („abgeschrieben") werden, obwohl die Lebensdauer eines PKW heutzutage regelmäßig bei 8–10 Jahren liegen dürfte.[202] Die Anschaffungskosten für eine Maschine können gleichmäßig auf die betriebsgewöhnliche Nutzungsdauer verteilt (linear) oder mit einem bestimmten Prozentsatz vom jeweiligen Restwert der Anschaffungskosten (degressiv) vom Gewinn in Abzug gebracht werden, ohne dass dem eine tatsächliche Wertminderung der Maschine in gleicher Höhe gegenüberstünde. Aus diesem Grunde sind unterhaltsrechtlich in der Regel nur die linearen Abschreibungen nach den von der Finanzverwaltung herausgegebenen AfA-Tabellen anzuerkennen.[203] Noch weitergehend wird häufig von der Möglichkeit Gebrauch gemacht, gewinnmindernde Rücklagen zu bilden, ohne dass ihnen überhaupt eine entsprechende Investition gegen-

---

[199] BGH NJW 1985, 732.
[200] BGH NJW 1985, 732.
[201] BGH NJW 1980, 2083.
[202] BFH BStBl 1992 II, 1000.
[203] BGH NJW 2003, 1734.

II. Besonderheiten bei Selbständigen

übersteht.[204] Ebenso mindern vorgezogene Reparaturen oder überhöhte Rückstellungen für ungewisse Verbindlichkeiten und drohende Verluste den Gewinn. Infolgedessen dürfen die Ergebnisse der von einem Selbständigen vorgelegten Bilanzen bzw. Einnahme-/Überschussrechnungen oder auch seine Einkommensteuererklärungen und Steuerbescheide nicht unbesehen der Unterhaltsberechnung zugrunde gelegt werden, sondern müssen in jeder Einzelposition auf ihre unterhaltsrechtliche Relevanz untersucht werden. Dabei kann wegen der von Jahr zu Jahr schwankenden Einkünfte nicht nur auf das Ergebnis eines Jahres abgestellt werden, sondern es müssen in der Regel die Ergebnisse der letzten drei Jahre, ausnahmsweise auch der letzten fünf Jahre herangezogen und auf der Grundlage der jeweiligen Einkünfte nach Steuern ein Durchschnittswert gebildet werden.[205] Ein solches Vorgehen ermöglicht zugleich die Feststellung, ob einzelne Bilanzpositionen in der jüngsten Zeit eine auffällige Veränderung erfahren haben. Derartige Veränderungen sollten dann unbedingt aufgeklärt werden, weil gerade sie häufiger von unterhaltsrechtlichen statt unternehmerischen Motiven bestimmt sein dürften.

Den Bilanzpositionen mit langfristiger Kontinuität liegen dagegen in aller Regel ausschließlich unternehmerisch motivierte Entscheidungen zugrunde, die auch um kurzfristiger unterhaltsrechtlicher Erfolge willen nicht in Frage gestellt werden dürfen. Denn die Kompetenz und die Verantwortung für eine dauerhafte Existenzsicherung des jeweiligen Unternehmens, an der Unterhaltsgläubiger und Unterhaltsschuldner in gleichem Maße interessiert sein müssen, kommt nun einmal allein dem Unternehmer zu. Reichen die eigenen betriebswirtschaftlichen und steuerrechtlichen Kenntnisse und Erfahrungen für die Beurteilung der Einkommensverhältnisse eines Selbständigen nicht aus, sollte deshalb unbedingt ein Angehöriger der wirtschafts- und steuerberatenden Berufe als Sachverständiger hinzugezogen werden. 255

Erhebliche Schwierigkeiten bereiten auch immer wieder diejenigen Fälle, in denen ein Selbständiger ein oder zwei Jahre lang keinen oder nur geringe Gewinne erzielt, aber unverändert hohe **Privatentnahmen** tätigt und damit den gewohnten Lebensstandard der Familie aufrechterhält. Wirtschaftlich gesehen nutzt der Selbständige auf diese Weise in Erwartung zukünftiger Gewinne seine Kreditfähigkeit aus, wozu er unterhaltsrechtlich für eine begrenzte Zeit auch durchaus verpflichtet is.[206] Nach deren Ablauf ist aber eine Anpassung an die tatsächlichen wirtschaftlichen Verhältnisse unumgänglich, wobei in erster Linie danach zu fragen ist, wie sich der Unterhaltspflichtige verständigerweise bei Fortsetzung der Ehe verhalten hätte.[207] 256

Zu prüfen ist schließlich regelmäßig, inwieweit betriebsbedingte Kosten zugleich der privaten Lebenshaltung zugute kommen und deshalb nur zum Teil als gewinnmindernd anerkannt werden können. Typisches Beispiel dafür sind die Kosten eines sowohl betrieblich als auch privat genutzten PKWs, wobei allerdings die seit 2001 geltende Erhöhung des Abschreibungszeitraums auf im allgemeinen 6 Jahre (BMF-Rundschreiben BStBl I 2000, 1532 unter 4.2.1) und die pauschale Ermittlung des privaten Nutzungswerts mit 1 % des inländischen Listenpreises gem. § 6 Abs. 1 Nr. 4 EStG das Problem weitgehend entschärft haben. Ist der PKW 257

---

[204] Investitionsabzugsbeträge und Sonderabschreibungen.
[205] BGH NJW-RR 2004, 1227.
[206] BGH NJW 1982, 1050 (1052).
[207] BGH NJW 1982, 232.

E. Anhang zu III und IV: Die Einkommensermittlung

fremdfinanziert, kann neben der Abschreibung für das Fahrzeug nicht auch noch die Tilgung des Darlehens einkommensmindernd geltend gemacht werden. Gleiches gilt für Lebensversicherungsbeiträge, wenn die Lebensversicherung nicht der Altersvorsorge, sondern der Tilgung eines betrieblich bedingten Darlehens dient. Denn sonst würde der betriebliche Aufwand sowohl bei den Abschreibungen als auch bei der Finanzierung und damit doppelt berücksichtigt. **Vorsorgeaufwendungen** für sein Alter und Krankheitsfälle darf der Selbständige dagegen in einem seinen Einkommensverhältnissen angemessenen Umfang ebenso vorweg in Abzug bringen wie sie bei einem nicht selbständig Tätigen vorweg in Abzug gebracht werden. Als angemessen ist dabei im allgemeinen der Prozentsatz der gesetzlichen Rentenversicherung vom Bruttoeinkommen (derzeit 19,9 %) zuzüglich 4 % als zusätzliche Altersvorsorge zur Deckung der bei der Primärvorsorge inzwischen zu Tage getretenen Lücken anzusehen.[208]

III. Auskunftsansprüche

258   Dem Unterhaltsberechtigten und dem Unterhaltspflichtigen stehen wechselseitig **Auskunfts- und Belegansprüche** bezüglich ihrer jeweiligen Einkommens- und Vermögensverhältnisse zu (§§ 1605 Abs. 1; 1361 Abs. 4 S. 4 iVm § 1605 Abs. 1; 1580 iVm 1605 Abs. 1 BGB). Zur Erfüllung dieser Ansprüche ist es erforderlich, Angaben zu Art und Höhe der erzielten Einkünfte zu machen und diese auch zu belegen. **Nicht selbständig Tätige** haben ihre Brutto- und Nettoeinkünfte sowie Einmalzahlungen getrennt darzulegen und ihre Lohnsteuerkarten oder ihre Lohn- bzw. Gehaltsabrechnungen der letzten zwölf Monate vorzulegen. Bei Unklarheiten sollte auf eine Negativerklärung des Arbeitgebers Wert gelegt werden, dass andere als die angegebenen Einkünfte nicht erzielt worden sind. Von **Selbständigen** kann eine detaillierte Darstellung ihrer Einnahmen und Ausgaben sowie die Vorlage von Bilanzen, Gewinn- und Verlustrechnungen, betriebswirtschaftlichen Auswertungen bzw. Einnahmen-Überschussrechnungen verlangt werden, und zwar auch dann, wenn der Auskunftspflichtige nicht alleiniger Inhaber des Unternehmens ist.[209] Das Interesse seiner Mit-Gesellschafter an einer Geheimhaltung dieser Unterlagen muss hinter den Interessen des Auskunftsberechtigten zurückstehen. Im Hinblick darauf, dass das zu versteuernde Einkommen, wie dargelegt, mit dem unterhaltsrechtlich relevanten Einkommen nicht identisch ist, muss der Auskunftspflichtige die bei seinem zu versteuernden Einkommen abgesetzten Beträge so darlegen, dass sie von den auch unterhaltsrechtlich abzugsfähigen Aufwendungen abgegrenzt werden können. Die ziffernmäßige Aneinanderreihung einzelner Kostenarten wie Abschreibungen, allgemeine Kosten, Rückstellungen, Entnahmen und dergleichen genügt diesen Anforderungen nicht; die erforderlichen Darlegungen können auch nicht durch den Antrag auf Vernehmung des Steuerberaters ersetzt werden.[210] Ergänzend müssen Selbständige auch ihre Einkommensteuererklärungen und -bescheide vorlegen, wobei

---

[208] BGH NJW 2005, 3277.
[209] BGH NJW 1982, 1642.
[210] BGH NJW 1985, 909.

III. Auskunftsansprüche

sie, wenn sie mit einem neuen Ehegatten gemeinsam veranlagt werden, die ausschließlich diesen betreffenden Angaben abdecken dürfen.[211]

Ein **Zurückbehaltungsrecht** gegenüber einem Auskunftsanspruch besteht nicht. Ist einmal eine vollständige Auskunft erteilt worden, kann gemäß § 1605 Abs. 2 BGB vor **Ablauf von zwei Jahren** nur dann erneut Auskunft verlangt werden, wenn glaubhaft gemacht wird, dass der zur Auskunft Verpflichtete später wesentlich höhere Einkünfte oder weiteres Vermögen erworben hat. Andererseits muss weder der Unterhaltsberechtigte noch der Unterhaltspflichtige den jeweils anderen unaufgefordert von einer wesentlichen Veränderung seiner Einkommens- und/oder Vermögensverhältnisse unterrichten (**selbständige Informationspflicht**), es sei denn, das Schweigen erschiene nach Treu und Glauben als evident unredlich. Das wäre zum Beispiel dann der Fall, wenn der Unterhaltsberechtigte den Unterhaltspflichtigen durch sein vorangegangenes Verhalten wie etwa die Aufforderung zur Wiederaufnahme einer eingestellten Unterhaltszahlung zu der Annahme verleitet hätte, es gebe für eine Überprüfung seiner Einkommensverhältnisse keinen Anlass.[212] Aber auch bei Abschluss einer Unterhaltsvereinbarung und einer späteren wesentlichen Veränderung der der Vereinbarung zugrundegelegten Einkommensverhältnisse ist eine solche selbständige Informationspflicht hierüber zu bejahen.[213]

259

---

[211] BGH NJW 1983, 1554; FamRZ 2003, 1836 (1838).
[212] BGH NJW 1986, 1751 (1754) und NJW 1988, 1965.
[213] BGH NJW 1997, 1919; FamRZ 2008, 1325 (1327).

F. Ehewohnung und Haushaltsgegenstände

I. Die Nutzung der Ehewohnung

Die Trennung eines Ehepaares kann, wie unter → Rn. 1 ff. schon dargelegt 260 wurde, innerhalb der ehelichen Wohnung vollzogen werden, dann aber natürlich auch dadurch, dass einer der Ehepartner aus der bisherigen ehelichen Wohnung auszieht. In beiden Fällen bleiben die Rechtsverhältnisse an der ehelichen Wohnung und am Hausrat von der Trennung des Ehepaares solange unberührt, wie nicht eine Neuregelung getroffen worden ist. Ehepaaren, die sich voneinander trennen wollen, ist deshalb dringend zu empfehlen, entweder durch eine Vereinbarung oder mit richterlicher Hilfe eine solche Neuregelung herbeizuführen. Denn sonst kommt es mangels rechtzeitiger und ausgewogener Absprachen leicht zu Unklarheiten und Streitigkeiten.

1. Überlassung zur alleinigen Nutzung

Bei einer Trennung innerhalb der ehelichen Wohnung wird häufig eine Rege- 261 lung über ausschließliche Nutzungsbereiche für jeden Ehepartner allein (Schlafzimmer, Kinderzimmer) und über Nutzungszeiten gemeinsamer Bereiche (Wohnzimmer, Küche, Bad) erforderlich, aber auch ausreichend sein. Insbesondere bei beengten Wohnungsverhältnissen wird es allerdings nicht immer leicht sein, eine angemessene, beide Ehepartner zufrieden stellende Regelung zu finden. Und selbst wenn dies gelingt, so werden doch die seelischen Spannungen der Ehepartner zu ständigen Belastungen und Auseinandersetzungen führen, die es geraten erscheinen lassen, dass einer der beiden sobald wie möglich aus der gemeinsamen Wohnung bzw. dem gemeinsam bewohnten Haus auszieht. Das gilt insbesondere dann, wenn Kinder vorhanden sind, weil diese durch das tägliche Erleben der elterlichen Konflikte nach und nach schwere seelische Schäden erleiden. Dabei ist nicht zu verkennen, dass auch die Trennung von einem Elternteil einem Kind je nach seinem Entwicklungsstadium erhebliche seelische Schäden zufügen kann. Doch wird eine Abwägung der jeweiligen Belastungen der Kinder in der Regel zu dem Ergebnis führen müssen, dass es für sie besser ist, in einer entspannten Atmosphäre zu leben und die Trennung von dem weichenden Elternteil so weit wie möglich durch ein großzügig gehandhabtes Umgangsrecht auszugleichen, als sie Tag für Tag (und oft auch noch nächtelang) dem Konfliktfeld der Eltern auszusetzen, in dem sie sich zwischen beiden Elternteilen hin- und hergerissen fühlen werden.

Meist wird dies von den betroffenen Eltern auch nicht anders gesehen, und 262 dennoch stößt das Bemühen um einen einvernehmlichen Auszug eines der Ehepartner aus der gemeinsamen Wohnung häufig auf Schwierigkeiten. Dies hat zum einen allgemeine Gründe, wie die Wohnungsmarktlage oder das Festhalten an der gewohnten Umgebung, dann aber auch Gründe, die sich aus der besonderen Situation der Ehepartner in der Phase ihrer Trennung ergeben. Denn ein Partner,

F. Ehewohnung und Haushaltsgegenstände

der die Schuld an der Ehekrise bei dem anderen sucht oder seinerseits gar keine Trennung wünscht, vermag verständlicherweise nur schwer einzusehen, warum gerade er den Auszug aus der gemeinsamen Wohnung auf sich nehmen soll. Und wenn dieser Partner dann auch noch der alleinige Eigentümer oder Nutzungsberechtigte der gemeinsamen Wohnung oder des gemeinsam genutzten Hauses sein sollte, dann wird es gewiss doppelt schwer fallen, ihn von der Notwendigkeit seines Auszuges zu überzeugen. In der Tat dürfen diese Gesichtspunkte bei der Suche nach einer einvernehmlichen Regelung, aber auch, wie sich aus § 1361b Abs. 1 S. 2 BGB ergibt, bei einer eventuell notwendig werdenden richterlichen Entscheidung nicht einfach beiseite geschoben, sondern müssen ernst genommen werden. Sie legen den **Grundsatz** nahe, dass derjenige Ehepartner, der die vollständige räumliche Trennung wünscht, daraus die Konsequenz zieht und seinerseits aus der gemeinsamen Wohnung oder dem gemeinsamen Haus auszieht. Etwas anderes wird ihm in der Regel auch gar nicht übrig bleiben. Denn gemäß § 1361b Abs. 1 S. 1 BGB kann der eine Ehegatte von dem anderen während des Getrenntlebens nur dann die Überlassung der Ehewohnung oder eines Teils davon zur **alleinigen Benutzung** verlangen, „so weit dies notwendig ist, um eine unbillige Härte zu vermeiden".

263   Unannehmlichkeiten und Streitereien, wie sie bei einem Getrennt leben auf engem Raum stets auftreten werden, stellen keine „unbillige Härte" im Sinne dieser Vorschrift dar. Als „unbillige Härte" kommen aber zum Beispiel dauernde Störung der Nachtruhe, Störungen des Familienlebens durch übermäßigen Alkoholgenuss oder ständig laute Musik und ähnliches in Betracht. Gemäß § 1361b Abs. 1 S. 2 BGB kann eine „unbillige Härte" insbesondere auch dann gegeben sein, wenn das **Wohl von im Haushalt lebenden Kindern** beeinträchtigt ist. Dies ist nicht erst dann der Fall, wenn eine schwere Gesundheitsgefährdung der Kinder zu befürchten ist, sondern auch schon bei seelischen Schädigungen durch andauernde Spannungen und Streitereien der Eltern vor den Kindern. In § 1361b Abs. 2 BGB wird schließlich klargestellt, dass widerrechtliche und vorsätzliche Körper-, Gesundheits- und Freiheitsverletzungen oder auch nur die Drohung damit in der Regel dazu führen müssen, den **gewalttätigen bzw. gewaltbereiten** Ehepartner insgesamt von der Nutzung der Ehewohnung auszuschließen. Es ist dann Sache dieses Ehepartners, glaubhaft darzulegen, dass keine weiteren Verletzungen und widerrechtlichen Drohungen zu besorgen sind.

264   Ist aus einem dieser Gründe die Überlassung der Ehewohnung zur alleinigen Nutzung durch einen Ehegatten angezeigt, so sprechen die für einen Alleinstehenden günstigere Wohnungsmarktlage und das oben unter → Rn. 53 ff. erörterte Kontinuitätsprinzip dafür, die Ehewohnung demjenigen Elternteil zur alleinigen Benutzung zuzuweisen, der die Kinder nach der Trennung der Eltern weiterhin betreuen wird. Ist ein Ehegatte nach der Trennung aus der Ehewohnung ausgezogen und hat er binnen sechs Monaten nach seinem Auszug gegenüber dem anderen Ehegatten keine ernstliche Rückkehrabsicht bekundet, so wird die freiwillige Überlassung der Ehewohnung zur alleinigen Nutzung gemäß § 1361b Abs. 4 BGB **unwiderleglich vermutet.** Bei der Regelung der Nutzung der Ehewohnung während des Getrenntlebens sollte schließlich auch bedacht werden, dass es **bei der Ehescheidung** für den Anspruch auf Überlassung der Ehewohnung gemäß § 1568a Abs. 1 BGB nicht mehr auf die Vermeidung „unbilliger Härten", sondern nur noch darauf ankommt, welcher Ehegatte auf die Nutzung der Wohnung unter Berücksichtigung des Wohls der im Haushalt lebenden Kinder und

der Lebensverhältnisse der Ehegatten in stärkerem Maße angewiesen ist oder die Überlassung aus anderen Gründen „der Billigkeit" entspricht. Sind Kinder vorhanden, wird also in der Regel derjenige Ehegatte die Überlassung der Ehewohnung verlangen können, der die Kinder zukünftig betreut. Wollen die Eltern bei der Betreuung ihres Kindes das Wechselmodell praktizieren, entfällt dieser Gesichtspunkt natürlich. Ist einer der Ehegatten allein oder gemeinsam mit einem dritten Eigentümer des Grundstücks, auf dem sich die Ehewohnung befindet, oder steht ihm allein oder gemeinsam mit einem Dritten ein Nießbrauch, das Erbbaurecht oder ein dingliches Wohnrecht an dem Grundstück zu, so kann der andere Ehegatte die Überlassung gemäß § 1568a Abs. 2 BGB allerdings wiederum nur dann verlangen, wenn dies notwendig ist, um eine „unbillige Härte" zu vermeiden.

2. Folgen der Nutzungsüberlassung

Bei einer Überlassung zur alleinigen Nutzung wird der in der Ehewohnung verbleibende Partner zu deren **alleinigem Besitzer** und der andere Ehegatte hat gemäß § 1361b Abs. 3 BGB alles zu unterlassen, was geeignet ist, die Ausübung des Nutzungsrechts zu erschweren oder zu vereiteln. Wer den in der Ehewohnung verbliebenen Ehegatten in seinem Besitz stört, handelt infolgedessen gemäß § 858 Abs. 1, sofern nicht das Gesetz die Störung gestattet, widerrechtlich (verbotene Eigenmacht). Der ausgezogene Ehepartner darf deshalb auch nicht etwa unter Berufung auf seine fortbestehenden Rechte als Mitmieter, Miteigentümer oder Alleineigentümer mit Hilfe von noch in seinem Besitz befindlichen Schlüsseln zur Ehewohnung in die nunmehrige Privatsphäre des in der ehemals gemeinsamen Wohnung verbliebenen Ehepartners eindringen. Gibt er die Schlüssel nicht heraus, darf sich der in der Ehewohnung verbliebene Partner auch damit behelfen, dass er das **Wohnungs-/Haustürschloss austauschen** lässt. 265

Auf der anderen Seite kann der ausgezogene Ehegatte aber gemäß § 1361b Abs. 3 S. 2 BGB von dem in der Ehewohnung verbliebenen Ehegatten eine **Vergütung für die Benutzung** verlangen, so weit dies der Billigkeit entspricht. Damit soll der weichende Ehegatte einen wirtschaftlichen Ausgleich für den Verlust seines Mitbesitzrechtes an der Ehewohnung erhalten, während es nicht darauf ankommt, ob der in der Wohnung verbleibende Ehegatte die ihm durch die ungeteilte Nutzung zuwachsenden Vorteile auch wirtschaftlich verwerten kann.[214] Steht die Ehewohnung im Miteigentum oder gar im Alleineigentum des ausziehenden Ehepartners, wird die Zahlung einer Nutzungsvergütung regelmäßig der Billigkeit entsprechen. Denn dem ausziehenden Ehepartner muss nicht nur eine gewisse Nutzung seines Kapitals zugestanden werden, sondern er wird diese Mittel auch dringend zum wenigstens teilweisen Ausgleich der Miete für seine neue Wohnung benötigen. Anderes kann dann gelten, wenn ein Getrennt leben in der – geräumigen – Ehewohnung ohne weiteres möglich gewesen wäre und nur am Verhalten des ausgezogenen Ehepartners gescheitert ist. 266

---

[214] BGH NJW 2014, 462 = FamRZ 2014, 460.

3. Nutzungsvergütung

267 Die Geltendmachung der Nutzungsvergütung setzt keine Bezifferung voraus[215] und wird sich zumindest für die Dauer des **ersten Trennungsjahres** auch nicht einfach an der Höhe des Mietwertes der jeweiligen Wohnung oder des Hauses orientieren können. Vielmehr sind, wie es in § 1361b Abs. 3 S. 2 BGB ausdrücklich heißt, allein Billigkeitserwägungen maßgeblich. Das bedeutet, dass nicht nur die beiderseitigen wirtschaftlichen Verhältnisse, sondern auch die Rechte an der Wohnung oder dem Haus zu berücksichtigen sind. Keinesfalls darf die Bemessung der Nutzungsvergütung dazu führen, dass der in der Wohnung verbleibende Ehepartner diese aus wirtschaftlichen Gründen sogleich aufgeben muss. Denn zum einen könnte einer der Ehepartner noch an der Ehe festhalten und bereit sein, die eheliche Lebensgemeinschaft jederzeit wieder aufzunehmen; und zum anderen kann es auch bei einem beiderseitigen Trennungswunsch nicht sogleich als sicher angesehen werden, dass die Ehe gescheitert ist. Beiden Ehepartnern muss deshalb eine wesentliche Grundlage ihrer ehelichen Lebensgemeinschaft, nämlich die Ehewohnung, einstweilen erhalten bleiben.[216] Maßstab für die Nutzungsvergütung kann in dieser Zeit deshalb nur diejenige Miete sein, die der in der Ehewohnung verbliebene Ehepartner für eine seinem Wohnbedarf nunmehr entsprechende kleinere Wohnung zu zahlen hätte.[217] Im Gegenzug wird dem Unterhaltspflichtigen zugestanden, sich bei der Bemessung des Ehegattenunterhalts auf die mit der Wohnung verbundenen, von ihm getragenen Verbindlichkeiten zu berufen.

268 Muss dagegen **nach mehr als etwa einem Trennungsjahr** damit gerechnet werden, dass die Ehe der Parteien endgültig gescheitert ist, also insbesondere, wenn ein Scheidungsantrag gestellt ist, dann muss sich der in der Ehewohnung verbliebene Ehepartner auch darauf einrichten, nur noch auf der Basis des wirklichen Mietwertes darin wohnen bleiben zu können oder einer anderen wirtschaftlichen Verwertung wie zum Beispiel der Vermietung einzelner Räume oder auch des ganzen Hauses zustimmen zu müssen.[218] Umgekehrt kann dann natürlich der Unterhaltspflichtige auch nicht mehr die von ihm getragenen Verbindlichkeiten aus der Wohnung gegen den Unterhaltsanspruch seines Ehepartners ins Feld führen, sodass sich das Ehepaar nur noch wie Mieter und Vermieter gegenübersteht.

4. Verhältnis zum Unterhalt

269 In der Praxis wird die Nutzungsvergütung bei der Bemessung des Unterhalts in der Weise berücksichtigt, dass sie entweder beim Unterhaltsgläubiger bedarfsmindernd oder beim Unterhaltsschuldner als Gebrauchsvorteil einkommenserhöhend in Ansatz gebracht wird.[219] Für die Forderung eines Nutzungsentgelts

---

[215] BGH NJW 1989, 1030.
[216] BGH NJW 1986, 1339.
[217] BGH NJW 1998, 2821.
[218] BGH NJW 2000, 2349; FamRZ 2008, 963.
[219] BGH NJW 1986, 1339.

I. Die Nutzung der Ehewohnung

nach den für die Miteigentümergemeinschaft geltenden Bestimmungen (§ 745 Abs. 2 BGB) ist daneben dann natürlich kein Raum mehr.[220]

Beispiel:

Variante 1 – erstes Trennungsjahr (s. auch BGH NJW 1989, 2809):
Ein Ehepaar ist zu je 1/2 Miteigentümer einer Eigentumswohnung und wendet dafür Zinsen in Höhe von 540 EUR und Tilgung in Höhe von 200 EUR, zusammen also 740 EUR monatlich auf. Der Nutzungswert der Wohnung (Mietwert kalt) beläuft sich ebenfalls auf 740 EUR, der Mietwert einer für den verbleibenden Ehegatten angemessenen kleineren Wohnung auf 500 EUR. Der aus der Wohnung ausziehende Ehemann verfügt über ein bereinigtes monatliches Erwerbseinkommen von 1.980 EUR, die in der Wohnung verbleibende Ehefrau über ein bereinigtes monatliches Erwerbseinkommen von 420 EUR. Der Aufwand für die Ehewohnung wurde vom Ehemann während des Zusammenlebens allein getragen und dabei bleibt es auch nach seinem Auszug. Die Berechnung des Unterhaltsanspruchs der Ehefrau sieht dann wie folgt aus:

I. Berechnung des Bedarfs:	
Einkommen Ehemann	1.980 EUR
Einkommen Ehefrau	420 EUR
Wohnwert der Eigentumswohnung	0 EUR
(Mietwert abzüglich Zins und Tilgung)	
	2.400 EUR
Hiervon 1/2 als Bedarf der Ehefrau	1.200 EUR
II. Berechnung des Anspruchs	
Unterhaltsbedarf	1.200 EUR
./. Eigene Einkünfte	420 EUR
./. Angemessener Wohnwert	500 EUR
verbleibender Anspruch	280 EUR

Der Ehemann hat also nur noch einen Unterhalt von 280 EUR zu zahlen, bezahlt dafür aber auch den vollen Aufwand für die Wohnung in Höhe von 740 EUR. Die Ehefrau verfügt demgegenüber über 700 EUR Barmittel bei freiem Wohnen.

Variante 2 – nach Ehescheidung
Die Ehefrau bleibt weiterhin in der früheren Ehewohnung, zahlt an den Ehemann aber nunmehr gleichsam für seine Miteigentumshälfte ein Nutzungsentgelt in Höhe der Hälfte des Nutzungswertes und übernimmt außerdem die Hälfte der mit der Wohnung verbundenen Lasten, trägt diese also im Ergebnis ganz:

Bedarf unverändert	1.200 EUR
./. Eigene Einkünfte	420 EUR
./. Wohnwert der Ehewohnung	0 EUR
weil der Ehemann sein Nutzungsentgelt erhält und die auf die Ehefrau	
entfallenden Lasten nicht mehr trägt	
verbleibender Anspruch	780 EUR

Die Ehefrau verfügt nunmehr über Barmittel von insgesamt 1.200 EUR, muss davon aber den gesamten Wohnwert der früheren Ehewohnung mit 740 EUR bezahlen, so dass ihr nur noch Barmittel von 460 EUR und damit 240 EUR weniger als in Variante 1 verbleiben. Ob sie sich die zu groß gewordene Ehewohnung dennoch leisten kann oder will, muss sie entscheiden.

---

[220] BGH NJW 1986, 1340.

5. Nutzungs- und Mietverhältnis

270 Nutzungsverhältnisse dürfen **nicht mit einem Mietverhältnis verwechselt werden.** Denn ein Nutzungsverhältnis ist anders als ein Mietverhältnis prinzipiell jederzeit kündbar und genießt auch sonst nicht den für Mietverhältnisse geltenden gesetzlichen Schutz. Alternativ kommt aber selbstverständlich auch der Abschluss eines Mietvertrages auf der Grundlage der im Papierwarenhandel erhältlichen Formularverträge in Betracht, zumal derjenige Ehegatte, der einen Anspruch auf Überlassung der Ehewohnung hat, gegen den anderen gemäß § 1568a Abs. 5 BGB sogar einen Anspruch auf Begründung eines Mietverhältnisses zu ortsüblichen Bedingungen hat.

II. Die Regelung der Rechtsverhältnisse an einer Mietwohnung/einem Miethaus

1. Trennung und Mietverhältnis

271 Besteht in der ersten Zeit der Trennung oft nur das Bedürfnis, die konkrete Nutzung der ehelichen Wohnung zu regeln, so sollten doch anlässlich des Auszuges eines Partners aus der Ehewohnung auch schon die Rechtsverhältnisse an der Wohnung so weit wie möglich geklärt werden. Dabei ist natürlich bei einer Mietwohnung bzw. Miethaus in erster Linie an die Zahlung der **Miete** und der **Miet-Nebenkosten** durch einen der Ehepartner oder beide gemeinsam zu denken. Denn der Auszug eines Ehepartners aus der Ehewohnung bleibt, wie schon erwähnt, grundsätzlich ohne jeden Einfluss auf das Mietverhältnis. Dieses besteht also fort, wenn es nicht gekündigt wird. Es bleibt jedoch den Ehepartnern überlassen, wer von ihnen die Zahlung der Miete und der Miet-Nebenkosten übernehmen soll. Dies deshalb, weil es dem Vermieter natürlich gleichgültig ist, wer ihm die Miete zahlt, wenn sie nur pünktlich eingeht. Der Ehepartner, der die Miete zahlt, obwohl er nicht in der Wohnung wohnt, kann von dem zurückbleibenden Ehegatten gemäß § 1361 Abs. 3 S. 2 BGB eine Nutzungsvergütung verlangen oder seine Leistung gegebenenfalls mit dem von ihm geschuldeten Unterhalt verrechnen. Dringend zu empfehlen ist jedoch eine Regelung, wonach derjenige Ehepartner, der in der Wohnung bleibt, auch die Miete und die Nebenkosten zahlt. Denn zum einen führt dies zu einer klaren Trennung der beiderseitigen Unterhaltssphären und ermöglicht dem unterhaltsberechtigten Ehepartner, seine Unterhaltsbedürfnisse nach seinen Vorstellungen zu befriedigen; und zum anderen hat der in der Wohnung verbleibende Ehepartner auf diese Weise am besten die ordnungsgemäße Abwicklung des Mietverhältnisses unter Kontrolle.

272 Hat das Ehepaar den **Mietvertrag,** wie häufig, gemeinsam abgeschlossen, so kann er auch nur **gemeinsam gekündigt** werden. Dies bietet dem in der Wohnung verbleibenden Ehepartner die Sicherheit, nicht etwa durch eine einseitige Kündigung des ausziehenden Ehepartners vor vollendete Tatsachen gestellt zu werden. Dafür haftet das Ehepaar dem Vermieter aber auch dann noch gemeinsam für die Erfüllung des Mietverhältnisses, wenn einer von ihnen schon lange ausgezogen ist. Zahlt also zum Beispiel der in der Wohnung verbliebene Ehepartner die Miete nicht mehr

II. Die Regelung der Rechtsverhältnisse an einer Mietwohnung/einem Miethaus

oder richtet er einen dem Vermieter zu ersetzenden Schaden an, so kann der Vermieter ohne weiteres auch den ausgezogenen Ehepartner auf die Zahlung der Miete oder Schadensersatz in Anspruch nehmen. Hat der ausgezogene Ehepartner dagegen den Mietvertrag über die Ehewohnung allein abgeschlossen, so ändert sein Auszug zwar ebenfalls nichts an seiner fortbestehenden Haftung für die Erfüllung des Mietvertrages; doch hat er dann eben die Möglichkeit, das Mietverhältnis allein und ohne jede Kenntnis des in der Wohnung verbliebenen Ehepartners zu kündigen und sich auf diese Weise von seiner Haftung zu befreien.

Alle diese Risiken für beide Teile sprechen dafür, der tatsächlichen Trennung des Ehepaares auch die Trennung der Rechtsverhältnisse an der Ehewohnung folgen zu lassen, also einen gemeinsam abgeschlossenen Mietvertrag zu kündigen. Dabei ist dann allerdings unbedingt darauf zu achten, dass zuvor mit dem **Vermieter Einigkeit** über die Fortsetzung des Mietverhältnisses mit dem in der Wohnung verbleibenden Ehepartner allein erzielt worden ist. Denn die Ehegatten können dem Vermieter zwar gemäß § 1568a Abs. 3 Nr. 1 BGB, gemeinsam Mitteilung davon machen, wer von ihnen in Zukunft die Wohnung nutzen wird und auf diese Weise von Gesetzes wegen ab Rechtskraft ihrer Ehescheidung ein neues Mietverhältnis mit dem nunmehr allein nutzungsberechtigten Ehegatten begründen. Der Vermieter hat in diesem Fall jedoch gemäß § 563 Abs. 4 BGB das Recht, das Mietverhältnis mit der gesetzlichen Frist zu kündigen, wenn in der Person des die Wohnung allein nutzenden Ehegatten ein „wichtiger Grund" vorliegt, also zum Beispiel begründete Zweifel an seiner Zahlungsfähigkeit bestehen. Aus diesem Grunde sollten jedenfalls bestehende Unsicherheiten in einem vorherigen Gespräch mit dem Vermieter ausgeräumt werden. 273

2. Abwicklung eines Mietverhältnisses

Zur Abwicklung eines gemeinsam eingegangenen Mietverhältnisses gehört auch eine Regelung über **Nachzahlungen** und **Rückerstattungen** von Nebenkosten, die von demjenigen geleistet werden bzw. demjenigen zugute kommen sollten, der sie bisher schon gezahlt hat. Da der ausgezogene Ehepartner nach seinem Auszug die bezahlten bzw. noch zu bezahlenden Nebenleistungen allerdings nicht mehr in Anspruch nehmen konnte, ist auch an eine auf den Abrechnungszeitraum bezogene, zeitanteilige Aufteilung der Beträge zu denken. 274

Die **Mietkaution** wird erst nach Ende des Mietverhältnisses sowie Ablauf einer angemessenen Prüfungs- und Überlegungsfrist des Vermieters fällig. Erst dann kommt auch ein Ausgleichsanspruch des ausgezogenen Ehepartners gegen den in der Wohnung verbliebenen Ehepartner in Betracht[221], doch wird die Kaution zu einem Ausgleich der **Renovierungspflichten** verwendet werden müssen, wenn diese, wie meist, nicht schon während des Mietverhältnisses erfüllt worden sind. Dann fallen aber in der Regel ganz erhebliche Kosten an, die nicht allein demjenigen Ehepartner auferlegt werden können, der in der früheren Ehewohnung verblieben ist. Denn der ausgezogene Ehegatte hat in der Zeit seines Zusammenlebens mit dem anderen zu der Renovierungsbedürftigkeit der Wohnung mehr oder weniger beigetragen und kann sich durch seinen Auszug von seiner – latenten – Renovierungspflicht nicht einfach befreien. Auch über diese Punkte sollten sich die Ehepartner deshalb im Zuge ihrer Trennung unbedingt verständigen. 275

---

[221] OLG München FamRZ 2013, 552.

III. Die Regelung der Rechtsverhältnisse bei Mit- und Alleineigentum

1. Verbindlichkeiten und Kosten

276 Hat ein Ehepaar bis zu seiner Trennung eine im beiderseitigen **Miteigentum** oder im **Alleineigentum** eines der Ehepartner stehende Wohnung oder Haus bewohnt, so kann bei einer Miteigentümergemeinschaft jeder der Partner aufgrund der endgültigen Trennung von dem anderen eine Neuregelung der Verwaltung und Benutzung des gemeinsamen Eigentums verlangen, und für den Alleineigentümer gilt selbstverständlich nichts anderes. Soll einem der Partner die Ehewohnung zumindest zunächst einmal zur **alleinigen Nutzung** überlassen werden, kommen auch in diesem Fall die unter → Rn. 265 ff. dargelegten Grundsätze zur Anwendung.

277 Bei den statt der Miete anfallenden festen Kosten und hier insbesondere den **Zins- und Tilgungsleistungen** wird deren Verteilung auf die Ehepartner dagegen von der bisherigen Übung, ihrer wirtschaftlichen Leistungsfähigkeit und den Eigentumsverhältnissen an der Wohnung oder an dem Haus abhängen. Zu empfehlen ist aber auch hier wieder, jedenfalls **klare Abgrenzungen** zwischen der wirtschaftlichen Verantwortung für die Wohnung oder das Haus einerseits und möglichen Unterhaltsansprüchen andererseits zu schaffen. Sind beide Ehepartner zu je 1/2 Miteigentümer, sollten sie deshalb auch die Zins- und Tilgungsleistungen sowie die anfallenden festen Kosten je zur Hälfte tragen. Denn bei einem Scheitern der Ehe gilt grundsätzlich § 426 Abs. 1 S. 1 BGB, wonach Gesamtschuldner auch im Innenverhältnis zu gleichen Anteilen für die Schulden haften, wenn nicht ein anderes bestimmt ist. Nicht einmal der Umstand, dass einer dieser Gesamtschuldner nur zu einem geringeren Teil oder sogar überhaupt nicht über die Mittel verfügt, um zur Tilgung der Schulden beizutragen, reicht aus, um ihn von der gleichmäßigen Mithaft zu befreien[222]. Gemildert wird diese Rechtsfolge für den Ehepartner mit den geringeren Einkünften dadurch, dass der andere

- durch eine solche Aufteilung entsprechend entlastet wird und ihm deshalb einen höheren Unterhalt zahlen muss,
- von ihm jedenfalls in der ersten Zeit der Trennung für die Nutzung seines (Mit-)Eigentums auch nur eine begrenzte Vergütung verlangen kann (vgl. dazu oben → Rn. 267 f.).

278 Die Übernahme der hälftigen festen Kosten der Wohnung und die Zahlung einer Nutzungsvergütung an den ausgezogenen Ehepartner stellen bei einer Miteigentümergemeinschaft allerdings nicht die einzige denkbare Neuregelung der Verwaltung und Benutzung des gemeinschaftlichen Eigentums dar. Vielmehr ist jedes Ehepaar frei, auch andere Gestaltungen wie zB die alleinige Übernahme der Wohnungs- oder Hauskosten durch den in der Ehewohnung verbliebenen Ehepartner oder eine Verrechnung mit sonst zu erbringenden Barunterhaltsleistungen zu wählen. Dabei kann die Entscheidung für die eine oder andere Möglichkeit

---

[222] BGH NJW 1983, 1845.

III. Die Regelung der Rechtsverhältnisse bei Mit- und Alleineigentum

auch stillschweigend getroffen werden[223], doch ist natürlich einer ausdrücklichen Regelung der Vorzug zu geben. Das gilt insbesondere für die **Nutzungsvergütung**, die nicht schon durch die bloße Tatsache ausgelöst wird, dass der andere das Miteigentum allein nutzt, sondern frühestens dann, wenn von dem ausgezogenen Miteigentümer mit hinreichender Deutlichkeit eine Neuregelung der Verwaltung und Benutzung des Miteigentums gefordert worden sind.[224] Die anfallenden **Verbrauchskosten** für Heizung, Wasser, Strom und ähnliches sollte der in der Ehewohnung verbleibende Ehepartner möglichst bald übernehmen, da er sie sich, solange sie von dem anderen Partner getragen werden, ohnehin auf seinen Unterhalt anrechnen lassen muss.

2. Nutzungsvergütung

Überlässt ein Ehepartner dem anderen die im Miteigentum beider oder gar in seinem Alleineigentum stehende Wohnung und beteiligt er sich weiterhin an deren festen Kosten oder trägt er sie allein, dann entspricht es in aller Regel der Billigkeit, dass der in der Wohnung verbleibende Ehepartner ihm eine **Vergütung** für die Nutzung seines in der Wohnung bzw. dem Haus gebundenen Kapitals zahlt. Das führt dann zwar dazu, dass der in der Wohnung verbleibende Partner nicht nur mit seinem eigenen Anteil an den festen Kosten und Zins- und Tilgungsleistungen, sondern auch mit der an den ausziehenden Ehepartner zu zahlenden Nutzungsvergütung belastet ist. Zu bedenken ist jedoch, dass mit der (anteiligen) Zahlung der festen Kosten und der Nutzungsvergütung nicht nur der eigene Wohnbedarf gedeckt, sondern auch noch Vermögen gebildet wird, der Partner aber nicht dazu verpflichtet ist, zur Vermögensbildung des jeweils anderen beizutragen. Ob man sich bei einer Trennung, die ohnehin mit vielen zusätzlichen Kosten verbunden ist, eine Vermögensbildung überhaupt noch leisten kann oder will, muss deshalb jeder der Ehepartner selbst entscheiden. 279

Wird die **Nutzungsvergütung**, wegen deren Höhe auf die Ausführungen unter oben → Rn. 267 f. verwiesen werden kann, mit dem Unterhalt verrechnet, dieser also von vornherein niedriger bemessen, so müssen die **einkommensteuerlichen Folgen** bedacht werden. Denn nach der Rechtsprechung des BFH[225] bleibt die „unentgeltliche" Überlassung einer Wohnung an den geschiedenen oder getrennt lebenden Ehegatten aufgrund einer Unterhaltsvereinbarung steuerlich neutral, so dass die mit der Wohnung verbundenen Kosten nicht als Werbungskosten geltend gemacht werden können. Stattdessen bietet es sich deshalb an, mit dem geschiedenen oder dauernd getrennt lebenden Ehegatten einen Mietvertrag abzuschließen und an ihn einen um die vereinbarte Miete erhöhten Barunterhalt zu zahlen. Denn schon wenn die Miete 66 % der ortsüblichen Miete ausmacht, können die mit der Wohnung im Zusammenhang stehenden Werbungskosten gemäß § 21 Abs. 2 EStG in vollem Umfang abgezogen werden.[226] Daneben können außerdem noch der (erhöh- 280

---

[223] BGH NJW-RR 1993, 386.
[224] BGH NJW 1982, 1753; NJW-RR 2005, 1200. Einer Bezifferung des geforderten Entgelts bedarf es nicht – BGH NJW 1989, 1030.
[225] BStBl 1992 II, 1009.
[226] BFH BStBl 2003 II, 646.

te) Barunterhalt sowie gegebenenfalls der Wert der unentgeltlichen (Teil-)Überlassung der Wohnung im Rahmen des Realsplittings berücksichtigt werden.

281 Ist der Unterhaltspflichtige auf die Ausnutzung dieser steuerlichen Entlastungsmöglichkeiten nicht angewiesen, kommt statt der bloßen Überlassung der Ehewohnung auch die **Begründung dinglicher,** also im Grundbuch abgesicherter **Nutzungsrechte** in Betracht. Sie bietet dem Berechtigten natürlich die größte Sicherheit hinsichtlich der zukünftigen Nutzung der bisherigen Ehewohnung, ist aber auch für den Unterhaltspflichtigen dann von Interesse, wenn er sonst einen Barunterhalt zu zahlen hätte, der den im Rahmen des Realsplittings gemäß § 10 Abs. 1a Nr. 1 EStG steuerlich höchst zulässigen Abzug von 1.150 EUR monatlich überstiege, also in Höhe des Mehrbetrages aus seinem versteuerten Einkommen zu zahlen wäre. Denn der Nutzungswert einer Eigentumswohnung oder eines Eigenheimes gehört, wie in → Rn. 244 schon dargelegt wurde, zu den bei der Unterhaltsbemessung zu berücksichtigenden Einkünften, führt also zu einer entsprechenden Verminderung des Unterhaltsanspruchs.

282 Dient die Einräumung eines solchen dinglichen Nutzungsrechtes der – zumindest teilweisen – Abgeltung zukünftiger Unterhaltsansprüche, kommt daneben eine Berücksichtigung bei einem eventuellen **Zugewinnausgleich** nicht mehr in Betracht.

IV. Haushaltsgegenstände

1. Abgrenzung zum Vermögen

283 Zum **Haushalt** gehören alle Gegenstände, die nach den Vermögens- und Lebensverhältnissen des Ehepaares und seiner Kinder für das Zusammenleben sowie für die Wohnung und die Hauswirtschaft bestimmt sind. Bei entsprechend anspruchsvollen Verhältnissen können deshalb auch hochwertiges Porzellan, wertvolle Teppiche und kostbare Kunstgegenstände[227] oder ein Pkw[228] zum Hausrat gehören, wenn er nur für die Zwecke der Familie wie Einkaufen, Schul- und Wochenendfahrten benutzt wird.

284 Nicht zum Hausrat gehört dagegen, was zur Berufsausübung notwendig (Fotoausrüstung eines Berufsfotografen) oder als Kapitalanlage (Edelsteine, wertvolle Sammlerstücke) angeschafft worden oder zum persönlichen Gebrauch eines Ehepartners bestimmt ist (Schmuck, Familienandenken, Briefmarken- oder Münzsammlungen). Nicht zum aufzuteilenden Hausrat gehört auch alles das, was im Alleineigentum eines Ehegatten steht, also zB **nach der Trennung** des Ehepaares für einen neuen Haushalt angeschafft worden ist.[229]

285 Für die Zuordnung zum Hausrat kommt es infolgedessen in erster Linie darauf an, für welchen Nutzungszweck ein Gegenstand angeschafft worden ist, nicht dagegen darauf, um was für einen Gegenstand es sich jeweils handelt. Die Unterscheidung ist deshalb von Bedeutung, weil Hausrat, der gemäß § 1568 Abs. 1 BGB unter den Ehegatten zu verteilen ist, **nicht dem Zugewinnausgleich** unterliegt und

---

[227] BGH NJW 1984, 1758.
[228] BGH FamRZ 1983, 794 und FamRZ 1991, 43.
[229] BGH NJW 1984, 484 (486) und NJW 2011, 601.

IV. Haushaltsgegenständew

umgekehrt.²³⁰ Er ist also selbst dann, wenn es sich um erhebliche Werte handeln sollte, bei der Ermittlung eines während der Ehe erzielten Zugewinns nicht zu berücksichtigen, andererseits aber auch dann aufzuteilen, wenn gar keine Zugewinngemeinschaft besteht oder ein Zugewinnausgleich aus anderen Gründen nicht stattfindet.

2. Allein- und Mieteigentum

Die einem Ehepartner allein gehörenden Gegenstände, also zum Beispiel solche, die er mit in die Ehe gebracht hat (Aussteuer) oder die während der Ehe für ihn allein angeschafft worden sind (Briefmarkensammlung), kann er in jedem Fall wieder für sich allein beanspruchen. Hausrat, der während der Ehe für den gemeinsamen Haushalt angeschafft worden ist, gilt gemäß § 1568b Abs. 2 BGB für die Verteilung allerdings als gemeinsames Eigentum, es sei denn, dass das **Alleineigentum** eines Ehepartners feststeht. Es handelt sich hier um eine nur schwer widerlegbare gesetzliche Vermutung. Denn es genügt nicht, dass ein Haushaltsgegenstand von nur einem Ehepartner im eigenen Namen gekauft und auch von ihm bezahlt worden ist, sondern es muss außerdem noch bewiesen werden, dass der Gegenstand auch zur alleinigen Benutzung durch diesen Ehepartner erworben wurde. 286

Geschenke von Dritten, insbesondere Hochzeitsgeschenke von Familienangehörigen, werden regelmäßig dem Ehepaar gemeinsam gemacht und stehen deshalb nicht im Alleineigentum desjenigen Ehepartners, von dessen Familienangehörigen sie herrühren. Etwas anderes gilt für solche Geschenke, die eindeutig nur einem der Ehepartner persönlich gemacht worden sind, wie zum Beispiel altes Familiensilber oder Familienschmuck und Geschenke zu Geburtstagen. 287

3. Aufteilungsgrundsätze

Für die **Aufteilung** des gemeinschaftlichen Hausrats gelten bei einer Trennung des Ehepaares gemäß § 1361a Abs. 1 und 2 BGB die Grundsätze der **Billigkeit,** bei der Scheidung der Ehe kommt es gemäß § 1568b Abs. 1 BGB dagegen in erster Linie darauf an, welcher Ehegatte auf die Nutzung des jeweiligen Gegenstandes unter Berücksichtigung des Wohls der im Haushalt bleibenden Kinder und der Lebensverhältnisse der Ehegatten in stärkerem Maße angewiesen ist. Anders als beim Zugewinnausgleich, ist also auf den gemeinschaftlichen Hausrat nicht ohne weiteres das Halbteilungsprinzip anzuwenden, sondern es sollen vor allem Zweckmäßigkeitsgesichtspunkte eine Rolle spielen. Dementsprechend bietet es sich an, Haushaltsgegenstände wie eine Waschmaschine oder die Einrichtung des Kinderzimmers demjenigen Ehepartner zuzuteilen, bei dem die Kinder in Zukunft wohnen werden. Auf der anderen Seite sollte insbesondere der in der Ehewohnung verbleibende Ehepartner immer bedenken, dass die Einrichtung einer neuen Wohnung für den ausziehenden Ehepartner in jedem Fall sehr teuer werden wird, weil sie auch mit der Anschaffung von Gardinen, Lampen, Teppichen und ähn- 288

---

²³⁰ BGH NJW 2011, 601 = FamRZ 2011, 183 und FamRZ 2011, 1039.

F. Ehewohnung und Haushaltsgegenstände

lichen Einrichtungsgegenständen verbunden ist, die bei der Bewertung des Hausrates leicht vergessen werden. Eine gewisse Großzügigkeit bei der Zuteilung einzelner Stücke an den ausziehenden Ehepartner ist deshalb durchaus am Platze.

4. Rechtsfolgen der Aufteilung

289   Zu bedenken ist in diesem Zusammenhang auch, daß jedem Ehegatten für die dem jeweils anderen überlassenen Haushaltsgegenstände gemäß § 1568b Abs. 3 BGB eine angemessene **Ausgleichszahlung** zusteht, deren Höhe sich nach dem Verkehrswert des jeweiligen Gegenstandes in seinem gebrauchten Zustand richtet. Angesichts der mit einer Trennung und Scheidung ohnehin verbundenen hohen finanziellen Belastungen wird dies dem zur Zahlung verpflichteten Ehepartner regelmäßig nicht leicht fallen, weshalb eine möglichst ausgewogene Aufteilung der Haushaltsgegenstände angestrebt werden sollte. Ist beim Auszug nur ein Teil des Hausrats mitgenommen worden und hat sich der ausgezogene Ehepartner zur Einrichtung seiner neuen Wohnung schon Hausrat hinzugekauft, so besteht allerdings regelmäßig der Wunsch, es – mit oder ohne Ausgleichszahlung – bei der einmal geschaffenen Aufteilung zu belassen. Dabei sollte jedoch bedacht werden, dass die mit dem Kauf von neuem Hausrat verbundenen Schulden einem Unterhaltsberechtigten nicht entgegengehalten werden können, es sei denn, die Anschaffung wäre auch nach Durchführung der Hausratteilung notwendig gewesen.

290   Auf der anderen Seite sollte auf eine, wie auch immer geartete, aber eindeutige Regelung nicht verzichtet werden. Denn mit einem Auszug aus der Ehewohnung werden zwar der Besitz, nicht aber die anderen Rechte des ausgezogenen Ehepartners an den in seinem alleinigen Eigentum stehenden Gegenständen und am gemeinschaftlichen Hausrat aufgegeben, sodass der zurückbleibende Ehepartner nicht etwa nach Gutdünken darüber verfügen kann.

291   Zu beachten ist bei der Hausratsteilung auch, dass **Hausrat, der noch nicht voll bezahlt ist,** in der Regel nur unter **Eigentumsvorbehalt** des Verkäufers geliefert worden sein dürfte. Ohne dessen Einverständnis kann dann aber auf Seiten des Käufer-Ehepaares nicht einfach ein Schuldnerwechsel durchgeführt oder einer der Ehepartner aus der Verbindlichkeit entlassen werden. Infolgedessen kommt insoweit nur eine Regelung im Verhältnis der Ehepartner untereinander zum Beispiel dahingehend in Betracht, dass derjenige, der einen noch nicht bezahlten Gegenstand übernimmt, auch die damit noch verbundenen Kreditraten zu zahlen und den anderen Ehepartner von der Haftung für diese Verbindlichkeiten freizustellen hat. Im Verhältnis zum Lieferanten verbleibt es dagegen bei der Haftung auch des anderen Ehepartners.

292   Erwähnt sei in diesem Zusammenhang schließlich noch, dass sich eine **Hausratversicherung** immer nur auf den Hausrat des jeweiligen Versicherungsnehmers in **dessen** Wohnung bezieht, also nicht den – aufgeteilten – Hausrat in zwei verschiedenen Wohnungen deckt. Zieht der Versicherungsnehmer aus der ehelichen Wohnung aus und lässt er den gemeinsamen Hausrat dort ganz oder teilweise zurück, besteht deshalb dafür kein Versicherungsschutz mehr. Der in der Ehewohnung verbliebene Ehepartner muss infolgedessen für den ihm zufallenden Hausrat eine neue Versicherung abschließen.

V. Die richterlichen Gestaltungsmöglichkeiten

Kann sich ein Ehepaar nicht über die zukünftige Gestaltung der Rechtsverhältnisse an der Ehewohnung und am gemeinsamen Hausrat verständigen, hat auch der Familienrichter aufgrund richterlicher Gestaltungsmacht die Möglichkeit, weitgehend dieselben Lösungen herbeizuführen, die vorstehend schon dargestellt worden sind. 293

1. Ehewohnung

Die während des Getrenntlebens gemäß § 1361b BGB getroffenen Regelungen des Richters zur Nutzung der Ehewohnung sind zwar nur vorläufiger Natur, doch können sie im Zuge des Ehescheidungsverfahrens auf **Antrag** (§ 203 FamFG) in endgültige Regelungen umgewandelt werden. Gemäß § 1568a Abs. 1 kommt es dabei darauf an, welcher Ehegatte auf die Nutzung der Wohnung unter Berücksichtigung des Wohls der im Haushalt lebenden Kinder und der Lebensverhältnisse der Ehegatten in stärkerem Maße angewiesen ist oder die Überlassung aus anderen Gründen „der Billigkeit" entspricht. Sind Kinder vorhanden, wird also in der Regel derjenige Ehegatte die Überlassung der Ehewohnung verlangen können, der die Kinder zukünftig betreut. Ist einer der Ehegatten allein oder gemeinsam mit einem dritten Eigentümer des Grundstücks, auf dem sich die Ehewohnung befindet, oder steht ihm allein oder gemeinsam mit einem Dritten ein Nießbrauch, das Erbbaurecht oder ein dingliches Wohnrecht an dem Grundstück zu, so kann der andere Ehegatte die Überlassung gemäß § 1568a Abs. 2 BGB allerdings wiederum nur dann verlangen, wenn dies notwendig ist, um für ihn eine „unbillige Härte" zu vermeiden. Als weitere, bei der Entscheidung zu berücksichtigende Gesichtspunkte kommen in Betracht: Die wirtschaftlichen Verhältnisse der Ehepartner; die Tatsache, dass einer der Ehepartner schon bei der Eheschließung in der Wohnung gewohnt hat; das Wohnen naher Angehöriger im selben Haus; persönliche Verhältnisse wie Alter, Gesundheitszustand und Hilfsbedürftigkeit. 294

Der richterlichen Gestaltungsmacht sind bei der Ausübung des Ermessens kaum Grenzen gesetzt. So kann der Richter für eine **Mietwohnung** gemäß § 1568a Abs. 3 Nr. 2 BGB bestimmen, dass ein von beiden Ehegatten eingegangenes Mietverhältnis von einem allein fortgesetzt wird, oder dass einer der Ehegatten anstelle des anderen in ein von diesem eingegangenes Mietverhältnis eintritt. Besteht kein Mietverhältnis an der Ehewohnung, so kann der Richter gemäß Abs. 5 der gleichen Vorschrift zugunsten eines Ehegatten ein Mietverhältnis an der Wohnung begründen. Hierbei setzt er dann auch den – ortsüblichen – Mietzins fest. Eine gewisse Einschränkung erfährt die richterliche Gestaltungsmacht lediglich durch § 1568a Abs. 2 BGB, wonach er eine Wohnung, deren **Eigentümer** der andere Ehegatte **allein** oder gemeinsam mit einem Dritten ist, dem anderen nur zuweisen soll, wenn dies notwendig ist, um eine unbillige Härte zu vermeiden. Dies könnte zB dann der Fall sein, wenn in der Wohnung zugleich eine berufliche Praxis oder ein Gewerbebetrieb ausgeübt wird, der nicht anderswohin verlegt werden kann. 295

2. Haushaltsgegenstände

296 Leben die Ehegatten getrennt, hat der Richter die Haushaltsgegenstände, die den Ehegatten gemeinsam gehören, zwischen ihnen nach den Grundsätzen der Billigkeit zu verteilen (§ 1361a Abs. 1 und 2 BGB). Die Eigentumsverhältnisse an den Haushaltsgegenständen bleiben von dieser Verteilung allerdings bis zur rechtskräftigen Scheidung der Ehe unberührt, sofern die Ehegatten nichts anderes vereinbaren (§ 1361a Abs. 4 BGB).

297 Bei der Scheidung der Ehegatten hat der Richter die Haushaltsgegenstände, die beiden Ehegatten gemeinsam gehören, dann wiederum nur auf Antrag (§ 203 FamFG) nach den vorstehend unter Rn. 288 dargelegten Grundsätzen endgültig zu verteilen. Dazu gehört gemäß § 1568b Abs. 3 BGB auch die Auferlegung einer angemessenen Ausgleichszahlung. Haushaltsgegenstände, die im Alleineigentum eines Ehegatten stehen, können nicht dem anderen Ehegatten zugewiesen werden, unterliegen aber dem Zugewinnausgleich.[231]

---

[231] BGH FamRZ 2011, 1039.

G. Zugewinnausgleich und Vermögensauseinandersetzung

Im Laufe einer Ehe ergeben sich für ein Ehepaar vielfältige, mehr oder weniger enge wirtschaftliche Verflechtungen. Das fängt bei dem gemeinsam abgeschlossenen Mietvertrag und gemeinsam abgeschlossenen Kaufverträgen über Hausrat an, geht weiter über gemeinsame Bank- und Sparkonten sowie gemeinsam aufgenommene Kredite, und reicht bis hin zur Miteigentümergemeinschaft an einer Eigentumswohnung/einem Eigenheim und zum gemeinsam betriebenen Geschäft. Hinzu kommt das eheliche Güterrecht, das das Vermögen des Mannes und der Frau im Hinblick auf ihre Ehe speziellen Bindungen unterwirft. Alle diese Rechtsbeziehungen sollten anlässlich der Trennung, spätestens aber bei der Ehescheidung geregelt werden, weil es sonst noch lange Zeit nach der Ehescheidung zu unliebsamen Überraschungen kommen kann, wenn nämlich ein Ehepartner die von ihm bis dahin nur stillschweigend übernommenen gemeinsamen vertraglichen Verpflichtungen gegenüber Dritten plötzlich nicht mehr erfüllen kann oder will, und dieser Dritte daraufhin den anderen Ehepartner nötigenfalls auch noch für länger zurückliegende Zeiträume auf Erfüllung dieser Verpflichtungen in Anspruch nimmt. 298

Die nachfolgenden Ausführungen können sich allerdings nicht mit allen, ja nicht einmal mit den meisten der in der Praxis auftretenden Probleme befassen, sondern müssen sich auch hier, dem Ziel des vorliegenden Buches folgend, auf die Erörterung von Standardsituationen beschränken. Diese ergeben sich aus dem in der heutigen Bundesrepublik Deutschland nahezu allein gültigen **gesetzlichen Güterstand der Zugewinngemeinschaft** (der gesetzliche Güterstand der ehemaligen Deutschen Demokratischen Republik, die **Eigentums- und Vermögensgemeinschaft,** ist mit dem Beitritt der früheren DDR zur alten Bundesrepublik Deutschland außer Kraft getreten und die in deren Gebiet lebenden Ehepaare haben von ihrem bis zum 2.10.1992 befristeten Recht zur Fortsetzung dieses Güterstandes nur in verschwindend geringer Zahl Gebrauch gemacht). Dabei ist der Begriff „Gemeinschaft" allerdings irreführend, weil durch diesen Güterstand gerade keine Vermögensgemeinschaft des Ehepaares geschaffen wird. Vielmehr heißt es in § 1363 Abs. 2 S. 1 BGB ausdrücklich: 299

„Das Vermögen des Mannes und das Vermögen der Frau werden nicht gemeinschaftliches Vermögen der Ehegatten; dies gilt auch für Vermögen, das ein Ehegatte nach der Eheschließung erwirbt."

Nach § 1364 1. Hs. BGB verwaltet auch jeder Ehegatte sein Vermögen grundsätzlich selbständig. Die Zugewinngemeinschaft kann daher vereinfacht als „**Gütertrennung mit Zugewinnausgleich** bei Beendigung des Güterstandes" definiert werden. 300

G. Zugewinnausgleich und Vermögensauseinandersetzung

I. Zugewinnausgleich

1. Die Prinzipien des Zugewinnausgleichs

a) Grundlagen

301 Ziel des **gesetzlichen** Güterstandes ist es, bei seiner Beendigung den **Zugewinn**, den die Ehepartner bis dahin in der Ehe erzielt haben, **auszugleichen**. Dem liegt der Gedanke zugrunde, dass der jeweilige Zugewinn auf einer gemeinsamen und gleichwertigen Lebensleistung des Ehepaares beruht und deshalb jeder Ehepartner bei Beendigung des Güterstandes auch gleichviel davon erhalten soll, unabhängig davon, in wessen Vermögenssphäre der Zugewinn – mehr oder weniger zufällig – eingetreten ist. Ermittelt wird der Zugewinn, indem das bei der Beendigung des Güterstandes vorhandene Vermögen jedes Ehepartners (**Endvermögen**) mit seinem bei Eintritt des Güterstandes vorhandenen Vermögen (**Anfangsvermögen**) verglichen wird. Zugewinn ist dann der Betrag, um den das Endvermögen das Anfangsvermögen übersteigt (§ 1373 BGB). Hat ein Ehepartner einen höheren Zugewinn erzielt als der andere, so steht demjenigen mit dem geringeren Zugewinn die Hälfte des Überschusses als Ausgleichsforderung zu (§ 1378 Abs. 1 BGB).

b) Anfangsvermögen

302 **Anfangsvermögen** ist gemäß § 1374 Abs. 1 BGB das Vermögen, das einem Ehegatten nach Abzug der Verbindlichkeiten beim Eintritt des Güterstandes gehört. Bei Ehepaaren, die im Güterstand der **Eigentums- und Vermögensgemeinschaft** der früheren DDR gelebt haben, ist der Güterstand der Zugewinngemeinschaft gemäß Art. 234 § 4 EGBGB erst mit der Wiedervereinigung Deutschlands am 3.10.1990 eingetreten, so dass die bis dahin von ihnen erworbenen Werte ihrem Anfangsvermögen zuzurechnen sind. Für deren Auseinandersetzung gilt gemäß Abs. 4 der gleichen Vorschrift § 39 des Familiengesetzbuchs der DDR weiterhin sinngemäß.

303 Die bei Eheschließung vorhandenen Verbindlichkeiten sind gemäß § 1374 Abs. 3 BGB über die Höhe des (Aktiv-)Vermögens hinaus abzuziehen, so dass sich durchaus ein **negatives Anfangsvermögen** ergeben kann. Auf diese Weise wird erreicht, dass auch eine Schuldentilgung während der Ehe als ein wirtschaftlicher Gewinn des bei Eheschließung verschuldeten Ehegatten bei der Zugewinnausgleichsberechnung berücksichtigt wird.

Beispiel:

Der Ehemann geht mit Schulden von 20.000 EUR in die Ehe, die Ehefrau hat bei Beginn der Ehe weder Vermögen noch Verbindlichkeiten, so dass ihr Anfangsvermögen mit 0 EUR anzusetzen ist. Am Ende der Ehe ist der Ehemann schuldenfrei, die Ehefrau verfügt über ein Sparguthaben von 20.000 EUR. Das Endvermögen der Ehefrau ist also um 20.000 EUR höher als dasjenige des Ehemannes, der Zugewinn der beiden Ehegatten wirtschaftlich gesehen aber gleich hoch. Infolgedessen muss die Ehefrau dem Ehemann (anders als nach dem bis zum 30.8.2009 gültig gewesenen Recht) keinen Zugewinnausgleich zahlen.

I. Zugewinnausgleich

Vermögen, das ein Ehepartner nach Eintritt des Güterstandes von **Todes wegen** oder mit Rücksicht auf ein künftiges Erbrecht, durch **Schenkung** oder als Ausstattung erwirbt, wird gemäß § 1374 Abs. 2 BGB **nicht dem Zugewinnausgleich** unterworfen, weil solche Vermögenswerte nicht durch eine gemeinsame Leistung des Ehepaares erworben werden (**privilegierter Erwerb**). Erreicht wird dies dadurch, dass der betreffende Vermögenswert nach Abzug der Verbindlichkeiten mit dem Wert, den er im Zeitpunkt des Erwerbs hatte, dem Anfangsvermögen hinzugerechnet wird (§ 1374 Abs. 2 iVm § 1376 Abs. 1 BGB). Spätere **Wertsteigerungen** dieses Vermögens, wie zum Beispiel die Wertsteigerung eines Grundstücks oder eines Aktiendepots, unterliegen dagegen wieder dem Zugewinn. 304

Gemäß § 1374 Abs. 2 letzter Hs. BGB ist nicht jede während der Ehe gewährte Schenkung dem Anfangsvermögen hinzuzurechnen. Vielmehr werden solche Schenkungen, die lediglich als eine Aufbesserung der Einkünfte des Ehepaares gedacht sind, von der Zurechnung zum Anfangsvermögen ausgenommen. Dabei kann es sich sowohl um einmalige Beiträge für eine Reise oder eine Anschaffung als auch um regelmäßige Zuwendungen handeln. Entscheidend sind die Absicht des Zuwendenden, die Verhältnisse des Empfängers und der Anlass der Zuwendung.[232] Die Ermittlung der meist kleineren Beträge wird auf diese Weise vermieden. Zu beachten ist auch, dass nicht jede unentgeltliche vermögenswerte Zuwendung Dritter eine Schenkung oder Ausstattung im Sinne des § 1374 Abs. 2 BGB darstellt. So führen zum Beispiel **Arbeits- oder Dienstleistungen** beim Bau eines Hauses ebenso wie Gebrauchsüberlassungen zu keiner Vermögenseinbuße bei dem Zuwendenden und erfüllen deshalb nicht den Begriff der Schenkung.[233] Gegenstand der Schenkung kann in derartigen Fällen allenfalls die ersparte Vergütung sein, die für derartige Leistungen üblicherweise gewährt zu werden pflegt. Das setzt jedoch voraus, dass die mitarbeitenden Familienmitglieder überhaupt einen Vergütungsanspruch erlangen, was aber meistens nicht der Fall ist.[234] 305

Zuwendungen von **Schwiegereltern an Schwiegerkinder**, wie zB die Überlassung eines Grundstücks zum Zwecke eines gemeinsamen Hausbaus, sind entgegen der früheren Rechtsprechung des BGH nicht wie unbenannte Zuwendungen unter Ehegatten zu behandeln, sondern als Schenkungen zu qualifizieren, auf die bei einem Scheitern der Ehe die Grundsätze über den Wegfall der Geschäftsgrundlage anzuwenden sind.[235] Dabei sind Rückforderungsansprüche der Schwiegereltern nicht schon deshalb ausgeschlossen, weil das eigene Kind und das Schwiegerkind im Güterstand der Zugewinngemeinschaft gelebt haben und das eigene Kind über den Zugewinnausgleich teilweise von der Schenkung profitiert. 306

Außerdem kommen Ansprüche der Schwiegereltern gemäß § 812 Abs. 1 S. 2 BGB wegen ungerechtfertigter Bereicherung des Schwiegerkindes in Betracht. Allerdings muss dabei darauf geachtet werden, dass der Ausgleichspflichtige wegen dieser Vermögensmehrung nicht doppelt in Anspruch genommen wird: Einmal von den Schwiegereltern auf Rückgewähr und ein zweites Mal im Rahmen des Zugewinnausgleichs von seinem Ehepartner. Um dies zu vermeiden, ist der Rückgewähranspruch der Schwiegereltern deshalb als Verbindlichkeit des Schwiegerkindes in dessen Endvermögen einzustellen. 307

---

[232] BGH NJW 1987, 2816.
[233] BGH NJW 1987, 2816.
[234] BGH NJW 1987, 2816.
[235] BGH FamRZ 2010, 958.

G. Zugewinnausgleich und Vermögensauseinandersetzung

308 Nicht dem Anfangsvermögen zuzurechnen sind schließlich **Schenkungen der Ehepartner untereinander,** weil sie aus dem Vermögen eines der Ehepartner kommen und deshalb dem Zugewinnausgleich unterworfen bleiben müssen. § 1374 Abs. 2 BGB ist deshalb einschränkend dahingehend auszulegen, dass er nur für Schenkungen von dritter Seite gilt.[236] Schenkungen unter Ehegatten werden demgegenüber, wie nachstehend unter → Rn. 332 noch dargelegt werden wird, in der Regel als Vorausleistungen auf einen späteren Zugewinnausgleichsanspruch behandelt.

309 Die **Erfassung des Anfangsvermögens** stößt insbesondere dann, wenn der gesetzliche Güterstand von langer Dauer war, auf erhebliche Schwierigkeiten. § 1377 Abs. 1 und 2 BGB räumen deshalb jedem der Ehepartner das Recht ein, von dem anderen die Aufnahme eines Verzeichnisses über den Bestand und den Wert des ihm gehörenden Anfangsvermögens und der diesem Vermögen hinzuzurechnenden Gegenstände zu verlangen. Da ein solches Verzeichnis erfahrungsgemäß jedoch nicht erstellt zu werden pflegt, wird gemäß § 1377 Abs. 3 BGB vermutet, dass das Endvermögen eines Ehegatten insgesamt seinen Zugewinn darstellt. Es bleibt dann Sache jedes Ehepartners, bei der Scheidung der Ehe diese Vermutung dadurch zu zerstören, dass er das Vorhandensein bestimmter Werte in seinem Anfangsvermögen konkret darlegt und nötigenfalls auch belegt. Eine eventuelle Beweisnot geht dann allerdings zu seinen Lasten.

c) Endvermögen

310 **Endvermögen** ist gemäß § 1375 Abs. 1 das Vermögen, das einem Ehegatten nach Abzug der Verbindlichkeiten bei Beendigung des Güterstandes gehört. Bei Ehepaaren, die im Güterstand der **Eigentums- und Vermögensgemeinschaft** der früheren DDR gelebt, ihren Güterstand bis zur Ehescheidung aber nicht auseinandergesetzt haben, ist zunächst das gemeinschaftliche Eigentum und Vermögen nach den Vorschriften des Familiengesetzbuchs der DDR zu verteilen. Sodann ist die vorgenommene Aufteilung der Vermögenswerte und Verbindlichkeiten einschließlich eventueller Ausgleichszahlungen bei jedem Ehepartner in das Anfangs- und das Endvermögen einzustellen.

311 Verfügte einer der Ehegatten oder beide über Anfangsvermögen, sind daraus erwachsene **Scheingewinne** in Folge **inflationärer Entwicklungen** aus dem Zugewinn heraus zu rechnen, und zwar unabhängig davon, ob die Vermögenspositionen des Anfangsvermögens im Endvermögen noch vorhanden sind oder nicht. Vielmehr erfolgt lediglich ein abstrakter Vermögensvergleich, bei dem der Wert des Anfangsvermögens mit Hilfe des einheitlichen Verbraucherpreisindexes (VPI) gemäß nachfolgender Formel auf das reale Wertniveau des Endvermögens umgerechnet wird[237]:

$$\frac{\text{VPI beim Ende des Güterstandes} \times \text{Anfangsvermögen}}{\text{VPI bei Beginn des Güterstandes}}$$

oder: bei privilegiertem Erwerb (→ Rn. 304) im Zeitpunkt des Vermögenserwerbs

---

[236] BGH NJW 1987, 2814.
[237] BGH NJW 1974, 131.

I. Zugewinnausgleich

Die Auswirkungen zeigen sich an folgendem

Beispiel:
Beide Ehegatten hatten bei Beginn der Ehe kein Vermögen. Im Jahre 2000 erbte die Ehefrau ein Baugrundstück, das damals einen Wert von 80.000 EUR hatte. Im Jahre 2010 kommt es zur Ehescheidung. Der Ehemann verfügt in diesem Zeitpunkt über einen PKW im Wert von 20.000 EUR, die Ehefrau nach wie vor über das Baugrundstück, das nun aber einen Wert von 100.000 EUR hat. Da das Grundstück als ein Erwerb von Todes wegen mit seinem ursprünglichen Wert von 80.000 EUR als Anfangsvermögen der Ehefrau zu behandeln ist, hätten beide Ehegatten mithin einen Zugewinn von nominal 20.000 EUR erzielt und ein Ausgleich fände nicht statt. Da die Wertsteigerung des Grundstücks der Ehefrau jedoch noch um den inflationsbedingten Scheingewinn zu bereinigen ist, muss der Wert ihres Anfangsvermögens zunächst mit Hilfe der vorstehenden Formel auf seinen Wert im Zeitpunkt der Ehescheidung umgerechnet werden (Preisindex im Basisjahr 2010 = 100; Preisindex im Jahr 2000 = 85,7):

100 x 80.000 : 85,7 = 93.348,89

In dem Wert des Baugrundstücks im Jahre 2010 von 100.000 EUR ist also ein inflationsbedingter Scheingewinn von 13.348,89 EUR enthalten, sodass sich der inflationsbereinigte Zugewinn der Ehefrau nicht auf 20.000 EUR, sondern nur auf 6.651,11 beläuft.
In der Ausgleichsberechnung schlägt sich dies wie folgt nieder:

	Ehemann	Ehefrau
Anfangsvermögen	0,00	93.348,89
Endvermögen	20.000,00	100.000,00
Zugewinn	20.000,00	6.651,11
Überschuss	13.348,89	

Hiervon 1/2 als Zugewinnausgleich 6.674,45
Im Ergebnis erhalten also beide Ehepartner von dem tatsächlich von ihnen während der Ehe erwirtschafteten Zugewinn von insgesamt 26.654,11 EUR jeweils die Hälfte = 13.325,56 EUR, wobei der Ehefrau der Wert des von ihr ererbten Grundstücks ungeschmälert vorab verbleibt.

Ebenso wie beim Anfangsvermögen sind die Verbindlichkeiten auch bei der Ermittlung des Endvermögens über die Höhe des – positiven – Vermögens hinaus abzuziehen (§ 1375 Abs. 1 S. 2 BGB), so dass sich auch ein **negatives Endvermögen** ergeben kann. Dies ist die notwendige Ergänzung zu der entsprechenden Bestimmung für das Anfangsvermögen, um mögliche Tilgungsgewinne eines bei Eheschließung verschuldeten Ehegatten beim Zugewinnausgleich auch wirklich zu erfassen. Dies zeigt folgende Abwandlung des Beispiels in → Rn. 303. **312**

Dem bei Eheschließung mit 20.000 EUR verschuldeten Ehemann gelingt es während der Ehe lediglich, seine Schulden um 10.000 EUR zu vermindern, so dass er bei der Ehescheidung immer noch 10.000 EUR Schulden hat. Dessen ungeachtet hat er aber wirtschaftlich gesehen einen „Zugewinn" von 10.000 EUR erzielt, dem der Zugewinn der Ehefrau mit 20.000 EUR gegenübersteht. Die Differenz von 10.000 EUR muss von der Ehefrau durch Zahlung von 5.000 EUR an den Ehemann ausgeglichen werden.

Voraussetzung für die Durchführung des Zugewinnausgleichs bleibt aber natürlich immer, dass einer der Ehegatten während der Ehe überhaupt einen Zugewinn erzielt hat. Denn der Zugewinnausgleich ist nicht darauf gerichtet, zwischen den Ehegatten bei der Ehescheidung unabhängig von der jeweiligen Entwicklung ihres Vermögens einen Vermögensgleichstand herzustellen. Dies soll an folgendem Beispiel verdeutlicht werden: **313**

G. Zugewinnausgleich und Vermögensauseinandersetzung

Beispiel:

Beide Ehegatten haben bei Eheschließung weder ein positives noch ein negatives Anfangsvermögen. Bei der Ehescheidung hat der Ehemann Schulden von 20.000 EUR, die Ehefrau ein Sparguthaben von 20.000 EUR. Der Ehemann hat also keinen Zugewinn erzielt, die Ehefrau einen solchen von 20.000 EUR. Diesen muss sie durch Zahlung der Hälfte, also von 10.000 EUR, an ihren Mann ausgleichen, so dass dieser immer noch mit 10.000 EUR verschuldet und der Ehefrau ein Guthaben von 10.000 EUR bleibt.

314   Zu berücksichtigen ist in diesem Zusammenhang, dass ein Zugewinnausgleichsanspruch gemäß § 1378 Abs. 2 S. 1 BGB der Höhe nach durch den Wert des Vermögens des Ausgleichspflichtigen begrenzt ist (siehe hierzu näher → Rn. 336).

315   Da der Güterstand bei einer Ehescheidung erst durch das rechtskräftige Scheidungsurteil beendet wird, verlegt § 1384 BGB den **Zeitpunkt für die Berechnung** des Zugewinns und die Höhe der Ausgleichsforderung auf den Zeitpunkt der **Rechtshängigkeit des Scheidungsantrages** vor (**Stichtagsprinzip**), und zwar unabhängig davon, wie lange das Ehepaar zuvor getrennt gelebt hat, und ob das Ehescheidungsverfahren vorangetrieben wird oder für lange Zeit ruht. Lebt ein Ehepaar seit mindestens drei Jahren getrennt, kann jedoch jeder der Partner gemäß § 1385 BGB unabhängig von der Einleitung eines Ehescheidungsverfahrens schon auf **vorzeitigen Ausgleich des Zugewinns** klagen. Gleiches gilt gemäß § 1386 Abs. 3 BGB, wenn ein Ehegatte sich ohne ausreichenden Grund beharrlich weigert, den anderen über den Bestand seines Vermögens zu unterrichten. Maßgeblicher Zeitpunkt für die Berechnung des Zugewinns ist in diesen Fällen gemäß § 1387 BGB die Erhebung der Klage auf vorzeitigen Ausgleich. Die Zeit der Trennung bis zu dem für die Berechnung des Zugewinns maßgebenden Zeitpunkt der Rechtshängigkeit des Scheidungsantrages wurde in der Vergangenheit von den voraussichtlich ausgleichspflichtigen Ehepartnern leider immer wieder dazu genutzt, ihr Vermögen durch unlautere Machenschaften zu vermindern oder auch zu verschieben, um auf diese Weise den Zugewinnausgleichsanspruch des Berechtigten zu schmälern (**illoyale Vermögensverschiebung**). Gegen derartige Manipulationen bieten die §§ 1375 Abs. 2 und 1379 Abs. 2 BGB nunmehr jedoch einen gewissen Schutz. Denn nach der zuletzt genannten Vorschrift können Ehegatten, wenn und sobald sie voneinander getrennt leben, von dem jeweils anderen Auskunft über sein Vermögen schon im Zeitpunkt der Trennung verlangen. Dieser Anspruch ist auf eine vollständige und anhand von Belegen nachprüfbare Zusammenstellung aller für den späteren Zugewinnausgleich relevanter Vermögenspositionen gerichtet (zu den Einzelheiten s. nachfolgend → Rn. 319 f.). Stellt sich das Vermögen eines Ehegatten im Zeitpunkt der Rechtshängigkeit des Scheidungsantrages dann im Vergleich zu seinem Vermögen im Zeitpunkt der Trennung als geringer dar, muss er gemäß § 1375 Abs. 2 S. 2 BGB darlegen und beweisen, dass die Vermögensminderung nicht auf illoyale Vermögensverschiebungen im Sinne des § 1375 Abs. 2 S. 1 BGB zurückzuführen ist. Gelingt ihm dies nicht, wird eine illoyale Vermögensminderung gesetzlich vermutet und der Differenzbetrag dem Endvermögen hinzugerechnet. Jedem getrenntlebenden Ehepaar ist deshalb dringend zu empfehlen, den jeweils anderen Ehegatten unverzüglich nach der Trennung zur Auskunftserteilung über sein Vermögen im Zeitpunkt der Trennung aufzufordern, wenngleich diese Auskunft gemäß § 1379 Abs. 1 S. 1 BGB auch noch bei Einreichung des Scheidungsantrages verlangt werden könnte. In diesem Zeitpunkt ist dann aber meist schon der genaue Zeitpunkt der Trennung

I. Zugewinnausgleich

umstritten, während die Auskunft immer nur bezogen auf den konkreten, genau zu datierenden Zeitpunkt verlangt werden kann.

Unabhängig von der gesetzlichen Vermutung sind gemäß § 1375 Abs. 2 S. 1 BGB jedenfalls solche Vermögenswerte als illoyale Vermögensverschiebung dem Endvermögen eines Ehepartners wieder hinzuzurechnen, die er **316**

- durch sittlich nicht gebotene Schenkungen,
- Verschwendung oder
- Handlungen verloren hat, die in der Absicht vorgenommen worden sind, den anderen zu benachteiligen.

An das Vorliegen dieser Tatbestände werden allerdings sehr hohe Anforderungen gestellt, wie sich zum Beispiel daraus ergibt, dass eine Verschwendung nicht schon dann vorliegen soll, wenn ein betrogener Ehemann aus Enttäuschung, Wut und Verärgerung spontan 8.000 EUR ausgibt. In Benachteiligungsabsicht vorgenommene Handlungen sollen nämlich nur solche sein, bei denen die Benachteiligung leitender, wenn auch nicht ausschließlicher Beweggrund des betreffenden Ehepartners ist. Als klare Indikatoren für das Bestehen einer solchen Benachteiligungsabsicht hat das OLG Rostock das Verbrennen von Bargeld bewertet.[238] **317**

Darüber hinaus soll der unlauter handelnde Ehepartner nur nach den Grundsätzen von Treu und Glauben zur Erteilung von Auskünften über seine Manipulationen verpflichtet sein.[239] Das bedeutet, dass der Auskunftsbegehrende konkrete Anhaltspunkte für ein Verhalten des anderen Ehepartners im Sinne der genannten Tatbestände vortragen und der andere dann nur über den jeweils vorgetragenen Sachverhalt Auskunft erteilen muss. **318**

Sehr viel effektiver ist es deshalb, wie dargelegt, von dem jeweils anderen Ehepartner sogleich nach der Trennung **Auskunft** über sein Vermögen im Zeitpunkt der Trennung zu verlangen. Diese Auskunft muss, ebenso wie die auf den Zeitpunkt der Rechtshängigkeit des Ehescheidungsantrages bezogene Auskunft eine geordnete, übersichtliche und für den Auskunftsberechtigten nachprüfbare Zusammenstellung aller dem Zugewinnausgleich unterliegenden Vermögensgegenstände und Verbindlichkeiten enthalten, damit der Berechtigte daraus seinen Zugewinnausgleichsanspruch errechnen kann (§ 1379 Abs. 1 S. 1 Nr. 2 BGB). Zu diesem Zweck kann auch die Vorlage von Belegen verlangt werden, (§ 1379 Abs. 1 S. 2 BGB), was bei der Bewertung von Unternehmen oder Unternehmensbeteiligungen oder von freiberuflichen Praxen die Vorlage der Bilanzen nebst Gewinn- und Verlustrechnungen der letzten drei Jahre bzw. der Einnahmenüberschussrechnungen bedeutet.[240] Außerdem umfasst die Auskunftspflicht gemäß § 1379 Abs. 1 S. 2 BGB auch die Ermittlung des **Wertes** der Vermögensgegenstände und der Verbindlichkeiten. Das heißt, dass der Auskunftspflichtige auch Angaben zum Wert der in seinem Endvermögen vorhandenen Gegenstände machen muss.[241] Einen Sachverständigen braucht er zu diesem Zweck allerdings nicht hinzuzuziehen, so dass die Kosten hierfür von dem Auskunftsberechtigten getragen werden müssen, wenn er die Hinzuziehung eines Sachverständigen verlangt.[242] **319**

---

[238] OLG Rostock FamRZ 2000, 228.
[239] BGH NJW 2005, 1492.
[240] BGH NJW 1980, 229.
[241] BGH FamRZ 2009, 595.
[242] BGH FamRZ 2007, 711.

320 Auskunft verlangt werden kann gemäß § 1379 Abs. 1 S. 1 Nr. 2 BGB nicht nur hinsichtlich des Endvermögens des jeweils anderen Ehegatten, sondern auch hinsichtlich seines Anfangsvermögens einschließlich der dem Anfangsvermögen hinzurechnenden privilegierten Erwerbe (s. dazu → Rn. 304). Dies ist für die zuverlässige Ermittlung eines Zugewinns unerlässlich, liegt dieser doch nur dann vor, wenn das Endvermögen das Anfangsvermögen einschließlich der privilegierten Erwerbe übersteigt. Für den nach dem Stand der beiderseitigen Endvermögen ausgleichspflichtigen Ehegatten ist es deshalb ohnehin von größtem Interesse, ein möglichst hohes Anfangsvermögen nachzuweisen, um auf diese Weise seine Ausgleichspflicht zu vermindern. Gelingt ihm dieser Nachweis nicht, geht seine Beweisnot allerdings zu seinen Lasten, da in § 1377 Abs. 3 BGB die gesetzliche Vermutung normiert worden ist, dass das Endvermögen eines Ehegatten zugleich seinen Zugewinn darstellt, sofern die Ehegatten über ihr Anfangsvermögen, wie meistens, kein gemeinsames Verzeichnis erstellt haben.

321 Da der Zugewinn immer nur taggenau durch einen Vergleich des Vermögens am Tag der Eheschließung mit dem Vermögen am Tag der Zustellung des Scheidungsantrages ermittelt wird, erstreckt sich die Auskunftpflicht auch nur auf den Bestand des Endvermögens am maßgeblichen Stichtag, während zwischenzeitliche Vermögensentwicklungen vollkommen unbeachtlich bleiben. Dieses strenge **Stichtagsprinzip** kann sich insbesondere bei Vermögensgegenständen, die, wie zum Beispiel Aktien oder Edelmetalle, starken Wertschwankungen unterworfen sind, je nach Standpunkt und Vermögensverhältnissen vor- oder nachteilig auswirken. Eine Abweichung davon kommt jedoch nur in extremen Ausnahmefällen nach den Grundsätzen von Treu und Glauben in Betracht.

2. Die auszugleichenden Positionen und ihre Bewertung

a) Auszugleichende Positionen

322 Dem Zugewinnausgleich unterliegen alle am Stichtag für die Berechnung des Endvermögens vorhandenen geldwerten, rechtlich geschützten Positionen, soweit sie nicht

- dem Anfangsvermögen zuzuordnen sind,
- zum Hausrat gehören[243],
- Anwartschaften auf (Alters-)Versorgungen oder Ansprüche auf laufende Versorgungen darstellen, über die der Versorgungsausgleich stattfindet (§ 2 Abs. 4 VersAusglG).

323 Im Regelfall geht es damit zunächst einmal um während der Ehe erworbene bewegliche und unbewegliche Wertgegenstände wie PKWs (sofern diese nicht der Hausratsteilung unterfallen), Gegenstände zur Freizeitgestaltung, Grundstücke, Eigentumswohnungen oder Häuser, dann aber auch um Gegenstände des persönlichen Gebrauchs wie Schmuck, Pelze, Münz- und Briefmarkensammlungen und ähnliches[244] sowie Hausrat, der erst nach der Trennung des Ehepaares angeschafft worden ist und deshalb nicht der Hausratsteilung unterliegt.[245]

---

[243] BGH NJW 1984, 484 und 2011, 601.
[244] BGH NJW 1984, 484.
[245] BGH NJW 1984, 484 (486) und NJW 2011, 601.

I. Zugewinnausgleich

Hinzu kommen alle Arten von Forderungen zum Beispiel aus Bank- oder Spargutshaben einschließlich Bausparguthaben, und zwar auch dann, wenn sie schon wenige Tage nach dem Stichtag aufgrund laufender Verpflichtungen abgebucht werden[246] sowie Steuererstattungsforderungen, die am Stichtag bereits entstanden sind. Bei Anrechten aus **Lebensversicherungen** ist im Hinblick auf § 2 Abs. 4 VersAusglG allerdings zu unterscheiden: 324

Ansprüche aus **Kapitallebensversicherungen** unterliegen grundsätzlich dem Zugewinnausgleich, und zwar auch dann, wenn dem Versicherungsnehmer ein Rentenwahlrecht vorbehalten, dieses aber noch nicht ausgeübt worden ist[247], oder wenn sie zum Zwecke der Befreiung von der gesetzlichen Rentenversicherungspflicht abgeschlossen worden sind[248]. Für Anrechte nach dem Betriebsrentengesetz und nach dem Altersvorsorgezertifizierungsgesetz (Riesterrenten), hat der Gesetzgeber allerdings in § 2 Abs. 2 Nr. 3 VersAusglG festgelegt, dass sie unabhängig von der jeweiligen Leistungsform dem Versorgungsausgleich zu unterwerfen sind, also auch dann, wenn eine einmalige Kapitalzahlung vorgesehen ist. Reine **Rentenlebensversicherungen** sind selbstverständlich auf jeden Fall dem Versorgungsausgleich zu unterwerfen. 325

Zum Zugewinn gehören schließlich auch als Schadensersatz für Verdienstausfall oder für den Verlust des Arbeitsplatzes gezahlte Abfindungen[249], soweit sie nicht schon unterhaltsrechtlich berücksichtigt worden sind, und die Wiederverheiratungsabfindung von Witwen[250], ferner unvererbliche Ansprüche wie Nießbrauch und persönliche Dienstbarkeit[251] und sogar immaterielle Ansprüche wie das Schmerzensgeld.[252] 326

Schulden sind zur Ermittlung des Zugewinns selbstverständlich von den vorhandenen Vermögenswerten abzuziehen, wobei auf eine Klärung der **Zuordnung gemeinschaftlicher Schulden** zum Vermögen der Ehepartner besonders zu achten ist. Denn § 426 Abs. 1 BGB, wonach Gesamtschuldner eine Schuld im Verhältnis zueinander zu gleichen Anteilen zu tragen haben, so weit von ihnen nicht ein anderes bestimmt ist, wird durch die Regelungen über den Zugewinnausgleich nicht verdrängt.[253] Das bedeutet aber, dass die Ehepartner grundsätzlich **je zur Hälfte** für die von ihnen gemeinsam eingegangenen Verbindlichkeiten aufzukommen haben und dementsprechend auch jeweils die Hälfte dieser Verbindlichkeiten von ihrem Endvermögen in Abzug zu bringen ist. Darauf, welcher Ehepartner bisher tatsächlich die Zahlungen an den jeweiligen Gläubiger geleistet hat und ob der andere überhaupt Zahlungen hätte leisten können, kommt es dagegen nicht an[254] – sei es, dass derjenige, der bisher gezahlt hat, unter Berufung auf § 426 BGB sogar noch einen Ausgleichsanspruch für die Vergangenheit geltend macht, der dann ebenfalls in die Berechnung des Zugewinns einzustellen wäre, sei es, dass er jedenfalls für die Zukunft nicht mehr gewillt ist, die jeweilige Schuld allein zu tragen. Kommt das Ehepaar dagegen überein, eine gemeinschaftliche 327

---

[246] BGH FamRZ 2003, 1544.
[247] BGH FamRZ 1992, 411 (412).
[248] BGH NJW 1977, 101.
[249] BGH NJW 1982, 279 und NJW 1998, 749.
[250] BGH NJW 1982, 279.
[251] BGH NJW 2004, 1321.
[252] BGH NJW 1981, 1836.
[253] BGH NJW 2006, 2623 Rn. 10.
[254] BGH NJW 1983, 1845.

G. Zugewinnausgleich und Vermögensauseinandersetzung

Verbindlichkeit anders als je zur Hälfte untereinander aufzuteilen, ist sie in dem vereinbarten Verhältnis im beiderseitigen Endvermögen in Abzug zu bringen, ohne dass der höher belastete Ehepartner dann noch unter Berufung auf § 426 BGB von dem anderen einen Ausgleich verlangen könnte. Denn zum einen ist dieser Ausgleich schon dadurch vollzogen worden, dass der Zugewinn des höher belasteten Ehepartners und damit der Ausgleichsanspruch des anderen entsprechend vermindert worden ist; und zum anderen hat das Ehepaar dann auch im Sinne des § 426 Abs. 1 BGB „ein anderes bestimmt".

328 Zu den das Endvermögen eines Unterhaltspflichtigen mindernden Schulden gehören natürlich auch die – oft vergessenen – Steuerschulden und sogar die bis zum Endstichtag während der Trennungszeit häufig auflaufenden **Unterhaltsrückstände**[255], wodurch der unterhaltsberechtigte Ehepartner in doppelter Weise benachteiligt sein kann, wenn die Rückstände nicht beitreibbar sein sollten.

b) Bewertungsfragen

329 Die **Bewertung** des Vermögens stößt gelegentlich auf erhebliche Schwierigkeiten, wenn auch im Grundsatz darüber Einigkeit besteht, dass der „wahre" oder „volle" Wert jedes Vermögensgegenstandes in Ansatz zu bringen ist. Die Übernahme fiktiver Werte wie insbesondere der Werte nach steuer- oder handelsrechtlichen Bewertungsgrundsätzen scheidet daher aus. Ob bei der Ermittlung des „wahren" Wertes aber zum Beispiel auf den Veräußerungswert, den Anschaffungswert oder den Nutzungswert als Ausdruck des **Verkehrswertes** abzustellen ist, ist im Einzelfall stark umstritten. Das gilt vor allem für Unternehmen und Unternehmensbeteiligungen, wobei für **land- und forstwirtschaftliche Betriebe** als einzigem vom Gesetzgeber geregelten Fall gemäß § 1376 Abs. 4 BGB vom **Ertragswert** auszugehen ist. Bei Betrieben anderer Art einschließlich der **freiberuflichen Praxen** werden dagegen verschiedene Bewertungselemente kombiniert, wenngleich in jüngster Zeit eine deutliche Entwicklung hin zum Ertragswert feststellbar ist. In ihm ist der sog. **good will** eines Unternehmens schon enthalten, während er dem **Substanzwert** immer noch hinzuzurechnen ist. Bei freiberuflichen Praxen ist zu beachten, dass die Ertragsprognose in der Regel nicht von der individuellen Leistung des Praxisinhabers getrennt werden kann. Aus diesem Grunde muss von dem nach betriebswirtschaftlichen Grundsätzen ermittelten good will der nach den individuellen Verhältnissen gerechtfertigte Unternehmerlohn für den Praxisinhaber in Abzug gebracht werden.[256] Wird der Praxisinhaber außer auf Zugewinnausgleich auch auf Zahlung von Ehegattenunterhalt in Anspruch genommen, wird auf diese Weise zugleich eine doppelte Berücksichtigung der Ertragskraft der Praxis sowohl im Endvermögen des Praxisinhabers als auch bei der Bemessung des Unterhalts vermieden.

330 Die sachverhaltsspezifische Auswahl und Anwendung der Bewertungsmethode ist im Streitfall Sache des – sachverständig beratenen – Tatrichters.[257] Klauseln in Gesellschaftsverträgen, die die freie Verfügbarkeit der Gesellschaftsbeteiligung oder ihre Bewertung einschränken, sind jedenfalls dann nicht anzuwenden, wenn der betreffende Ehegatte die mit der Beteiligung verbundene Nutzungs- und

---

[255] BGH FamRZ 2003, 1544.
[256] BGH FamRZ 2008, 761.
[257] BGH NJW 1991, 1547 für eine Arztpraxis, BGH NJW 2011, 601.

I. Zugewinnausgleich

Gewinnerzielungsmöglichkeit beibehält, können sich aber gleichwohl wertmindernd auswirken.[258] Die bei der Veräußerung nach §§ 14ff. EStG anfallenden Steuern müssen unabhängig davon, ob eine Veräußerung tatsächlich beabsichtigt oder notwendig ist, ebenso als wertmindernder Faktor berücksichtigt werden wie sonstige Kosten, die den Veräußerungserlös mindern.[259]

Gegenstände aller Art werden im Allgemeinen mit ihrem Veräußerungswert in Ansatz gebracht, Geldforderungen mit ihrem Nominalbetrag, Wertpapiere **mit ihrem mittleren Kurswert am Stichtag**. Bei **Kapitallebensversicherungen** sind nicht die bis zum Stichtag eingezahlten Prämien und ist auch nicht die Versicherungssumme, sondern allein der bei der Versicherungsgesellschaft zu erfragende **Rückkaufwert** am Stichtag maßgeblich, wie er sich bei einer Kündigung des Versicherungsvertrages ergäbe.[260] Das gilt jedoch nur, wenn die Versicherung voraussichtlich nicht fortgesetzt wird, also zum Beispiel zur Bezahlung des Zugewinnausgleichs gekündigt werden muss. Anderenfalls ist der sog. **Zeitwert** maßgeblich.[261] Schwierige Fragen ergeben sich selbstverständlich auch bei der Bewertung unsicherer und befristeter Rechte. Einzelheiten würden jedoch den Rahmen dieser Darstellung überschreiten. 331

c) Vorausempfänge

Auf die Ausgleichsforderung eines Ehepartners **anzurechnen** sind gemäß § 1380 Abs. 1 S. 1 BGB alle Zuwendungen des Ausgleichspflichtigen, die er dem Ausgleichsberechtigten durch Rechtsgeschäft unter Lebenden mit der Bestimmung zugewendet hat, dass sie auf die Ausgleichsforderung angerechnet werden sollen (**Vorausempfänge**). Bestehen hierüber Zweifel, so ist gemäß § 1380 Abs. 1 S. 2 BGB anzunehmen, dass die Zuwendungen jedenfalls dann angerechnet werden sollen, wenn ihr Wert den Wert von Gelegenheitsgeschenken übersteigt, die nach den Lebensverhältnissen des Ehepaares üblich sind. Infolgedessen stellen die während einer Ehe häufig vorkommenden Zuwendungen ohne ausdrückliche Zweckbestimmung, die deshalb auch als **unbenannte Zuwendungen** bezeichnet werden, ebenso wie die Schenkungen der Ehepartner untereinander meistens anrechenbare Vorausempfänge dar. Sie sind, wie oben unter Rn. 308 schon erwähnt wurde, in einschränkender Auslegung des § 1374 Abs. 2 BGB nicht dem Anfangsvermögen des Zuwendungsempfängers zuzurechnen, allerdings auch nicht seinem Endvermögen. Vielmehr wird die Anrechnung so vorgenommen, dass der Wert der Zuwendung zunächst dem Zugewinn des Zuwendenden hinzugerechnet, sodann der Ausgleichsanspruch des Zuwendungsempfängers ermittelt und danach der Wert der Zuwendung von dem rechnerischen Ausgleichsanspruch wieder abgezogen wird. Denn das Ziel der Anrechnung ist es, den Empfänger der Zuwendung so zu stellen, wie er stehen würde, wenn er die Zuwendung erst nach Beendigung des Güterstandes erhalten hätte. 332

---

[258] BGH NJW 1999, 784.
[259] BGH FamRZ 2008, 761 und FamRZ 2011, 622.
[260] BGH NJW 1984, 1611.
[261] BGH NJW 1995, 2781.

G. Zugewinnausgleich und Vermögensauseinandersetzung

Beispiel:

Beide Ehepartner hatten zu Beginn der Ehe kein Vermögen, während bei Scheidung der Ehe der Mann über ein Endvermögen von 50.000 EUR und die Frau über ein Endvermögen von 10.000 EUR verfügt. Während der Ehe hat der Mann der Frau 10.000 EUR zugewandt, ohne dass über den Zweck dieser Zuwendung unter den Ehepartnern irgendwelche Absprachen getroffen worden wären. Die Ehefrau muss sich infolgedessen diese Zuwendung auf ihren Ausgleichsanspruch anrechnen lassen. Gemäß den vorstehenden Ausführungen geschieht dies in der Weise, dass die 10.000 EUR zunächst dem Endvermögen des Mannes zuzurechnen sind. Dies beläuft sich dann auf 60.000 EUR, von denen der Ehefrau als Zugewinnausgleich die Hälfte, also 30.000 EUR, zustehen. Hierauf muss sie sich die schon erhaltenen 10.000 EUR anrechnen lassen, so dass sie noch 20.000 EUR zu beanspruchen hat.

Im Ergebnis ist der von dem Ehepaar während der Ehe insgesamt erzielte Zugewinn von 60.000 EUR dann hälftig geteilt. Würde man statt dessen der Ehefrau lediglich einen Zugewinnausgleichsanspruch in Höhe der Hälfte der Differenz zwischen ihrem Endvermögen und dem Endvermögen des Mannes, also von 20.000 EUR, zuerkennen und hierauf die Zuwendung des Ehemannes von 10.000 EUR anrechnen, so behielte sie nur ihre 10.000 EUR, wäre also doppelt benachteiligt: zum einen durch die Minderung des Endvermögens des Mannes um die ihr zugewandten 10.000 EUR und zum anderen durch den vollen Abzug dieser 10.000 EUR von ihrem Ausgleichsanspruch.

333 Der **Wert** der jeweiligen Zuwendung bestimmt sich gemäß § 1380 Abs. 2 S. 2 BGB bei beiden Rechenoperationen nach dem Zeitpunkt der Zuwendung, so dass Wertsteigerungen, die der zugewendete Gegenstand bei Beendigung des Güterstandes aufweist, wieder in den Zugewinnausgleich fallen.

334 Hat ein Ehepartner dem anderen während des Güterstandes mehr zugewendet, als es dem Ergebnis der Zugewinnausgleichsberechnung entspricht (**überhöhte Vorwegleistung**), so findet eine ganz gewöhnliche Zugewinnausgleichsrechnung zugunsten des Zuwendenden ohne Anwendung des § 1380 BGB statt.[262] Das kann dann allerdings dazu führen, dass die Zuwendung für den Zuwendenden teilweise oder sogar ganz verloren geht.

Beispiel:

Beide Ehepartner verfügen zu Beginn der Ehe über kein Vermögen. Während der Ehe wendet der Ehemann der Ehefrau Wertpapiere im Wert von 20.000 EUR zu. Die Ehefrau verkauft im weiteren Verlauf der Ehe einen Teil dieser Papiere und verwendet den Erlös für eigene Zwecke. Am Ende der Ehe verfügt sie infolgedessen nur noch über 10.000 EUR, der Ehemann über ein Bausparguthaben von ebenfalls 10.000 EUR. Stellt man zunächst eine Berechnung gemäß dem vorangehenden Beispiel an, so sind die der Ehefrau zugewendeten 20.000 EUR dem Endvermögen des Ehemannes hinzuzurechnen, so dass bei ihm von einem Endvermögen von 30.000 EUR und dementsprechend von einem Zugewinnausgleichsanspruch seiner Frau von 15.000 EUR auszugehen ist. Hierauf hat sie jedoch schon 20.000 EUR, also eine überhöhte Vorwegleistung erhalten, so dass eine ganz gewöhnliche Zugewinnausgleichsberechnung vorzunehmen ist. Diese sieht dann wie folgt aus:

	Ehemann	Ehefrau
Anfangsvermögen	0	0
Endvermögen	10.000	10.000
Zugewinn	10.000	10.000

Da beide Ehepartner einen gleich hohen Zugewinn erzielt haben, findet kein Ausgleich statt, der bei der Ehefrau eingetretene Verlust von 10.000 EUR wird von beiden Ehepartnern je zur Hälfte getragen.

---

[262] BGH NJW 1982, 1093.

I. Zugewinnausgleich

Dieses Ergebnis ist keineswegs so ungerecht wie es zunächst scheinen mag. 335
Denn wenn der Ehemann der Ehefrau keine Zuwendung gemacht hätte, der Verlust von 10.000 EUR aber, aus welchen Gründen auch immer, bei ihm eingetreten wäre, hätte der Ehemann am Ende der Ehe auch nur noch über ein Vermögen von 20.000 EUR verfügt und dieses im Wege des Zugewinnausgleichs mit seiner Frau teilen müssen. Bei welchem der Ehepartner während der Ehe Gewinne oder Verluste eintreten und aus welchen Gründen, ist also für den Zugewinnausgleich unerheblich. Korrekturen solcher Ergebnisse kommen wegen des Vorrangs der güterrechtlichen Vorschriften nur bei schlechthin unangemessenen und untragbaren Ergebnissen in Betracht.[263]

3. Der Ausgleichsanspruch

Die Ausgleichsforderung eines Ehepartners ist eine reine **Geldforderung**, die 336
mit der Beendigung des Güterstandes, also mit Rechtskraft des Scheidungsbeschlusses, entsteht und gemäß § 1378 Abs. 3 S. 1 BGB von diesem Zeitpunkt an vererblich und übertragbar ist. Der Höhe nach ist sie gemäß Abs. 2 dieser Vorschrift auf das Nettovermögen des Ausgleichspflichtigen bei Beendigung des Güterstandes, im Falle der Ehescheidung gemäß § 1384 BGB auf das Nettovermögen bei Rechtshängigkeit des Scheidungsantrages begrenzt (**Kappungsgrenze**). Ungünstige Vermögensentwicklungen nach diesem Zeitpunkt oder gar Manipulationen des Ausgleichspflichtigen zum Nachteil des ausgleichsberechtigten Ehegatten lassen also die Höhe der Ausgleichsforderung unberührt. Eventuelle illoyale Vermögensverschiebungen erhöhen zudem diese Grenze um die dem Endvermögen hinzuzurechnenden Beträge (§ 1378 Abs. 2 S. 2 BGB). Andererseits stellt diese Vorschrift sicher, dass der ausgleichspflichtige Ehegatte für den Zugewinnausgleich nie mehr als sein am Ende der Ehe vorhandenes Aktivvermögen aufwenden, also nicht etwa noch einen Kredit aufnehmen muss.

Beispiel:
Der Ehemann hatte ein negatives Anfangsvermögen von 20.000 EUR und ein positives Endvermögen von 10.000 EUR. Die Ehefrau verfügte weder bei Eheschließung noch bei Rechtshängigkeit des Scheidungsantrages über Vermögen. Der Ehemann hat infolgedessen den von ihm erzielten Zugewinn von 30.000 EUR auszugleichen, was zu einem an seine Ehefrau zu zahlenden Betrag von 15.000 EUR führen würde. Da sein Netto-Endvermögen aber nur 10.000 EUR beträgt, muss er ihr aufgrund der Kappungsgrenze auch nur diese 10.000 EUR zahlen, und in Höhe der restlichen 5.000 EUR geht die Ehefrau leer aus.

Ist wegen des Verhaltens des Ausgleichspflichtigen eine erhebliche Gefährdung 337
des künftigen Ausgleichsanspruchs zu besorgen, ist ab Rechtshängigkeit des Scheidungsantrages an eine Sicherung des Anspruchs durch einen dinglichen Arrest (§§ 120 Abs. 1 FamFG iVm 916 ff. ZPO) zu denken.

Eine Übertragung bestimmter Vermögensgegenstände kann der Ausgleichsbe- 338
rechtigte von dem Ausgleichspflichtigen nur verlangen, wenn dadurch eine „grobe Unbilligkeit" für den Berechtigten vermieden und die Übertragung dem Schuldner zugemutet werden kann (§ 1383 Abs. 1 BGB). Stellt die Übertragung

---
[263] BGH NJW 1991, 2553.

G. Zugewinnausgleich und Vermögensauseinandersetzung

von Vermögensgegenständen mithin nach den Vorstellungen des Gesetzgebers die absolute Ausnahme dar, erweist sie sich in der Praxis doch als die Regel. Denn der Ausgleichpflichtige ist meistens gar nicht in der Lage, die zur Erfüllung der Geldforderung benötigten Mittel aufzubringen, so dass sich der Ausgleichsberechtigte mit einer Übertragung von Vermögensgegenständen zur wenigstens teilweisen Abgeltung seiner Forderung zufriedengeben muss; und oft hat der Ausgleichsberechtigte auch ein ausgeprägtes Interesse an der Übertragung bestimmter Vermögensgegenstände, so dass mit einer solchen Lösung beiden Seiten am meisten gedient ist. Zu beachten ist allerdings, dass **Vereinbarungen** über den Ausgleich des Zugewinns gemäß § 1378 Abs. 3 S. 2 BGB der **notariellen Beurkundung** oder der Protokollierung im Rahmen eines gerichtlichen Vergleichs bedürfen. Entgegen dem Wortlaut der Vorschrift kann die Vereinbarung auch schon vor Anhängigkeit eines Ehescheidungsverfahrens abgeschlossen werden, wenn dabei nur die Form der notariellen Beurkundung gewahrt wird. Eine formlose oder nur privatschriftliche Vereinbarung ist dagegen nichtig.[264] Nach **Beendigung des Güterstandes** können die früheren Eheleute dann auch **formfrei** Vereinbarungen über den Zugewinnausgleich treffen, so dass es sich schon aus Kostengründen empfehlen kann, zunächst das Ehescheidungsverfahren zum rechtskräftigen Abschluss zu bringen und erst dann einen privatschriftlichen Vertrag über den Zugewinnausgleich abzuschließen. Sollte dabei keine Einigung erzielt werden können, kann der Zugewinnausgleichsanspruch immer noch gerichtlich geltend gemacht werden, da er nicht zwingend im Verbund mit dem Ehescheidungsverfahren anhängig gemacht werden muss und gemäß § 195 BGB frühestens **in drei Jahren** seit Schluss des Jahres, in dem der Anspruch entstanden ist, und Kenntnis des ausgleichsberechtigten Ehegatten von seinem Anspruch (§ 199 Abs. 1 BGB) verjährt.

339 Hinzuweisen ist in diesem Zusammenhang darauf, dass der Ausgleichspflichtige gemäß § 1382 Abs. 1 S. 1 BGB oder Abs. 5 bei dem Familiengericht eine **Stundung** der Ausgleichsforderung beantragen kann, wenn die sofortige Zahlung des Zugewinnausgleichs auch unter Berücksichtigung der Interessen des Gläubigers „zur Unzeit" erfolgen würde. Das wäre zum Beispiel dann der Fall, wenn die Zahlung den Geschäftsbetrieb des Ausgleichspflichtigen gefährden würde oder wenn er Vermögensstücke verschleudern müsste und den Aufschub braucht, um sie zu ihrem Verkehrswert veräußern zu können. Gemäß S. 2 der gleichen Vorschrift würde die Zahlung aber auch dann zur Unzeit erfolgen, wenn sie „die Wohnverhältnisse oder sonstigen Lebensverhältnisse gemeinschaftlicher Kinder nachhaltig verschlechtern würde". Hierdurch soll vor allem verhindert werden, dass der Ausgleichspflichtige das Familienheim, in dem er mit den gemeinschaftlichen Kindern wohnt, wegen der Ausgleichsforderung sofort veräußern muss, obwohl es ihm nicht möglich ist, den Kindern nach der Veräußerung vergleichbare Wohnverhältnisse zu bieten.

340 Schließlich kann der Schuldner die **Erfüllung** der Ausgleichsforderung gemäß § 1381 Abs. 1 BGB ganz oder teilweise („soweit") **verweigern**, wenn der volle Ausgleich des Zugewinns nach den Umständen des Falles „grob unbillig" wäre. Grobe Unbilligkeit kann nach Abs. 2 der gleichen Vorschrift insbesondere dann vorliegen, wenn der ausgleichsberechtigte Ehegatte, der den geringeren Zugewinn erzielt hat, längere Zeit hindurch die wirtschaftlichen Verpflichtungen, die sich

---

[264] BGH NJW 1983, 753.

aus dem ehelichen Verhältnis ergeben, schuldhaft nicht erfüllt hat. Das ist jedoch nicht schon dann der Fall, wenn der Haushalt „schlampig" geführt oder das Haushaltsgeld trotz ausreichender Einkünfte zu knapp bemessen worden ist. Vielmehr müssen weitere Umstände wie zum Beispiel die vollständige Vernachlässigung der Kinder, der vollständige oder übermäßige Verbrauch des Einkommens für eigene Bedürfnisse bei gleichzeitig größter Sparsamkeit des anderen Ehegatten und ähnliches hinzukommen. Denn das Leistungsverweigerungsrecht soll dem ausgleichspflichtigen Ehegatten nach der restriktiven Rechtsprechung des BGH nur dann zustehen, wenn der – bewusst in rein schematischer und pauschalierender Art gestaltete – Anspruch auf Zugewinnausgleich in der vom Gesetz grundsätzlich vorgesehenen Weise ausnahmsweise dem Gerechtigkeitsempfinden in unerträglicher Weise widerspricht.[265] Da es sich bei dem Leistungsverweigerungsrecht um eine **Einrede** des Ausgleichspflichtigen handelt, muss er sich spätestens bis zum Schluss der mündlichen Gerichtsverhandlung darauf berufen haben und das Vorliegen der Voraussetzungen beweisen.

II. Vermögensauseinandersetzung

Der Zugewinnausgleich stellt, wie dargelegt, eine reine Rechenoperation dar, die in eine Geldforderung des einen Ehepartners gegen den anderen mündet, die rechtliche Zuordnung der vorhandenen Vermögenswerte zu den Ehepartnern aber vollkommen unberührt lässt. Da die Ehepartner jedoch in aller Regel in vielfältigster Art und Weise auch vermögensrechtlich miteinander verbunden sind, bedarf es neben der Durchführung des Zugewinnausgleichs, für dessen Zwecke sogar oftmals vorrangig, stets auch einer Klärung und Auflösung dieser Verbindungen. Denn nur wenn die Zuordnung der einzelnen Vermögenswerte und Verbindlichkeiten zu dem einen oder anderen Ehepartner endgültig feststeht, kann eine richtige und vollständige Zugewinnausgleichsberechnung vorgenommen werden. In der Praxis kommt dabei der Auseinandersetzung von Miteigentümergemeinschaften und Forderungen aus einer Mitarbeit bei dem jeweiligen Ehepartner eine besondere Bedeutung zu. 341

1. Miteigentümergemeinschaften

a) Zugewinngemeinschaft und Gütertrennung

Auch wenn ein Ehepaar **Miteigentümer** eines Eigenheims oder einer Eigentumswohnung ist, werden die Anschaffungskosten und die Kosten der laufenden Unterhaltung während der Ehe doch häufig ganz oder überwiegend nur von einem der Ehepartner getragen. Beim Scheitern der Ehe erwartet dieser dann, dass ihm der andere Ehepartner seinen Miteigentumsanteil unentgeltlich überträgt, weil er ihn im Grunde genommen auch unentgeltlich erhalten habe. Zuwendungen von Vermögen unter Ehegatten sind jedoch in der Regel keine – widerruflichen – Schenkungen, sondern ehebedingt, stellen also regelmäßig die Anerken- 342

---

[265] BGH NJW-RR 1992, 900.

G. Zugewinnausgleich und Vermögensauseinandersetzung

nung eines gleichwertigen Beitrages auch des anderen Ehepartners zur Verwirklichung der ehelichen Lebensgemeinschaft dar.[266] Lebt das Ehepaar im gesetzlichen Güterstand der **Zugewinngemeinschaft**, kommt deshalb für derartige **unbenannte Zuwendungen** kein anderer Ausgleich als der nach den Regeln über den Zugewinnausgleich in Betracht, wobei die Miteigentumsanteile eines jeden Ehepartners in dessen Endvermögen aufzunehmen sind. Wegen der Einzelheiten kann auf die Ausführungen unter vorstehend → Rn. 332 verwiesen werden.

343 Etwas anderes gilt für Ehepaare, die im Güterstand der **Gütertrennung** leben, weil dieser einen wie auch immer gearteten Ausgleich für derartige Zuwendungen nicht kennt. Hat zum Beispiel ein Ehepartner bei Gütertrennung den Erwerb eines Hausgrundstücks durch den anderen mitfinanziert und zum Ausbau des Anwesens als Familienwohnheim in erheblichem Umfang Arbeitsleistungen erbracht, so kann nach Auffassung des BGH[267] ein „**familienrechtlicher Vertrag besonderer Art**" zustande gekommen sein. Nach dem Scheitern der Ehe kann dann ein Ausgleichsanspruch wegen des **Wegfalls der Geschäftsgrundlage** für diesen Vertrag gegeben sein, wenn die Beibehaltung der bestehenden Vermögensverhältnisse dem benachteiligten Ehegatten nicht zuzumuten ist.[268] Die Geltendmachung solcher Ansprüche ist allerdings mit erheblichen Risiken verbunden, weil es immer auf die Umstände des Einzelfalles ankommt. Der Zweck und die Höhe der Zuwendungen sowie die Einkommens- und Vermögensverhältnisse des Ehepaares im Zeitpunkt des Scheiterns der Ehe spielen ebenso eine Rolle wie die Arbeitsleistungen für die Familie und die Dauer der Ehe.

344 Zu denken ist in derartigen Fällen auch an eine – stillschweigend mögliche – Bildung einer Gesellschaft bürgerlichen Rechts (**sog. Ehegatten-Innengesellschaft**), wenn mit den beiderseitigen Beiträgen ein über die bloße Verwirklichung der ehelichen Lebensgemeinschaft hinausgehender Zweck verfolgt wird und das gebildete Vermögen nach den Vorstellungen des Ehepaares unabhängig von der rechtlichen Konstruktion beiden Eheleuten zustehen soll.[269]

b) Nutzung von Miteigentum

345 Was die zukünftige **Nutzung** des bisher gemeinsam genutzten Miteigentums und die Aufteilung der mit ihm verbundenen Schulden betrifft, kann auf die Ausführungen in Kap. F. unter → Rn. 294 ff. verwiesen werden. Danach sind die Schulden bei einem Scheitern der Ehe von jedem Miteigentümer grundsätzlich entsprechend seinem Anteil, in der Regel also zur Hälfte, zu tragen und mit diesem Betrag in sein Endvermögen einzustellen. Ausgleichsforderungen eines Ehepartners gegen den anderen aus der Vergangenheit erhöhen dessen Endvermögen und vermindern das Endvermögen des anderen. Kann oder will einer von ihnen die Belastungen nicht tragen, bleibt nur die Veräußerung seines Anteils an den anderen Miteigentümer oder der Verkauf des Objektes als Ganzes übrig. Ist hierüber keine Einigkeit zu erzielen, kann jeder der Miteigentümer gemäß §§ 180 ff. ZVG zum Zwecke der Aufhebung der Gemeinschaft die **Zwangsversteigerung** des Objektes beantragen. Handelt es sich bei dem Miteigentumsanteil um das

---

[266] BGH NJW 1976, 328 und zur Abgrenzung NJW 1992, 238.
[267] NJW 1994, 2545.
[268] BGH NJW 1982, 2236 und 1994, 2545.
[269] BGH NJW 1999, 2962 und 2006, 1268.

ganze Vermögen eines Ehepartners, dann bedarf er in entsprechender Anwendung des § 1365 Abs. 1 BGB allerdings schon für den Antrag auf Teilungsversteigerung der Zustimmung des anderen Ehepartners[270] und muss dessen Zustimmung nötigenfalls gemäß Abs. 2 der Vorschrift vor dem Familiengericht erstreiten. Außerdem kann derjenige Ehepartner, der der Teilungsversteigerung nicht zustimmt, gemäß § 180 Abs. 3 ZVG die einstweilige Einstellung des Verfahrens beantragen, „wenn dies zur Abwendung einer ernsthaften Gefährdung des Wohls eines gemeinschaftlichen Kindes erforderlich ist". Die mehrfache Wiederholung der Einstellung ist zulässig, gemäß Abs. 4 der Vorschrift jedoch für keinen längeren Zeitraum als insgesamt fünf Jahre.

2. Mitarbeit

Ganz ähnlich wie bei den unbenannten Zuwendungen im Rahmen einer Miteigentümergemeinschaft sind die Probleme bei einer unentgeltlichen **Mitarbeit** des einen Ehepartners im Unternehmen oder in der Praxis des anderen gelagert. Denn auch in diesen Fällen ist grundsätzlich davon auszugehen, dass die Mitarbeit einen – nicht besonders zu vergütenden – Beitrag zur gemeinschaftlichen Lebensführung darstellt. Geht die Mitarbeit allerdings über gelegentliche oder kurze Hilfeleistungen deutlich hinaus, so ist wiederum an einen **familienrechtlichen Vertrag**[271] oder das Bestehen einer Gesellschaft bürgerlichen Rechts zwischen den Ehepartnern (**Ehegatten-Innengesellschaft**) zu denken. Diese wäre dann in analoger Anwendung der Vorschriften über die Gesellschaft bürgerlichen Rechts auseinanderzusetzen, so dass der mitarbeitende Ehepartner auf diesem Wege an den Früchten seiner Arbeit teilhätte. 346

Darauf, ob das Ehepaar die gemeinsame Tätigkeit in der Form einer solchen Innengesellschaft ausüben wollte oder sich dieses Sachverhalts wenigstens bewusst war, kommt es nicht an.[272] Maßgeblich sind vielmehr allein die objektiven Umstände des Einzelfalles, wobei es von besonderer Bedeutung sein kann, ob der mitarbeitende Ehepartner auch noch Kapital für den Betrieb des Unternehmens oder der Praxis zur Verfügung gestellt hat.[273] Die Abgrenzung ist oft schwierig, wie die von dem BGH entschiedenen Fälle einer Mitarbeit im Ladengeschäft[274], im Großhandelsunternehmen[275], im Hotel[276] oder in der Zahnarztpraxis des Ehepartners[277] zeigen. Bei einem Ehepaar, das im Güterstand der Zugewinngemeinschaft lebt, dürfte die Problematik allerdings meist dadurch entschärft werden, dass der Auseinandersetzungsanspruch aus dem Gesellschaftsverhältnis wiederum in die Zugewinnausgleichsberechnung einzustellen ist, und zwar bei dem Berechtigten gegebenenfalls als Guthaben und bei dem Verpflichteten als Verbindlichkeit. Ihre eigentliche Bedeutung gewinnt die Konstruktion einer Ehe- 347

---

[270] BGH FamRZ 2007, 1634.
[271] BGH NJW 1994, 2545.
[272] BGH NJW 1967, 1275 – Ehemann betreibt Gastwirtschaft auf Grundstück der Ehefrau.
[273] BGH NJW 1960, 428 – Metzgerei im Haus der Ehefrau.
[274] FamRZ 1961, 212 und 522.
[275] FamRZ 1968, 589.
[276] FamRZ 1973, 22.
[277] FamRZ 1986, 558.

gatten-Innengesellschaft daher vornehmlich in den Fällen, in denen ein Ehepaar im Güterstand der Gütertrennung lebte.

H. Versorgungsausgleich

I. Grundlagen des Versorgungsausgleichs

1. Auszugleichende Anrechte

Anwartschaften auf eine Versorgung wegen Alters oder Berufs- oder Erwerbsunfähigkeit stellen einen beträchtlichen Vermögenswert dar, wie sich daraus ergibt, dass man zur Begründung eines monatlichen Rentenanspruchs von 100 EUR in der gesetzlichen Rentenversicherung derzeit einen Kapitalbetrag von etwa 23.000 EUR aufwenden muss. Der Versorgungsausgleich hat deshalb das Ziel, die während der Ehe von einem Ehepaar erworbenen Versorgungsanwartschaften unter den Partnern ebenso auszugleichen, wie dies hinsichtlich des sonstigen Vermögens im Wege des Zugewinnausgleichs geschieht. Mit dem am 1.9.2009 in Kraft getretenen Versorgungsausgleichsgesetz (VersAusglG) hat der Gesetzgeber dafür eine vollkommen neue Grundlage geschaffen und das bis dahin geltende Prinzip der Saldierung aller auszugleichenden Anwartschaften und des sich daraus ergebenden Einmal-Ausgleichs durch das Prinzip der unmittelbaren Halbteilung jedes einzelnen auszugleichenden Anrechts ersetzt. Auszugleichen sind gemäß § 2 Abs. 1 und 2 VersAusglG alle Anwartschaften auf Versorgungen, die von dem Ehepaar in der Ehezeit

- durch Arbeit oder Vermögen geschaffen oder aufrechterhalten worden sind, wobei es auf die Herkunft des Vermögens nicht ankommt, sodass – anders als beim Zugewinnausgleich – auch solche Anrechte in den Versorgungsausgleich einzubeziehen sind, die mit bereits bei Eheschließung vorhandenem (Anfangs-)Vermögen oder ererbtem Vermögen begründet worden sind.[278]
- der Absicherung im Alter oder bei Invalidität, insbesondere wegen verminderter Erwerbsfähigkeit, Berufsunfähigkeit oder Dienstunfähigkeit, dienen und
- auf eine Rente gerichtet sind; Anrechte im Sinne des Betriebsrentengesetzes oder des Altersvorsorgeverträge-Zertifizierungsgesetzes sind unabhängig von der Leistungsform auszugleichen.

348

Außer Betracht bleiben danach nur Anrechte, die weder mit Hilfe des Vermögens noch durch Arbeit der Ehepartner begründet oder aufrecht erhalten worden sind. In der Praxis sind dies vor allem Alterssicherungen, die einem der Ehepartner durch einen Dritten, wie zB die Eltern, unmittelbar finanziert wurden.[279] Da man einen solchen Sachverhalt aus den Auskünften der jeweiligen Versorgungsträger über die bei ihnen bestehenden Rentenanwartschaften nicht erkennen kann, muss er dem Familiengericht vorgetragen werden, wenn Rechtsnachteile vermieden werden sollen.

349

Dem Ausgleich unterliegen gemäß § 2 Abs. 2 Nr. 2 und 3 VersAusglG, wie dargelegt, nur solche Versorgungsanrechte, die der Absicherung im Alter oder

350

---

[278] BGH FamRZ 2011, 877.
[279] BGH FamRZ 1984, 570.

bei Invalidität dienen und auf eine Rente gerichtet sind. Renten, die Entschädigungsleistungen darstellen wie zB Renten nach dem Bundesversorgungsgesetz oder aus der gesetzlichen Unfallversicherung gehören deshalb nicht dazu. Ebenso unterliegen natürlich auch **Kapitallebensversicherungen** nicht dem Versorgungsausgleich, weil sie entgegen § 2 Abs. 2 Nr. 3 VersAusglG nicht „auf eine Rente", sondern auf die Leistung eines Kapitalbetrages gerichtet sind. Das gilt auch dann, wenn sie, wie meist, mit einem Rentenwahlrecht des Versicherten verbunden sind, es sei denn, der Versicherte hätte das Wahlrecht bis zur Rechtshängigkeit des Scheidungsantrages schon ausgeübt.[280] Umgekehrt unterfallen auch Rentenversicherungen mit Kapitalwahlrecht nur dann dem Versorgungsausgleich, wenn das Kapitalwahlrecht bis zur Entscheidung über den Versorgungsausgleich noch nicht ausgeübt worden ist.[281] Eine Ausnahme gilt gemäß § 2 Abs. 2 Nr. 3 2. Hs. VersAusglG lediglich für Anrechte im Sinne des Betriebsrentengesetzes oder des Altersvorsorgeverträge-Zertifizierungsgesetzes (Riesterrente), die nunmehr unabhängig von ihrer Leistungsform dem Versorgungsausgleich unterworfen worden sind.

351 Soweit Anrechte aus privaten Versicherungen nicht dem Versorgungsausgleich unterliegen, sind diese Vermögenswerte für den ausgleichsberechtigten Ehepartner in der Regel nicht verloren. Vielmehr unterliegen sie, wenn die Eheleute im gesetzlichen Güterstand leben, dem Zugewinnausgleich.[282]

352 Auszugleichen sind selbstverständlich nur die **in der Ehezeit** erworbenen Anwartschaften, wobei als Ehezeit gemäß § 3 Abs. 1 VersAusglG aus Vereinfachungsgründen die Zeit vom Beginn des Monats, in dem die Ehe geschlossen worden ist, bis zum Ende des Monats, der dem Eintritt der Rechtshängigkeit des Scheidungsantrags vorausgeht, gilt. Dies führt bei den Beteiligten immer wieder zu Irritationen, weil das Datum der Eheschließung natürlich in den meisten Fällen nicht mit dem Datum identisch ist, das für die Zwecke des Versorgungsausgleichs als Beginn der Ehe gilt, und weil das Ende der Ehezeit auf ein Datum vorverlegt wird, zu dem das Ehescheidungsverfahren gerade erst beginnt. Ist also eine Ehe am 15.3.1995 geschlossen und der Scheidungsantrag dem Ehepartner am 12.7.2010 zugestellt worden, so gilt als Ehezeit die Zeit vom 1.3.1995 bis 30.6.2010. Sind in dieser Zeit Beiträge für voreheliche Zeiten in die Rentenversicherung nachgezahlt worden (**Nachentrichtung**), sind die dadurch begründeten Rentenanwartschaften beim Versorgungsausgleich zu berücksichtigen, weil sie durch Leistungen während der Ehe erworben worden sind; sind umgekehrt in die Ehezeit fallende Anwartschaften durch eine Nachentrichtung außerhalb der Ehezeit begründet worden, bleiben sie unberücksichtigt. Maßgeblich sind also immer nur die durch Beitragsleistungen in der Ehezeit erworbenen Anwartschaften.[283]

---

[280] BGH NJW 1984, 299.
[281] BGH FamRZ 2003, 664 (665).
[282] Vgl. dazu → Rn. 325.
[283] „In-Prinzip" – BGH NJW 1982, 102 und FamRZ 2007, 1719.

I. Grundlagen des Versorgungsausgleichs

2. Laufende Renten und Pensionen – ungesicherte Anrechte

Auszugleichen sind auch schon laufende Versorgungsbezüge (§ 41 VersAusglG), wenn sie in der Ehezeit erworben worden sind. Ein Rentner oder Pensionär ist also ebenso ausgleichspflichtig wie ein noch aktiv Tätiger. Bezog er seine Rente oder Pension allerdings schon bei Eheschließung, ist sie – einschließlich der während der Ehe eingetretenen Rentensteigerungen – nicht in der Ehezeit durch Arbeit oder mit Hilfe des Vermögens erworben worden und deshalb auch nicht dem Versorgungsausgleich zu unterwerfen. 353

Zu den ausgleichspflichtigen Anrechten gehören auch solche, für die eine maßgebliche Wartezeit, Mindestbeschäftigungszeit, Mindestversicherungszeit oder ähnliche zeitliche Voraussetzungen am Ende der Ehezeit noch nicht erfüllt sind (§ 2 Abs. 3 VersAusglG), die also noch **verfallbar** sind. Dies kommt insbesondere im Bereich der **betrieblichen Altersversorgung** häufig vor. Denn gemäß § 1b Abs. 1 BetrAVG wurden betriebliche Altersversorgungszusagen bis zum 31.12.2017 erst dann unverfallbar, wenn der Berechtigte das 30. Lebensjahr vollendet und die Versorgungszusage in diesem Zeitpunkt mindestens fünf Jahre bestanden hatte. Seit dem 1.1.2018 sind diese Voraussetzungen auf die Vollendung des 21. Lebensjahres und den dreijährigen Bestand der Versorgungszusage reduziert worden. Der mit der Verfallbarkeit verbundenen Unsicherheit hat der Gesetzgeber in §§ 19 und 20 VersAusglG jedoch in der Weise Rechnung getragen, dass er den Ausgleich dieser Anwartschaften auf den Zeitpunkt verschoben hat, in dem beide Ehepartner das Rentenalter erreicht haben und der Rentenberechtigte die Versorgung auch tatsächlich erhält. Der Ausgleich erfolgt dann im Wege des **schuldrechtlichen Versorgungsausgleichs,** wegen dessen Einzelheiten auf die Erläuterungen in → Rn. 380 ff. verwiesen wird. Im Ehescheidungsverfahren werden infolgedessen nur die bereits unverfallbar gewordenen Anwartschaften und die eventuell schon laufend gezahlten Renten ausgeglichen. 354

3. Auskunftspflichten

Zur Ermittlung der beiderseits auszugleichenden Anwartschaften und Aussichten auf eine Versorgung wegen Alters oder Berufs- oder Erwerbsunfähigkeit schulden sich die Ehepartner untereinander gemäß § 4 Abs. 1 VersAusglG die erforderlichen **Auskünfte,** und gemäß § 220 Abs. 1 iVm § 219 FamFG kann auch das Familiengericht im Wege der Amtsermittlung von den hierfür zuständigen Behörden, Rentenversicherungsträgern, Arbeitgebern, Versicherungsunternehmen und sonstigen Stellen sowie von den Ehegatten selbst und ihren Hinterbliebenen Auskünfte einholen. Die Versorgungsträger sind ihrerseits gemäß § 220 Abs. 4 FamFG verpflichtet, die für den Versorgungsausgleich benötigten Werte einschließlich einer übersichtlichen und nachvollziehbaren Berechnung sowie der für die Teilung maßgeblichen Regelungen mitzuteilen, sodass sie von den Beteiligten auf ihre Richtigkeit überprüft werden können. Außerdem kann das Gericht die Versorgungsträger von Amts wegen oder auf Antrag eines der Beteiligten dazu auffordern, die Einzelheiten der Wertermittlung zu erläutern. Da die bezeichneten Stellen, die Ehegatten und ihre Hinterbliebenen verpflichtet sind, den gerichtlichen Ersuchen Folge zu leisten, kann das Gericht die Erteilung der Auskünfte 355 gemäß § 35 FamFG nötigenfalls auch durch die Festsetzung von Zwangsgeld erzwingen.

356 Die Auskünfte der Ehegatten werden auf umfangreichen Fragebögen erteilt, die das Gericht ihnen zuleitet, und zu denen auch ein Antrag auf Klärung des eigenen Rentenkontos sowie ein Antrag auf Anerkennung von **Kindererziehungszeiten** gehören. Denn für die vollständige und richtige Durchführung des Versorgungsausgleichs ist es natürlich erforderlich, dass zuvor alle versorgungsrechtlich erheblichen Fakten geklärt, das heißt für die Beteiligten verbindlich festgestellt werden. Dazu gehören auch die rentenbegründenden und rentensteigernden Zeiten der Erziehung eines Kindes in dessen ersten drei Lebensjahren, wobei die daraus resultierenden Rentenanwartschaften auch in den Versorgungsausgleich fallen, obwohl sie weder aufgrund eines Arbeitsverhältnisses noch mit Hilfe des Vermögens erworben worden sind.[284] Da die Versorgungsträger oft noch nicht über alle Daten aus der jüngsten Zeit vor dem Scheidungsantrag verfügen, gehört zu den zu erteilenden Auskünften außerdem die Vorlage einer vom Arbeitgeber auszufüllenden Bescheinigung über das im laufenden Kalenderjahr bis zum Ende der Ehezeit bezogene Arbeitsentgelt (**Entgeltbescheinigung**), aus der dann die bis dahin entrichteten Pflichtbeiträge ermittelt werden können.

357 Will ein Ehepaar außerhalb eines Ehescheidungsverfahrens wissen, wie hoch die beiderseitigen Anwartschaften in der gesetzlichen Rentenversicherung sind, kann es gemäß § 109 Abs. 5 SGB VI die Erteilung einer Auskunft über die Höhe seiner in der bisherigen Ehezeit erworbenen Anwartschaften beantragen. Zu beachten ist allerdings, dass diese Auskünfte mit erheblichen Unsicherheiten behaftet sind, weil sie aus dem ungeklärten Versicherungskonto des Berechtigten erteilt werden und naturgemäß nicht dem Stand bei Ehezeitende entsprechen. Es empfiehlt sich deshalb in diesen Fällen, dem Versorgungsträger spätestens mit dem Auskunftsersuchen einen Kontenklärungsantrag vorzulegen, um wenigstens die sich aus dem ungeklärten Konto ergebenden Unsicherheiten auszuschalten.

II. Die ausgleichspflichtigen Anwartschaften und ihre Bewertung

1. Öffentlich-rechtliche Dienstverhältnisse

358 Bei Versorgungen sowie Anwartschaften auf Versorgungen aus einem **öffentlich-rechtlichen Dienstverhältnis** (Beamte, Richter, Soldaten, nicht jedoch Soldaten auf Zeit)[285] ist gemäß § 44 Abs. 1 iVm § 40 VersAusglG von demjenigen Betrag auszugehen, der sich am Stichtag als Versorgung ergäbe, wenn der Berechtigte in diesem Zeitpunkt die Altersgrenze erreicht hätte. Die Ermittlung dieses Betrages erfolgt in der Weise, dass die ruhegehaltsfähigen Dienstzeiten bis zum Ende der Ehezeit um die voraussichtlichen ruhegehaltsfähigen Dienstzeiten bis zur individuellen Altersgrenze des jeweiligen Beamten erweitert werden. Für die „Gesamtzeit" ergibt sich dann aus den versorgungsrechtlichen Vorschriften ein bestimmter, in einer Prozentzahl ausgedrückter Ruhegehaltsatz, mit dessen

---

[284] BGH NJW 1986, 1169.
[285] BGH NJW 1982, 379.

II. Die ausgleichspflichtigen Anwartschaften und ihre Bewertung

Hilfe das Ruhegehalt aus den Dienstbezügen am Ende der Ehezeit zu errechnen ist. Der für den Versorgungsausgleich maßgebende Wert ist dann der Teil des errechneten Ruhegehalts, der dem Verhältnis der in die Ehezeit fallenden ruhegehaltsfähigen Dienstzeit zur Gesamtzeit bis zum Erreichen der Altersgrenze entspricht (**zeitratierliche Bewertung**).

Da die Auskünfte der Versorgungsträger den beschriebenen Rechenvorgang 359 und die dazu gehörigen Ausgangszahlen sowie einen Vorschlag zur Bestimmung des Ausgleichswerts enthalten, muss lediglich noch deren Richtigkeit überprüft werden. Dabei ist, sofern nicht der höchste Ruhegehaltssatz von 71,75 % anzuwenden ist[286], insbesondere auf die Erfassung aller ruhegehaltsfähigen Dienstzeiten, und bei den ruhegehaltsfähigen Dienstbezügen auf die richtige Dienstaltersstufe zu achten.

Bei individuellen bzw. besonderen Altersgrenzen wie etwa dem vollendeten 360 zweiundsechzigsten Lebensjahr bei Polizeivollzugsbeamten oder den vom Dienstgrad abhängigen Altersgrenzen der Berufssoldaten ist für die Ermittlung der Gesamtzeit auf diese Altersgrenzen abzustellen, auch wenn sich dadurch ein höherer Ehezeitanteil ergibt, als wenn der Berechnung die allgemeine Altersgrenze zugrunde gelegt werden würde[287].

Die **Zusatzversorgungen für Arbeiter und Angestellte des Öffentlichen Diens-** 361 **tes** gehören zu den betrieblichen Altersversorgungssystemen und werden unter → Rn. 367 behandelt.

2. Gesetzliche Renten

Für Renten und Rentenanwartschaften aus der **gesetzlichen Rentenversiche-** 362 **rung** gelten gemäß § 43 Abs. 1 iVm § 39 VersAusglG die Grundsätze der **unmittelbaren Bewertung**. Das bedeutet, dass dem Versorgungsausgleich die jeweils von einem Ehegatten in der Ehezeit erworbenen Entgeltpunkte zugrunde gelegt werden. Sie stellen eine Rechengröße dar, in die die von einem Versicherten geleisteten Beiträge, aber auch die ihm zuzurechnenden sonstigen rentenrechtlich relevanten Zeiten wie zB Kindererziehungszeiten umgerechnet werden. Maßgeblich sind allein die sich aus der Berechnung einer Vollrente wegen Erreichens der Regelaltersgrenze ergebenden Entgeltpunkte. Verminderungen oder Erhöhungen der Rente, die auf einem **vorgezogenen** oder **hinausgeschobenen** Rentenbezug nach dem Ende der Ehezeit bleiben bei der Ermittlung des Ausgleichswertes also unberücksichtigt und stellen nicht etwa eine bei der Bestimmung des Ausgleichswertes gemäß § 5 Abs. 2 S. 2 VersAusglG zu berücksichtigende Änderung dar.[288] Auch die Auskünfte der Rentenversicherungsträger enthalten alle diesbezüglichen Berechnungsgrundlagen sowie die sich daraus in der Ehezeit ergebenden Entgeltpunkte und einen Vorschlag für die Bestimmung des Ausgleichswertes in Gestalt eines Kapitalwertes, weshalb sich eine Überprüfung der Auskünfte in erster Linie auf folgende Punkte konzentrieren sollte:

- die Erfassung aller rentenrechtlich erheblichen Zeiten im Versicherungsverlauf;
- die Beachtung der richtigen Ehezeit;

---
[286] BGH NJW 2004, 1245 u. 1248.
[287] BGH NJW 1982, 2374 u. 2377.
[288] BGH NJW-RR 2012, 577 = FamRZ 2012, 851.

H. Versorgungsausgleich

- die Anwendung des richtigen Rentenwertes am Ende der Ehezeit;
- die Aufteilung des Bruttoentgeltes im Jahr des Ehezeitbeginns in ein Entgelt vor der Ehezeit und in ein Entgelt ab der Ehezeit.

3. Betriebliche Anrechte

363 **Betriebliche Altersversorgungssysteme** sind sehr verschiedenartig. Der selbständigen Verpflichtung des Arbeitgebers steht die (häufigere) mittelbare Altersvorsorge durch Abschluss von Lebensversicherungen zugunsten des Arbeitnehmers oder Versorgungszusagen von Pensions- und Unterstützungskassen gegenüber. Diesbezügliche Anrechte sind, wie in → Rn. 354 bereits dargelegt wurde, **im Ehescheidungsverfahren** nur auszugleichen, wenn sie bei Ehezeitende schon unverfallbar sind oder laufende Renten gezahlt werden. Für ihre Bewertung ist gemäß § 45 Abs. 1 VersAusglG systemimmanent entweder der Rentenbetrag gemäß § 2 des Betriebsrentengesetzes oder der Kapitalwert gemäß § 4 Abs. 5 des Betriebsrentengesetzes maßgeblich. Bei dieser Bewertung ist bei noch **bestehenden Arbeitsverhältnissen** nach S. 2 des § 45 Abs. 1 VersAusglG anzunehmen, dass die Betriebszugehörigkeit der ausgleichspflichtigen Person spätestens zum Ehezeitende beendet ist. Für die Bewertung der in der Ehezeit erworbenen betrieblichen Altersversorgung wird also ein im Zeitpunkt der Rechtshängigkeit des Scheidungsantrages noch bestehendes Arbeitsverhältnis als beendet fingiert. Das zieht dann allerdings das Problem nach sich, dass eine eventuelle Dynamik des Anrechts nach § 2 Abs. 5 BetrAVG nicht als unverfallbar angesehen werden kann, so dass das Anrecht in einen bei Ehescheidung auszugleichenden statischen und einen erst später schuldrechtlich auszugleichenden dynamischen Teil aufzuspalten ist.

364 Der Ehezeitanteil des Anrechts soll dann zwar nach § 45 Abs. 2 S. 1 VersAusglG vorrangig nach den Grundsätzen der unmittelbaren Bewertung (s. dazu vorstehend → Rn. 363) ermittelt werden, doch setzt dies nach § 39 Abs. 1 VersAusglG voraus, dass sich der Wert des jeweiligen Anrechts nach einer Bezugsgröße richtet, die unmittelbar bestimmten Zeitabschnitten zugeordnet werden kann. Das ist bei den betrieblichen Altersversorgungszusagen aber meistens nicht der Fall, weshalb gemäß § 45 Abs. 2 S. 2 und 3 VersAusglG ersatzweise die schon in Rn. 358 vorgestellte zeitratierliche Bewertung vorzunehmen ist. Dabei ist auf das Verhältnis der Dauer der Betriebszugehörigkeit zur Ehezeit abzustellen und das fiktiv am Stichtag zu zahlende Altersruhegeld in diesem Verhältnis auf die Ehezeit und die übrige Zeit aufzuteilen.

Beispiel:
Höhe der monatlichen fiktiven Rentenanwartschaft am Ehezeitende 360 EUR
Ehezeitliche Betriebszugehörigkeit 120 Monate
Ehezeit 90 Monate
Berechnung des Ehezeitanteils:
<u>360 EUR x 90 Monate</u>
    120 Monate = 270 EUR
Der Ehezeitanteil der Betriebsrente beläuft sich also auf 270 EUR monatlich.

II. Die ausgleichspflichtigen Anwarteschaften und ihre Bewertung

Für **beendete Arbeitsverhältnisse** ergeben sich keine Besonderheiten, weil bei ihnen die Höhe des erdienten Altersruhegeldes bereits feststeht und der auf die Ehezeit entfallende Anteil hieran in der vorstehend dargelegten Art und Weise berechnet werden kann. Bei einer auf das Endgehalt bezogenen Versorgungszusage ist zur Ermittlung des Ehezeitanteils auf das Verhältnis der in die Ehezeit fallenden Betriebszugehörigkeit zur Gesamtbetriebszugehörigkeit bis zum Erreichen der Regelaltersgrenze abzustellen. 365

Probleme bei der Bewertung können sich bei schon laufenden Rentenzahlungen nach Ehezeitende aus kapitalgedeckten oder rückstellungsfinanzierten Versorgungen ergeben, wenn das Ehescheidungsverfahren längere Zeit dauert und deshalb der Bewertungsstichtag Ehezeitende und der tatsächliche Teilungszeitpunkt, nämlich der Eintritt der Rechtskraft der Entscheidung über den Versorgungsausgleich, erheblich auseinanderfallen. Denn mit jedem Monat des Leistungsbezuges durch den Ausgleichspflichtigen vermindert sich wegen der abnehmenden Lebenserwartung auch der vom Versorgungsträger auf das Ehezeitende mitgeteilte Barwert dieser Versorgung und dieser sogenannte Wertverzehr ist nach Auffassung des BGH[289] gleichmäßig auf beide Eheleute zu verteilen.

Ist eine Rente aus der gesetzlichen Rentenversicherung nach der betrieblichen Versorgungszusage auf die Betriebsrente anzurechnen, liegt also eine so genannte **Gesamtversorgungszusage** vor, ist der Ehezeitanteil der Betriebsrente nach der sog. VBL-Methode (Methode der Versorgungsanstalt des Bundes und der Länder) zu ermitteln.[290] Das bedeutet, dass zunächst der Ehezeitanteil aus der Gesamtversorgung ermittelt und von diesem der Ehezeitanteil aus der gesetzlichen Rentenversicherung abgezogen wird. Die Differenz stellt dann den Ehezeitanteil der betrieblichen Altersversorgung dar. 366

Einzugehen ist an dieser Stelle noch auf die **Zusatzversorgungen für Arbeiter und Angestellte des Öffentlichen Dienstes** und der sonstigen dem Öffentlichen Dienst angeglichenen Körperschaften (zB Kirchen), deren bekannteste die Zusatzversorgungskasse der Versorgungsanstalt des Bundes und der Länder (VBL) und die kommunalen Zusatzversorgungen (ZVK) sind. Denn sie gehören zu den betrieblichen Altersversorgungssystemen, weisen aber trotz ihrer seit dem 1.1.2001 vollzogenen Angleichung an die Bestimmungen des BetrAVG noch einige Besonderheiten auf. Diese ergeben sich vor allem aus der Umstellung des früheren, auf das Endgehalt bezogenen Gesamtversorgungssystems der Zusatzversorgungen auf ein der gesetzlichen Rentenversicherung ähnelndes Versorgungspunktesystem und der Überführung aller bis zum 31.12.2001 schon erworbenen laufenden Versorgungen und Versorgungsanwartschaften in dieses neue System. Bereits laufende Renten werden nämlich nach dem Übergangsrecht weitergezahlt und jährlich isoliert um 1 % erhöht, die bis zum 31.1.2001 erworbenen Anwartschaften dagegen in Form einer „Startgutschrift" in das Punktsystem eingestellt. Für die Ermittlung des Ehezeitanteils an der auf diesen Zeitpunkt erteilten Startgutschrift verbleibt es dann bei der bisherigen zeitratierlichen Berechnung nach dem Verhältnis der während der Ehe zurückgelegten Pflichtversicherungszeit zur gesetzlichen Pflichtversicherungszeit bis 31.12.2001, während sich der Ehezeitanteil in der Zeit ab 1.1.2002 ohne weiteres aus den von dem Berechtigten in diesen Ehejahren erworbenen Versorgungspunkten ergibt. Versorgungspunkte, die auf einer Zurechnung in Folge einer vorzeitigen Erwerbs- 367

---
[289] BGH NJW 2016, 1728 = FamRZ 2016, 775.
[290] BGH NJW-RR 1992, 130.

minderung vor dem 60. Lebensjahr beruhen, sind nur insoweit zu berücksichtigen, als die Erwerbsminderung schon in der Ehe eingetreten war. Bonuspunkte können ebenfalls nur insoweit berücksichtigt werden, als sie bis zum Stichtag des Ehezeitendes verdient und tatsächlich gutgeschrieben worden sind. Die Ermittlung der „Startgutschrift" für die bis zum 1.1.2001 erworbenen Anwartschaften ist allerdings vom BGH für diejenigen Versicherten, die am 1.1.2001 das 55. Lebensjahr noch nicht vollendet hatten, (sog. „rentenferne" Versicherte) wegen eines Verstoßes gegen Art. 3 Abs. 1 GG für unwirksam erklärt worden.[291] In diesen Fällen muss das Versorgungsausgleichsverfahren deshalb jedenfalls in Bezug auf die Zusatzversorgung bis zu einer Neuregelung der Satzung ausgesetzt werden, sofern die Ehegatten keine andere diesbezügliche Vereinbarung treffen. Bei der Scheidung älterer Versicherungsnehmer sowie nach dem 31.12.2001 geschlossener Ehen kann es dagegen bei der Durchführung des Versorgungsausgleichs auf der Basis der von den Versorgungsträgern nach dem dargestellten System mitgeteilten Werte verbleiben. Der Anspruch auf eine VBL-Rente wird bereits mit der Erfüllung einer Wartezeit von 60 Monaten **unverfallbar**.

4. Private Rentenversicherungen

368   Renten und Rentenanwartschaften aus **privaten Versicherungen** sind gemäß § 46 VersAusglG nach den Bestimmungen des Versicherungsvertragsgesetzes über Rückkaufswerte zu bewerten, wobei Stornokosten nicht abzuziehen sind. Die Bewertung ist nach einer Entscheidung des EuGH[292] trotz der unterschiedlichen Lebenserwartung von Männern und Frauen ab dem 22.12.2012 geschlechtsneutral vorzunehmen (sog. Unisex-Tarif), sodass bis zum 21.12.2012 abgeschlossene Verträge von dieser Entscheidung unberührt bleiben. Der BGH ist dem inzwischen für die Teilung von Anwartschaften bei der Zusatzversorgung des öffentlichen Dienstes (VBL) gefolgt.[293]

Der Ehezeitanteil wird in der Weise ermittelt, dass das zum Ehezeitende vorhandene Deckungskapital einschließlich Überschussanteilen um das zum Ehezeitbeginn bereits vorhandene Deckungskapital vermindert wird. Diese Werte werden vom Versorgungsträger mitgeteilt, so dass sich der Versorgungsausgleich auf dieser Basis leicht durchführen lässt.

5. Sonstige Renten

369   Es bleiben die vielfältigen **sonstigen Renten**, zu denen vor allem die Renten aus **berufsständischen Versorgungseinrichtungen** (Ärzte, Apotheker, Architekten), aber auch die **Altershilfe für Landwirte** und Renten aus **ausländischen Sozialversicherungen** gehören. Wegen der Einzelheiten der Bewertung muss auf den Gesetzestext und die einschlägige Kommentierung verwiesen werden.

---

[291] BGH FamRZ 2008, 395 ff. – für die frühere Regelung und BGH NZA 2016, 840 = FamRZ 2016, 902 auch für die danach erfolgte Regelung.
[292] EuGH NJW 2011, 907 = FamRZ 2011, 1127.
[293] BGH NZFam 2017, 396 = FamRZ 2017, 863.

III. Der Versorgungsausgleich bei Scheidung

Der Ausgleich der von den Ehepartnern erworbenen Einzelanrechte erfolgt 370
gemäß § 1 Abs. 1 VersAusglG durch eine hälftige Teilung der von den Ehegatten
in der Ehezeit erworbenen Versorgungsanrechte (**Halbteilungsgrundsatz**). Dies
geschieht gemäß § 9 Abs. 2 VersAusglG bevorzugt durch eine Teilung der Anrechte bei dem selben Versorgungsträger (**interne Teilung** gemäß §§ 10 ff. VersAusglG –
früher Splitting) und, wo dies aus Rechtsgründen nicht möglich ist, durch die
Begründung eines gleichwertigen Anrechts bei einem anderen Versorgungsträger
(**externe Teilung** gemäß den §§ 14 ff. VersAusglG – früher Quasi-Splitting). Für
die einzelnen Versorgungssysteme gilt insoweit folgendes:

1. Gesetzliche Renten

Haben beide Ehepartner Rentenanrechte aus den Zweigen der **gesetzlichen** 371
Rentenversicherung einschließlich der landwirtschaftlichen Alterskassen erworben, so werden durch richterliche Entscheidung die auszugleichenden Anrechte
in Höhe des vom Versicherer mitgeteilten Ausgleichswertes im Wege der internen
Teilung vom Versicherungskonto des Verpflichteten auf das des Berechtigten
übertragen. Hat nur einer der Ehegatten Versorgungsanwartschaften in der gesetzlichen Rentenversicherung erworben, wie dies insbesondere bei Ehen mit einem Beamten bzw. einer Beamtin der Fall ist, wird die interne Teilung in der
Weise durchgeführt, dass zugunsten des anderen Ehegatten in der gesetzlichen
Rentenversicherung ein Anrecht in der ihm zustehenden Höhe begründet wird.
Zu prüfen ist in solchen Fällen aber nicht nur, ob ein solcher Ausgleich wegen
Geringfügigkeit ausgeschlossen ist (s. dazu → Rn. 388), sondern auch, ob die
Begründung eines solchen Anrechts insbesondere mangels Erfüllung der Mindestwartezeit von 60 Monaten als Voraussetzung für den Bezug einer Altersrente unwirtschaftlich ist. Denn dann empfiehlt sich für das Ehepaar insoweit der
Abschluss einer Vereinbarung über den Versorgungsausgleich gemäß § 6
VersAusglG.

Die **Rentenanwartschaften** des Verpflichteten werden aufgrund des durchge- 372
führten Versorgungsausgleichs dann natürlich entsprechend **gekürzt**, doch kann
er die Kürzung durch nachträgliche Beitragszahlung wieder ausgleichen. Da der
Rentenversicherungsträger am Versorgungsausgleichsverfahren beteiligt ist, erhält er eine Ausfertigung der jeweiligen richterlichen Entscheidung, nimmt die
erforderliche Umbuchung auf den beiderseitigen Versicherungskonten vor und
teilt den Ehepartnern den Erhöhungs- bzw. Minderungsbetrag mit. Tritt dann
später der Versorgungsfall ein, erhöht oder vermindert sich die jeweilige Rente
automatisch.

Bezieht der Verpflichtete bei Durchführung des Versorgungsausgleichs schon 373
eine Rente, wird sie ihm mit Rechtskraft der familiengerichtlichen Entscheidung
sogleich gekürzt, auch wenn der ausgleichsberechtigte Ehegatte noch keine Rente bezieht, ihm der zu seinen Gunsten durchgeführte Versorgungsausgleich also
noch gar nicht zugute kommt. Das bis zum 31.8.2009 gültig gewesene Versorgungsausgleichsrecht hatte dem ausgleichspflichtigen Ehegatten deshalb seine

H. Versorgungsausgleich

Rente noch bis zum Rentenbezug des ausgleichsberechtigten Ehegatten ungekürzt belassen, doch ist dieses sogenannte **Rentnerprivileg** mit der zum 1.9.2009 in Kraft getretenen Reform des Versorgungsausgleichsrechts ersatzlos gestrichen worden. Mildern lässt sich die Kürzung der Rente nun nur noch in denjenigen Fällen, in denen der ausgleichspflichtige Ehegatte seinem geschiedenen Ehegatten ohne die Kürzung der Rente Kraft Gesetzes auch noch nachehelichen Unterhalt schulden würde. Denn in diesen Fällen würde sich die Durchführung des Versorgungsausgleichs durch die damit verbundene Reduzierung seines Unterhaltsanspruchs zu Lasten des unterhaltsberechtigten Ehegatten auswirken, ohne dass er dafür gleichzeitig auf der Rentenebene einen Ausgleich erhielte. Aus diesem Grunde kann die Rentenkürzung gemäß § 33 Abs. 1 VersAusglG **auf Antrag** des Ausgleichspflichtigen oder auch des Ausgleichsberechtigten ausgesetzt werden, allerdings gemäß Abs. 3 der Vorschrift nur in Höhe des jeweiligen, sich ohne die Kürzung ergebenden Unterhaltsanspruchs.

Beispiel:
Der Ehemann bezieht eine monatliche Rente von 1.800 EUR, von der er 1.000 EUR monatlich in der Ehezeit erworben hat. Seine jüngere geschiedene Ehefrau erzielt aus Erwerbstätigkeit ein monatliches Nettoeinkommen von 1.100 EUR. Ohne die Rentenkürzung schuldete der Ehemann ihr deshalb einen Aufstockungsunterhalt von 1.800 EUR ./. 1.100 EUR = 700 EUR dividiert durch 2 = 350 EUR. Aufgrund des Versorgungsausgleichs wird die Rente des Ehemannes nun um die Hälfte der von ihm in der Ehezeit erworbenen Rente, also 500 EUR monatlich, auf 1.300 EUR monatlich gekürzt. Infolge dessen hätte die Ehefrau nun nur noch einen Unterhaltsanspruch von 1.300 EUR ./. 1.100 EUR = 200 EUR dividiert durch 2 = 100 EUR. Auf Antrag eines der beiden Ehegatten kann die Kürzung nunmehr in Höhe des ursprünglichen Unterhaltsbetrages von 350 EUR rückgängig gemacht werden, so dass es nur zu einer Kürzung der Rente des Ehemannes um 150 EUR auf 1.650,00 monatlich kommt. Die Differenz zu dem Erwerbseinkommen der Ehefrau erhöht sich dadurch allerdings nur auf 550 EUR statt der bisherigen 700 EUR, so dass sie nun trotz der Aussetzung der Rentenkürzung auch nur noch einen Unterhalt von 275 EUR erhält.

374 Im Ergebnis wird die finanzielle Lage beider Ehegatten vor der Rentenkürzung durch deren Aussetzung also nicht vollständig wieder hergestellt, stellt sich andererseits aber doch deutlich besser dar als ohne die Aussetzung der Rentenkürzung. Der Antrag auf Aussetzung sollte deshalb in derartigen Fällen schon während des Ehescheidungsverfahrens gestellt werden, weil er zwar auch noch später gestellt werden kann, die Kürzung aber erst ab dem Monat ausgesetzt wird, der auf die Antragstellung folgt (§ 34 Abs. 3 VersAusglG). Eine **Beschränkung** der Aussetzungsmöglichkeit ergibt sich aus § 33 Abs. 2 VersAusglG, wonach eine Aussetzung nur erfolgen kann, wenn der Kürzungsbetrag einen Mindestbetrag übersteigt (in 2018 sind es 60,90 EUR monatlich oder ein Kapitalwert von 7.308 EUR). Eine weitere Beschränkung der Ausgleichsmöglichkeit ergibt sich daraus, dass sie nur für die in § 32 VersAusglG im einzelnen aufgeführten Primärversorgungssysteme, also insbesondere nicht für betriebliche Altersversorgungssysteme oder private Rentenversicherungen, zugelassen ist. Der Höhe nach ist sie gemäß § 33 Abs. 3 VersAusglG außerdem noch auf die Differenz der beiderseitigen Anrechte in den Primärversorgungssystemen begrenzt.

Beispiel:
Setzt sich die in der Ehezeit erworbene Rente des Ehemannes aus dem vorigen Beispiel aus einer gesetzlichen Rente in Höhe von 300 EUR monatlich und einer betrieblichen Altersversor-

III. Der Versorgungsausgleich bei Scheidung

gung in Höhe von 700 EUR monatlich zusammen, und hat die Ehefrau in der Ehezeit ihrerseits nur Anrechte in der gesetzlichen Rentenversicherung in Höhe von ebenfalls 300 EUR monatlich erworben, dann kommt es bei letzterer zu keiner Teilung dieser Anrechte und damit auch nicht zu einer Kürzung der Anrechte des Ehemannes. Die betriebliche Rente des Ehemannes ist dagegen hälftig zu teilen und wird dementsprechend um 350 EUR monatlich gekürzt, ohne dass dies durch eine Aussetzung der Kürzung wenigstens teilweise ausgeglichen werden könnte. Der Unterhaltsanspruch der Ehefrau reduziert sich dadurch auf 1.800 EUR ./. 350 EUR ./. 1.100 EUR = 350 EUR dividiert durch 2 = 175 EUR.

Stirbt der Ausgleichsberechtigte, bevor er überhaupt eine Rente aufgrund des Versorgungsausgleichs bezogen hat, oder hat der Ausgleichsberechtigte bis zu seinem Tod noch nicht länger als 36 Monate die Versorgung aus dem erworbenen Anrecht erhalten, wird das Anrecht des Ausgleichspflichtigen auf Antrag nicht (länger) gekürzt (§ 37 Abs. 1 VersAusglG). Auch dies gilt wiederum nur für Anrechte aus den Primärversorgungssystemen. **Stirbt der Ausgleichspflichtige** nach Durchführung des Versorgungsausgleichs, so behält der Ausgleichsberechtigte unverändert seinen Anspruch auf die erhöhte Altersversorgung, kann aber bis zum Eintritt des Versorgungsfalles in erhebliche finanzielle Schwierigkeiten geraten. Denn sein Unterhaltsanspruch richtet sich dann zwar gegen den Erben des Verstorbenen, ist aber gemäß § 1586b auf den Pflichtteil beschränkt, den er zu beanspruchen gehabt hätte, wenn die Ehe nicht geschieden worden wäre. 375

2. Beamten- und beamtenähnliche Versorgungen

Bei Beamten- und beamtenähnlichen Versorgungen ist die von dem Gesetzgeber als Regelfall vorgesehene interne Teilung der Anrechte nur möglich, wenn der jeweilige Dienstherr diese in den maßgeblichen Versorgungsgesetzen auch vorgesehen hat. Für die Beamten und Richter sowie die Abgeordneten des Bundes ist dies geschehen, nicht jedoch für die Beamten und Richter der Länder. Ebenso wenig ist dies zB bei den Versorgungszusagen verschiedener Rundfunkanstalten und berufsständischen Versorgungswerken der Fall, sofern nicht beide Ehegatten dem betreffenden Versorgungswerk angehören. Aus diesem Grunde enthält § 16 VersAusglG für alle öffentlich-rechtlichen Dienst- oder Amtsverhältnisse, für die ihr Versorgungsträger keine interne Teilung vorgesehen hat, eine Sonderregelung dahingehend, dass ein dort bestehendes Anrecht zu Lasten des Ausgleichspflichtigen durch Begründung eines entsprechenden Anrechts bei einem Träger der gesetzlichen Rentenversicherung auszugleichen ist (externe Teilung). Für diesen Fall unterstellt der Gesetzgeber die Gleichwertigkeit der beiden Systeme, so dass das auszugleichende Anrecht als Rentenbetrag zu bestimmen und in Entgeltpunkte der gesetzlichen Rentenversicherung umzurechnen ist (§ 16 Abs. 1, 3 VersAusglG, § 222 Abs. 4 FamFG). Bezieht der Berechtigte dann aufgrund des Versorgungsausgleichs eine Rente, wird diese dem Rentenversicherer vom Dienstherrn des Verpflichteten erstattet. Zum Ausgleich dafür kürzt dieser die späteren Versorgungsbezüge seines Bediensteten entsprechend, es sei denn, der Bedienstete hätte die Kürzung durch eine Kapitalzahlung an den Versorgungsträger abgewendet (§ 58 BeamtVG). Im Übrigen kann die Kürzung bei einer gleichzeitig noch bestehenden Unterhaltspflicht ebenso gemildert werden wie bei der gesetzlichen Rentenversicherung (vgl. → Rn. 373 f.). Der Aufschub der Kürzung bis zu dem Zeitpunkt, in dem auch der Ausgleichsberechtigte durch einen Rentenbezug von 376

H. Versorgungsausgleich

dem Versorgungsausgleich profitiert (sog. Rentnerprivileg), ist mit der zum 1.9.2009 in Kraft getretenen Reform des Versorgungsausgleichs ebenso wie in der gesetzlichen Rentenversicherung entfallen. Das gilt allerdings nur für Bundesbeamte[294], während für Landes- und Kommunalbeamte in den einzelnen Ländern unterschiedliche Regelungen gelten.[295]

3. Betriebliche Renten

377   Anrechte aus **betrieblichen Altersversorgungssystemen** sind, wie in → Rn. 354 bereits dargelegt wurde, in einem Ehescheidungsverfahren nur auszugleichen, wenn sie bei Ehezeitende bereits unverfallbar sind oder schon laufende Renten gezahlt werden. Andernfalls bleibt ihr Ausgleich dem (schuldrechtlichen) Versorgungsausgleich nach Scheidung vorbehalten, der nachstehend in → Rn. 380 ff. dargestellt wird. Betriebliche Altersversorgungssysteme sehen im übrigen in den seltensten Fällen die von dem Gesetzgeber bevorzugte interne Teilung vor, weshalb das Familiengericht statt dessen gemäß § 14 Abs. 1 VersAusglG zu Lasten des Anrechts des Ausgleichspflichtigen bei einem anderen Versorgungsträger ein Anrecht in Höhe des Ausgleichswertes begründen kann (externe Teilung). Diese externe Teilung ist gemäß Abs. 2 der Vorschrift jedoch nur durchzuführen, wenn

- die ausgleichsberechtigte Person und der Versorgungsträger der ausgleichspflichtigen Person eine externe Teilung vereinbart haben oder
- der Versorgungsträger der ausgleichspflichtigen Person eine externe Teilung verlangt und der Ausgleichswert am Ende der Ehezeit die bereits oben in → Rn. 353 erörterte Geringfügigkeitsschwelle nicht übersteigt. Wird die externe Teilung in der ersten dieser beiden Alternativen von dem Ausgleichsberechtigten abgelehnt, führt dies zum schuldrechtlichen Versorgungsausgleich nach Scheidung – für die scheidungswilligen Ehegatten allerdings eine wenig attraktive Alternative. Aus diesen Gründen sollte die von dem Gesetz vorgesehene Vereinbarung mit dem Versorgungsträger des ausgleichspflichtigen Ehegatten über die externe Teilung angestrebt werden, wobei der ausgleichsberechtigte Ehegatte wählen kann, ob ein für ihn bereits bestehendes Anrecht ausgebaut oder ein neues Anrecht begründet werden soll (§ 15 Abs. 1 VersAusglG). Die von dem ausgleichsberechtigten Ehegatten zu wählende **Zielversorgung** muss selbstverständlich eine angemessene Versorgung gewährleisten, dh eine Versorgung, die in ihrem Kern den Anrechten in der gesetzlichen Rentenversicherung, nach dem betrieblichen Altersversorgungsgesetz oder den sogenannten „Riester-Renten" entspricht (§ 15 Abs. 4 VersAusgl.G). Übt der ausgleichsberechtigte Ehegatte sein Wahlrecht nicht aus, erfolgt die externe Teilung gemäß § 15 Abs. 5 VersAusglG durch Begründung eines Anrechts in der gesetzlichen Rentenversicherung, bei Anrechten iSd Betriebsrentengesetzes durch Begründung eines Anrechts bei der **Versorgungsausgleichskasse**. Dabei handelt es sich um einen vom Gesetzgeber speziell für die Durchführung des Versorgungsausgleichs geschaffenen Versicherungsverein auf Gegenseitigkeit.[296]

---

[294] Für Soldaten wurde das Privileg in § 55c Soldatenversorgungsgesetz inzwischen allerdings wieder eingeführt.
[295] ZB Abschaffung in NRW, Beibehaltung in Hessen.
[296] BGBl. 2009 I 1939.

Zur Durchführung des Versorgungsausgleichs ist der Versorgungsträger des 378
ausgleichspflichtigen Ehegatten dann aufgrund einer diesbezüglichen Entscheidung des Familiengerichts zur Zahlung des dem Ausgleichswert entsprechenden Kapitalbetrages an den Versorgungsträger der Zielversorgung verpflichtet (§ 14 Abs. 4 VersAuslG).

4. Andere Versorgungssysteme

Für **alle anderen Versorgungsanrechte** gelten die vorstehenden Ausführungen 379
zur bevorzugten internen Teilung und der alternativen externen Teilung sowie zur Verweisung in den schuldrechtlichen Versorgungsausgleich nach Scheidung entsprechend.

IV. Der (schuldrechtliche) Versorgungsausgleich nach Scheidung

1. Grundlagen

Der schuldrechtliche Versorgungsausgleich findet in allen denjenigen Fällen 380
statt, in denen es nicht schon bei der Ehescheidung zu einem – vollständigen – Ausgleich der am Ende der Ehezeit bestehenden Versorgungsanrechte beider Ehegatten gekommen ist, sei es, dass

- ein oder mehrere Anrechte wie zB noch verfallbare betriebliche Versorgungsanrechte oder Anrechte bei ausländischen und überstaatlichen Versorgungsträgern im Zeitpunkt der gerichtlichen Entscheidung über den Versorgungsausgleich im Sinne des § 19 VersAuslG noch nicht ausgleichsreif waren oder
- eine externe Teilung mangels Vereinbarung oder Begründbarkeit eines Anrechts (§ 14 Abs. 5 VersAuslG) nicht durchgeführt werden konnte oder
- die Parteien ausdrücklich eine diesbezügliche Vereinbarung getroffen haben (s. dazu nachstehend → Rn. 395).

Das Familiengericht hat die bei der Ehescheidung noch nicht ausgeglichenen 381
Anrechte in der Begründung seines Scheidungsbeschlusses ausdrücklich zu benennen (§ 224 Abs. 4 FamFG), damit insoweit über den noch vorzunehmenden Ausgleich Klarheit besteht. Dieser wird dann ebenso wie schon nach dem bis zum 30.8.2009 gültig gewesenen Recht in der Weise durchgeführt, dass der ausgleichspflichtige Ehegatte an den ausgleichsberechtigten Ehegatten bei Vorliegen der nachstehend genannten Voraussetzungen ähnlich dem nachehelichen Unterhalt monatlich im voraus eine Geldrente zu zahlen hat (§ 20 Abs. 1 VersAuslG). Daraus erklärt sich die Verwendung des Begriffs „schuldrechtlicher" Versorgungsausgleich. Er wird gemäß § 223 FamFG **nur auf Antrag** und nur für die Zukunft durchgeführt, für die Vergangenheit in der Regel nicht über mehr als ein Jahr vor Rechtshängigkeit hinaus, und auch nur, wenn die Voraussetzungen des § 1585b Abs. 2 BGB vorliegen (§ 20 Abs. 3 VersAuslG). Gestellt werden kann der Antrag erst bei Eintritt der in § 20 Abs. 2 VersAuslG festgelegten Voraussetzungen,

wonach die **Rente erst dann** verlangt werden kann, wenn die ausgleichsberechtigte Person

- eine eigene laufende Versorgung bezieht,
- die Regelaltersgrenze der gesetzlichen Rentenversicherung erreicht hat oder
- die gesundheitlichen Voraussetzungen für eine laufende Versorgung wegen Invalidität erfüllt.

2. Höhe

382 Die **Höhe** der Ausgleichsrente richtet sich nach dem Ausgleichswert des Anrechts bei Ehezeitende, jedoch sind gemäß § 5 Abs. 4 S. 2 VersAusglG nachträgliche, auf den Ehezeitanteil zurückwirkende Veränderungen des ehezeitbezogenen Wertes der Versorgung zusätzlich zu berücksichtigen. Der Ausgleichsberechtigte nimmt also an Wertveränderungen, die auf die jährlichen Rentenanpassungen, die Erhöhungen des für die Beamtenversorgung maßgeblichen Grundgehalts oder die Leistungsanpassungen des betrieblichen Versorgungsträgers zurückgehen, teil.[297] In die Ausgleichsberechnung ist die auszugleichende Rente oder Pension trotz ihrer immer noch unterschiedlichen steuerlichen Behandlung mit dem jeweiligen Bruttobetrag einzustellen.[298] Abzuziehen sind jedoch die auf den Ausgleichswert anteilig entfallenden Sozialversicherungsbeiträge (§ 20 Abs. 1 S. 2 VAG). Verminderungen oder Erhöhungen der Rente, die auf einem **vorgezogenen** oder hinausgeschobenen **Rentenbezug** nach der Ehescheidung beruhen, bleiben bei der Ermittlung des Ausgleichswertes unberücksichtigt und stellen nicht etwa eine bei der Bestimmung des Ausgleichswertes gemäß § 5 Abs. 2 S. 2 VersAusglG zu berücksichtigende Änderung dar.[299]

3. Abtretung und Abfindung

383 Der Berechtigte kann bei Fälligkeit seines Ausgleichsanspruchs von dem Ausgleichspflichtigen gemäß § 21 VersAusglG die **Abtretung** der Versorgungsansprüche des Verpflichteten gegen den Versorgungsträger in Höhe des Ausgleichsanspruchs oder bei Zahlung der Altersversorgung in Gestalt einer Kapitalzahlung die Zahlung des Ausgleichswertes verlangen (§ 22 VersAusglG), und zwar ohne jede Begründung. Hiervon sollte auch unbedingt Gebrauch gemacht werden, weil der Ausgleichsberechtigte dann Inhaber der Forderung gegen den jeweiligen Versorgungsträger wird und sich auf diese Weise die regelmäßige Zahlung durch den Versorgungsträger sichern und Streitigkeiten mit dem seit langem geschiedenen Ehepartner vermeiden kann.

384 Des weiteren kann der Ausgleichsberechtigte vom Ausgleichspflichtigen statt der Abtretung der Ausgleichsrente oder des Anteils an der Kapitalzahlung gemäß § 23 Abs. 1 VersAusglG schon im Ehescheidungsverfahren die Zahlung einer für

---

[297] NJW 2016, 1315 = FamRZ 2016, 442.
[298] BGH NJW 2000, 3707.
[299] BGH NJW-RR 2012, 577 = FamRZ 2012, 851.

IV. Der (schuldrechtliche) Versorgungsausgleich nach Scheidung

seine Altersversorgung zweckgebundenen **Abfindung** verlangen. Sie ist vor allem dann zu empfehlen, wenn

- der Ausgleichsberechtigte älter ist als der Verpflichtete und deshalb bei einem schuldrechtlichen Versorgungsausgleich warten müsste, bis auch bei dem Ausgleichspflichtigen die Voraussetzungen hierfür vorliegen;
- die nachstehenden Voraussetzungen für einen Anspruch auf Hinterbliebenenversorgung gegen den Versorgungsträger (früher: verlängerter schuldrechtlicher Versorgungsausgleich) nicht vorliegen, der Ausgleichsberechtigte also bei Vorversterben des Ausgleichspflichtigen mit einem vollständigen Ausfall seines Ausgleichsanspruchs rechnen müsste.

Stirbt nämlich **der Ausgleichspflichtige** vor dem Ausgleichsberechtigten, so **385 erlischt** dessen Ausgleichsanspruch, wenn und so weit er ihn nicht gemäß § 25 VersAusglG unmittelbar gegen den jeweiligen Versorgungsträger geltend machen kann Das ist nach dieser Vorschrift aber **nur dann** der Fall, wenn kumulativ

- die Voraussetzungen für einen zukünftigen schuldrechtlichen Versorgungsausgleich zu Lebzeiten des Verpflichteten zumindest dem Grunde nach gegeben waren, also zB das Anrecht unverfallbar geworden war; (darauf, ob der Ausgleichsverpflichtete selbst schon eine Versorgung erhalten hat, kommt es dagegen nicht an);
- der Berechtigte seinerseits die Fälligkeitsvoraussetzungen nach § 20 Abs. 2 VersAusglG erfüllt;
- die Versorgungsregelung des Versorgungsträgers eine Witwen/Witwerversorgung vorsieht. Denn der geschiedene Berechtigte soll nicht besser stehen als ein verheirateter Hinterbliebener.
- Insbesondere letzteres ist deshalb vom Ausgleichsberechtigten schon im Ehescheidungsverfahren zu prüfen, um späteren Verlusten im Versorgungsausgleich entgegenwirken zu können.

Der **Höhe** nach ist die verlängerte Ausgleichsrente deshalb auch durch die **386** Höhe der fiktiven Hinterbliebenenversorgung begrenzt (§ 25 Abs. 1 VersAusglG), was bei Anrechnungsbestimmungen in der jeweiligen Versorgungssatzung sogar zu Kürzungen der jeweiligen Ausgleichsrente führen kann.

Auch wenn die Abfindung eines Ausgleichsanspruchs aus diesen Gründen für **387** den Ausgleichsberechtigten wünschenswert wäre, kann sie gemäß § 23 Abs. 2 BGB allerdings immer nur dann verlangt werden, wenn dem Ausgleichspflichtigen die Zahlung nach seinen wirtschaftlichen Verhältnissen zumutbar ist. Würde ihn eine Einmalzahlung unbillig belasten, kann er Ratenzahlung verlangen (§ 23 Abs. 3 VersAusgl). Außerdem kann die Abfindung ihrem Zweck entsprechend immer nur in Form der Zahlung an denjenigen Versorgungsträger verlangt werden, bei dem ein bestehendes Anrecht ausgebaut oder ein neues Anrecht begründet werden soll (§ 23 Abs. 1 S. 2 VersAusglG).

V. Herabsetzung oder Ausschluss des Versorgungsausgleichs

1. Geringfügigkeit und Ehe von kurzer Dauer

388 Der Gesetzgeber hat in § 18 Abs. 1 und 2 VersAusglG zwei **Geringfügigkeitsschwellen** festgelegt, unterhalb deren das Gericht keinen Versorgungsausgleich durchführen soll, nach seinem Ermessen aber dennoch durchführen kann, wenn ihm dies im Hinblick auf die gesamte Versorgungssituation der Ehegatten geboten erscheint. Die eine der beiden Schwellen betrifft die Geringfügigkeit von Differenzen zwischen beiderseitigen Anrechten gleicher Art (§ 18 Abs. 1 VersAusglG), die andere die Geringfügigkeit des Ausgleichswertes eines einzelnen Anrechts für sich genommen. Für beide Fälle wird die Geringfügigkeit in Abs. 3 der Vorschrift als Bezugsgröße aus dem Sozialversicherungsrecht definiert, macht im Jahr 2018 aber immerhin 30,45 EUR monatlich aus.

389 Des weiteren findet ein Versorgungsausgleich bei **einer Ehe von kurzer Dauer**, dh einer Ehezeit von bis zu 3 Jahren, **nur auf Antrag** eines der Ehegatten statt. Ein solcher Antrag ist dann sinnvoll, wenn einer der Ehegatten trotz der kurzen Ehezeit relativ hochwertige Anrechte erworben haben sollte.

2. Grobe Unbilligkeit

390 § 27 VersAusglG sieht sowohl für den öffentlich-rechtlichen als auch für den schuldrechtlichen Versorgungsausgleich eine **Herabsetzung** oder den vollständigen **Ausschluss** des Versorgungsausgleichs vor, so weit er **grob unbillig** wäre. Dies ist nach S. 2 der Vorschrift aber nur der Fall, wenn die gesamten Umstände des Einzelfalles es rechtfertigen, von der Halbteilung abzuweichen. Die Vorschrift darf also, wie schon die frühere Generalklausel des § 1587c aF und des sie ergänzenden § 1587h aF nicht zu einer Korrektur der dem Versorgungsausgleich immanenten Folgen benutzt werden. Unzulässig wäre es daher, unter Berufung auf diese Vorschrift Anwartschaften auszugleichen, obwohl sie noch verfallbar sind[300], oder in einer Doppelverdienerehe den Versorgungsausgleich auszuschließen, wenn nur einer der Ehepartner ausgleichspflichtige Anwartschaften erworben hat. Abzustellen ist statt dessen allein auf die individuellen Verhältnisse der beiden Ehepartner, wobei eine Gesamtabwägung aller in Betracht kommenden Umstände stattzufinden hat.[301] Dementsprechend ist auch zu prüfen, ob und inwieweit der Berechtigte im Zeitpunkt eines etwaigen schuldrechtlichen Versorgungsausgleichs den nach seinen Lebensverhältnissen angemessenen Unterhalt aus seinen Einkünften und seinem Vermögen bestreiten könnte. Das bedeutet, dass unter Billigkeitsgesichtspunkten sogar die nacheheliche Entwicklung der Einkommens- und Vermögensverhältnisse des Ausgleichsberechtigten in Betracht zu ziehen ist, ein schuldrechtlicher Versorgungsausgleich also zum Beispiel dann entfallen kann, wenn der ausgleichsberechtigte geschiedene Ehegatte wieder

---

[300] BGH FamRZ 1985, 573 (574).
[301] BGH FamRZ 2006, 769.

verheiratet ist und von seinem gegenwärtigen Ehepartner unterhalten werden kann – ein Grund mehr, nach Möglichkeit eine Abfindung gemäß § 23 VersAusglG zu verlangen. In Betracht zu ziehen sind aber auch Umstände, die keinen wirtschaftlichen Bezug haben[302] wie zB lange Trennungszeiten, eheliches Fehlverhalten oder sonstige grobe Verletzungen der aus der ehelichen Lebensgemeinschaft folgenden Pflichten, wie zum Beispiel der Pflicht, zum Familienunterhalt beizutragen (§ 1587c Ziff. 3 BGB aF). In jedem Fall muss eine **grobe** Unbilligkeit vorliegen, dh, die ungekürzte Durchführung des Versorgungsausgleichs müsste seinem Grundgedanken in unerträglicher Weise widersprechen. Das ist zum Beispiel dann der Fall, wenn der ausgleichspflichtige Ehegatte durch volle Erwerbstätigkeit, Führung des gemeinsamen Haushalts und Erziehung des gemeinsamen Kindes einen überobligationsmäßigen Beitrag zum Familienunterhalt geleistet und dadurch dem anderen Ehegatten den Abschluss seines Studiums ermöglicht hat.[303] Dagegen reicht es bei einem beiderseitigen Vermögenserwerb nach Ehescheidung nicht aus, dass der eine Ehegatte deshalb wirtschaftlich deutlich besser steht als der andere. Vielmehr muss ein wirtschaftliches Ungleichgewicht etwa in der Weise bestehen, dass der berechtigte Ehegatte auch ohne Versorgungsausgleich über ein ausreichend großes Vermögen verfügt, um davon seinen Unterhalt im Alter zu bestreiten, während der Ausgleichspflichtige hierfür nichts anderes als die auszugleichende Versorgung einzusetzen hat.[304]

VI. Versorgungsausgleich in der früheren DDR

Die Durchführung des Versorgungsausgleichs bei Scheidung von Ehen, in denen die Ehegatten sowohl in West- als auch in Ostdeutschland Versorgungsanwartschaften erworben haben, stieß bis zum Inkrafttreten der Neuregelung des Versorgungsausgleichs am 1.9.2009 auf erhebliche Schwierigkeiten. Denn das unterschiedliche Rentenniveau in West- und Ostdeutschland ließ die frühere Saldierung der beiderseits insgesamt erworbenen Versorgungsanwartschaften und den auf dieser Basis vorzunehmenden Versorgungsausgleich nicht zu, weshalb nichts anderes als ein Aufschub des Versorgungsausgleichs bis zur Ermittlung aller Rentenansprüche auf der Basis eines für die gesamte Bundesrepublik Deutschland einheitlich geltenden Rentenwertes übrig blieb. Dieses Problem ist nunmehr mit dem neuen Versorgungsausgleichsrecht für die Zeit seit Inkrafttreten der Versorgungsausgleichsreform dadurch gelöst, dass jedes einzelne Anrecht für sich genommen durch interne oder externe Teilung ausgeglichen wird, ein Ehegatte mit Anrechten aus Ostdeutschland also an den Anrechten des anderen Ehegatten aus Westdeutschland beteiligt wird und umgekehrt. Wegen der nach wie vor bestehenden unterschiedlichen Dynamik der Anrechte in Ost und West sind die in Ostdeutschland erworbenen Anrechte allerdings mit den für sie geltenden Entgeltpunkten gesondert auszugleichen.

391

---

[302] BGH NJW 1983, 117 und NJW-RR 2009, 145 – eheliches Fehlverhalten.
[303] BGH NJW-RR 1989, 902.
[304] BGH NJW-RR 2005, 1233 und FamRZ 2009, 205 ff.

VII. Vereinbarungen über den Versorgungsausgleich

392 Der Versorgungsausgleich hat nicht nur für die beteiligten Ehepartner, sondern auch für den Gesetzgeber einen besonders hohen Stellenwert. Das wird daraus ersichtlich, dass er, anders als der Zugewinnausgleich, kraft Gesetzes gleichzeitig und zusammen mit der Ehescheidung durchzuführen ist (§ 137 Abs. 2 Nr. 1 iVm S. 2 FamFG) und Vereinbarungen des Ehepaares hierüber im Zusammenhang mit der Scheidung der **notariellen Beurkundung** oder der Protokollierung im Rahmen eines gerichtlichen Vergleichs bedürfen (§ 7 Abs. 1 VersAusglG). Auf diese Weise soll nicht nur verhindert werden, dass sich der Ausgleichsberechtigte leichtfertig eines wichtigen Teils seiner Altersversorgung begibt, sondern auch, dass die Ehepartner in Unkenntnis der verschiedenen Versorgungssysteme und zwingender Gesetzesvorschriften unwirksame Vereinbarungen treffen.

1. Gestaltungsmöglichkeiten

393 So können Anrechte nun zwar auch, anders als nach dem bis zum 30.8.2009 gültig gewesenen Recht, durch eine Vereinbarung der Ehegatten auf den jeweils anderen übertragen oder zu seinen Gunsten begründet werden, doch ist dies nur dann möglich, wenn die maßgeblichen Regelungen dies zulassen und die betroffenen Versorgungsträger zustimmen (§ 8 Abs. 2 VersAusglG). Da diese beiden Voraussetzungen nur selten erfüllt sein dürften, wird diese Erweiterung des Gestaltungsspielraums der Eheleute jedoch – zumindest einstweilen – nur wenig genutzt werden können. Dementsprechend wird auch die **Heraufsetzung** der Ausgleichsquote über den hälftigen Ausgleichswert eines einzelnen Anrechts hinaus mangels Einverständnis des betreffenden Versorgungsträgers nach wie vor nicht in Betracht kommen, und gleiches gilt für eine Vereinbarung, von Gesetzes wegen unterschiedlich zu bewertende Anrechte der gesetzlichen Rentenversicherung in Ost- und Westdeutschland gleich bewerten zu wollen. Anders verhält es sich dagegen mit der Vereinbarung einer **Herabsetzung** eines auszugleichenden Wertes, weil zB der volle Ausgleich aller Anrechte nach den oben in → Rn. 390 aufgezeigten Kriterien als „grob unbillig" empfunden wird oder zwischen den Ehegatten hierüber Streit besteht. Ebenso kommt zum Beispiel bei einer längeren Trennungszeit eine Vereinbarung in Betracht, die nach einem festzulegenden Stichtag erworbenen Anrechte vom Versorgungsausgleich auszunehmen[305]. Ein genereller oder teilweiser **Ausschluss** des Versorgungsausgleichs ist ebenfalls zulässig (§ 6 Abs. 1 S. 2 Nr. 2 VersAusglG), kommt aber entschädigungslos wohl nur dann in Frage, wenn die beiderseitigen Anrechte nur geringe Wertdifferenzen aufweisen, oder die Durchführung des Versorgungsausgleichs grob unbillig wäre oder der Ausgleichsberechtigte über eine anderweitige ausreichende Alterssicherung verfügt. Diese kann zum Beispiel in einem Renditeobjekt, einer ertragreichen Unternehmensbeteiligung, einer gesicherten Geldanlage oder Lebensversicherungen, nicht dagegen in einer beabsichtigten neuen Verheiratung mit einem wohl-

---

[305] BGH FamRZ 2001, 1444 (1446).

VII. Vereinbarungen über den Versorgungsausgleich

habenden Partner[306] bestehen. Liegen diese Voraussetzungen nicht vor, ist der Ausschluss des Versorgungsausgleichs im Rahmen der Regelung der ehelichen Vermögensverhältnisse zu kompensieren (zur Zulässigkeit s. § 6 Abs. 1 S. 2 Nr. 1 VersAusglG), damit er der nachstehend in → Rn. 396 ff. erörterten Wirksamkeitskontrolle standhält. Dabei ergeben sich für die Ehegatten interessante Gestaltungsmöglichkeiten, wenn zB der eine von ihnen über hohe auszugleichende Versorgungsanrechte und der andere über einen hohen auszugleichenden Zugewinn verfügt.

Randversorgungen, also wirtschaftlich nicht ins Gewicht fallende Versorgungen, wie sie zum Beispiel während eines ein- oder zweijährigen Auslandsaufenthaltes erworben werden, oder betriebliche Altersversorgungen, die noch verfallbar sind und sowohl wegen geringer Dauer der Betriebszugehörigkeit als auch wegen ihrer fehlenden Dynamik keinen besonderen Wert haben, können ebenfalls vom Versorgungsausgleich ausgeschlossen werden. 394

Zulässig ist gemäß § 6 Abs. 1 S. 2 Nr. 3 VersAusglG schließlich auch, den Versorgungausgleich bei Scheidung ganz oder teilweise einem Ausgleich nach der Scheidung, also dem **schuldrechtlichen Versorgungsausgleich**, vorzubehalten. Dies wird sich jedoch in aller Regel schon deshalb nicht empfehlen, weil die mit einer Ehescheidung verbundenen Auseinandersetzungen damit nur in zwei Teile zerlegt und insgesamt verzögert werden. Hinzu kommen die oben in → Rn. 385 aufgezeigten Schwächen des schuldrechtlichen Versorgungsausgleichs, wobei eine von den Ehegatten vereinbarte Herausnahme eines mit einer Hinterbliebenenversorgung verbundenen Anrechts aus dem Versorgungsausgleich bei Scheidung gemäß § 25 Abs. 2 VersAusglG sogar zu einem generellen Ausschluss des Anspruchs auf Hinterbliebenenversorgung führt! Es empfiehlt sich deshalb gerade umgekehrt, auch über den Ausgleich derjenigen Versorgungsanrechte, die im Rahmen des Ehescheidungsverfahrens mangels Ausgleichsreife noch nicht ausgeglichen werden können, zB im Rahmen der Vermögensauseinandersetzung eine Vereinbarung zu treffen. Das gilt vor allem auch für sogenannte **phasenverschobene Ehen**, dh Ehen, bei denen der Altersunterschied der Ehegatten groß ist und deshalb wegen der sehr unterschiedlichen Verrentungen bei einem Aufschub des Versorgungsausgleichs mit erheblichen Nachteilen zu Lasten des Ausgleichsberechtigten gerechnet werden muss (s. dazu auch → Rn. 385). 395

2. Inhalts- und Ausübungskontrolle

Vereinbarungen über den Versorgungsausgleich sind gemäß § 8 Abs. 2 VersAusglG, wie Eheverträge insgesamt, der **Inhalts-** und **Ausübungskontrolle** durch die Gerichte unterworfen.[307] Das bedeutet, dass die von den Ehegatten getroffenen Vereinbarungen bei ihrem Abschluss nicht sittenwidrig im Sinne des § 138 sein dürfen (Inhaltskontrolle) und außerdem im Zeitpunkt der Ehescheidung noch einer Überprüfung nach den Regeln über den Wegfall der Geschäftsgrundlage (§ 313 BGB) standhalten müssen (Ausübungskontrolle). Dabei kann sich ein Ehevertrag auch dann als sittenwidrig erweisen, wenn die Regelungen zu den einzelnen Scheidungsfolgen für sich genommen den Vorwurf der Sittenwid- 396

---

[306] BGH NJW 1982, 1463 (1464).
[307] Grundlegend BGH FamRZ 2004, 601 ff.

rigkeit nicht zu rechtfertigen vermögen, bei einer Gesamtwürdigung aber das Zusammenwirken aller Regelungen erkennbar auf die einseitige Benachteiligung eines Ehegatten abzielt.[308] Der durch die getroffenen Vereinbarungen benachteiligte Ehegatte kann deshalb im Versorgungsausgleichsverfahren die Sittenwidrigkeit der Vereinbarungen oder auch einen Wegfall ihrer Geschäftsgrundlage geltend machen, um auf diese Weise ihre Wirksamkeit durch das Familiengericht überprüfen zu lassen und sich den Weg zu einem Versorgungsausgleich nach den gesetzlichen Vorschriften zu öffnen.

397   Da der Versorgungsausgleich als vorweggenommener Altersunterhalt zum Kernbereich des Scheidungsfolgenrechts gehört, sind die diesbezüglich getroffenen Vereinbarungen nach den gleichen Kriterien auf ihre Wirksamkeit zu überprüfen wie sie für Vereinbarungen zum nachehelichen Unterhalt gelten. Das bedeutet für das Zustandekommen von Vereinbarungen, dass ungleiche Verhandlungspositionen der Ehegatten wie zB die Vertretung nur eines Ehegatten durch einen Rechtsanwalt nicht ausgenutzt, und für ihren Inhalt, dass keine evident einseitigen Lastenverteilungen zum Nachteil eines Ehegatten geschaffen werden dürfen.[309] Bei der Ausübungskontrolle kommt es vor allem darauf an, ob sich die Versorgungsverhältnisse der Ehegatten im Zeitpunkt der Ehescheidung noch so darstellen wie sie dies bei Abschluss ihrer Vereinbarungen angenommen hatten. Ist dies nicht der Fall, hat also insbesondere einer der Ehegatten unerwartete **ehebedingte Nachteile** beim Aufbau seiner Altersversorgung erlitten, dann sind diese Nachteile nach den Regeln über den Wegfall der Geschäftsgrundlage durch eine Anpassung der Vereinbarungen an die eingetretenen Verhältnisse auszugleichen.[310] Typisches Beispiel hierfür ist die Ehefrau, die entgegen der ursprünglichen Planung der Ehegatten ihre Erwerbstätigkeit über längere Zeit hinweg ganz oder teilweise aufgibt, um sich der Betreuung eines gemeinsamen Kindes zu widmen, und aus diesem Grunde geringere als die zu erwartenden Rentenanwartschaften erworben hat.

398   Will ein Ehegatte die Unwirksamkeit von getroffenen Vereinbarungen geltend machen, muss er bzw. sein Anwalt dem Familiengericht natürlich die Gründe hierfür vortragen, weil diese sich in der Regel nicht aus der isolierten Betrachtung einzelner Vereinbarungen, sondern nur aus den Umständen ergeben, unter denen die Vereinbarungen entstanden sind und in deren Kontext sie stehen. Dementsprechend muss das Familiengericht auch stets eine Gesamtwürdigung aller getroffenen Vereinbarungen vornehmen, weil Nachteile eines Ehegatten beim Versorgungsaugleich zB durch Vorteile bei der Vermögensauseinandersetzung oder auch bei der Regelung des Unterhalts ausgeglichen worden sein können.

3. Formvorschriften

399   Es wurde schon darauf hingewiesen, dass Vereinbarungen über den Versorgungsausgleich, die im Zusammenhang mit einer Ehescheidung getroffen werden, gemäß § 7 Abs. 1 VersAusglG der **notariellen Beurkundung** oder der Protokollierung im Rahmen eines gerichtlichen Vergleichs bedürfen. Der bis zum Inkraft-

---

[308] BGH FamRZ 2017, 884 Rn 38.
[309] Sehr instruktiv BGH FamRZ 2017, 884.
[310] BGH FamRZ 2005, 185 (187 f.).

treten des Versorgungsausgleichsgesetzes am 1.9.2009 außerdem noch notwendigen **Genehmigung durch das Familiengericht** bedarf es dagegen nicht mehr. Vielmehr ist das Gericht an die von den Ehegatten getroffenen Vereinbarungen gebunden, wenn gegen sie keine Wirksamkeits- und Durchsetzungshindernisse bestehen (§ 6 Abs. 2 VersAusglG). Das Familiengericht hat die Vereinbarungen, von denen es im Rahmen des mit der Ehescheidung verbundenen Versorgungsausgleichsverfahrens zwangsläufig Kenntnis erhält, also nur noch auf die Beachtung der vorstehend unter → Rn. 396 f. aufgezeigten Grenzen zu kontrollieren und den Versorgungsausgleich gemäß den getroffenen Vereinbarungen durchzuführen, wenn diese Grenzen beachtet worden sind. Andernfalls wird es den beteiligten Ehegatten seine Bedenken gegen die Wirksamkeit oder die Durchsetzbarkeit ihrer Vereinbarungen mitteilen, so dass sie Gelegenheit zu deren Überprüfung und nötigenfalls auch Abänderung haben.

Vereinbarungen über Anrechte, die nicht schon im Zuge des Ehescheidungsverfahrens ausgeglichen werden, können nach rechtskräftiger Scheidung der Ehe **formfrei** getroffen werden. Aus den vorstehend → Rn. 395 dargelegten Gründen empfiehlt es sich jedoch gerade umgekehrt, möglichst alle Versorgungsanrechte schon im Ehescheidungsverfahren einem Ausgleich durch das Familiengericht oder einer – dann allerdings formgebundenen – Vereinbarung zuzuführen. 400

VIII. Abänderung von Entscheidungen nach altem Recht

Die bis zum Inkrafttreten der Versorgungsausgleichsrechtsreform am 1.9.2009 ergangenen rechtskräftigen Entscheidungen zum Versorgungsausgleich nach dem bis dahin gültig gewesenen Recht konnten bis zum Eintritt des Versorgungsfalls eingetretene Änderungen wie zum Beispiel Kürzungen der Beamtenpensionen ebenso wenig berücksichtigen wie die Einführung neuer, Ehezeit bezogener Anrechte, hier der sog. Mütterrente. Auch verstieß die Angleichung von statischen Anwartschaften an die Dynamik der gesetzlichen Rentenversicherung und der Beamtenversorgung mit Hilfe der Barwertverordnung insbesondere bei Betriebsrenten gegen den sich aus Art. 6 Abs. 1 iVm Art. 3 Abs. 2 GG ergebenden Halbteilungsgrundsatz. Dem hat der Gesetzgeber im Zuge der Reform des Versorgungsausgleichs durch die Vorschrift des § 51 VersAusglG Rechnung getragen, mit der unter den dort genannten Voraussetzungen die Möglichkeit einer Totalrevision der früheren Entscheidung nach neuem Recht eröffnet wird. Allerdings erfolgt sie nicht von Amtswegen, sondern nur **auf Antrag**, was der Grund dafür sein dürfte, dass die befürchtete Überschwemmung der Familiengerichte mit Abänderungsverfahren nicht stattgefunden hat, obwohl der Versorgungsausgleich nach altem Recht seit dem 1.7.1977 durchgeführt worden ist und sich deshalb eine solche Totalrevision in einer Fülle von Entscheidungen zu Gunsten eines der Ehegatten auswirken würde. Allen von einer solchen Altentscheidung betroffenen geschiedenen Eheleuten ist deshalb eine Überprüfung dieser Entscheidung dringend zu empfehlen. 401

I. Kosten

I. Gesetzliche und vereinbarte Kostenverteilung

1. Grundlagen

Gemäß § 150 Abs. 1 FamFG sind die Kosten der Scheidungssache und der 402
Folgesachen grundsätzlich „gegeneinander aufzuheben", wenn die Scheidung der
Ehe ausgesprochen und über die Folgesachen entschieden wird. Das bedeutet,
dass jeder der Ehepartner die ihm durch das Scheidungsverfahren nebst Folgesachen entstehenden Kosten selbst zu tragen hat und die Gerichtskosten halbiert
werden. Lässt sich im Ehescheidungsverfahren nebst Folgesache nur einer der
Ehepartner von einem Rechtsanwalt vertreten, was durchaus möglich ist, dann
entstehen für denjenigen Ehepartner, der nicht durch einen Rechtsanwalt vertreten ist, keine Anwaltskosten, und er muss sich nach der gesetzlichen Regelung
auch nicht etwa an den Anwaltskosten des anderen zur Hälfte beteiligen. Denn
danach trägt eben jeder nur seine Kosten mit der Folge, dass der eine von der
Beauftragung des Rechtsanwalts durch den anderen profitiert. Dem kann allerdings durch eine Vereinbarung begegnet werden, wonach jeder Ehepartner die
Hälfte aller Kosten zu tragen hat, weil es dann nicht mehr darauf ankommt, wer
von ihnen den Rechtsanwalt mit seiner Vertretung beauftragt hat, da dessen
Kosten auf alle Fälle von beiden Ehepartnern zu gleichen Teilen zu tragen sind.
Eine solche Lösung erscheint vor allem dann gerechtfertigt, wenn sich schon bei
den Verhandlungen über die zu treffenden Vereinbarungen nur einer der Ehepartner von einem Rechtsanwalt vertreten lässt und der andere hiervon zwangsläufig
ebenfalls profitiert. Denn der Rechtsanwalt wird seinem Verhandlungspartner
die Rechtsgrundlagen und die Auswirkungen der jeweils vorgeschlagenen Regelung detailliert erläutern müssen, wenn er zu dem von ihm angestrebten Verhandlungsziel, nämlich einer Vereinbarung des Ehepaares, kommen will. Lässt sich
jedoch jeder der Ehepartner, wie meist, von einem eigenen Anwalt vertreten, muss
er dessen Kosten natürlich auch allein tragen, wobei er mit seinem Anwalt über
die Kosten seiner außergerichtlichen Tätigkeit eine Honorarvereinbarung aushandeln kann. Im allgemeinen rechnen die Anwältinnen und Anwälte jedoch für
ihre außergerichtliche Tätigkeit einheitlich nach den im FamGKG festgelegten
Gegenstandswerten und den Bestimmungen des RVG ab.

Die Übernahme sämtlicher Kosten durch einen der Ehepartner allein wird auch 403
im Rahmen einer Vereinbarung nur in Betracht kommen, wenn dieser Ehepartner
wirtschaftlich wesentlich besser gestellt ist als der andere und/oder die Scheidung
der Ehe gegen den Willen des anderen betreibt. Erscheint dem Gericht die gegenseitige Kostenaufhebung insbesondere im Hinblick auf das Ergebnis einer als
Folgesache geführten Unterhaltssache oder Güterrechtssache als unbillig, weil zB
einer der Ehegatten in der betreffenden Sache mit der von ihm vertretenen Rechtsposition vollen Erfolg gehabt hat, dann kann es die Kosten nach billigem Ermessen auch anderweitig verteilen (§ 150 Abs. 4 S. 1 und 2 FamFG).

I. Kosten

404 Bleibt lediglich noch anzumerken, dass das Gericht bei seiner Kostenentscheidung zwar nicht an eine von dem Ehepaar getroffene Kostenvereinbarung gebunden ist, sie aber gemäß § 150 Abs. 4 S. 3 FamFG seiner Entscheidung ganz oder teilweise zugrunde legen soll und regelmäßig auch zugrunde legen wird.

2. Beratungs- und Verfahrenskostenhilfe

405 Ist ein Ehegatte wirtschaftlich nicht in der Lage, die regelmäßig vorschussweise zu zahlenden Kosten für die außergerichtliche Beratung und Vertretung durch einen Rechtsanwalt und/oder die notwendigen gerichtlichen Verfahren aufzubringen, so kommt in erster Linie eine Inanspruchnahme des unterhaltspflichtigen Ehegatten auf Zahlung dieser Kosten in Betracht (§ 1360a Abs. 4 BGB). Nötigenfalls kann der Anspruch auf Zahlung eines Vorschusses für ein gerichtliches Verfahren (**Verfahrenskostenvorschuss**) gem. § 246 Abs. 1 FamFG im Wege der einstweiligen Anordnung durchgesetzt werden. Verbessert sich die wirtschaftliche Lage des bedürftigen Ehegatten später wesentlich, wie zB aufgrund eines Zugewinnausgleichs, so ist er allerdings zur Rückzahlung der erhaltenen Kosten verpflichtet, da er sie von dem unterhaltspflichtigen Ehegatten nur vorschussweise erhält.

406 Ist keiner der Ehegatten in der Lage, die notwendigen Kosten aufzubringen, kann jeder von ihnen **Beratungs-** oder **Verfahrenskostenhilfe** in Anspruch nehmen, so dass zunächst einmal die Staatskasse und die Anwaltschaft über dann verminderte Gebühren die Kosten tragen. Tritt innerhalb von vier Jahren nach rechtskräftiger Entscheidung über die Verfahrenskostenhilfe eine wesentliche Verbesserung in den persönlichen oder wirtschaftlichen Verhältnissen des Begünstigten ein, kann die Gewährung der Verfahrenskostenhilfe auch hier rückgängig gemacht und der Begünstigte zur Zahlung der gesetzlichen Gebühren und Kosten herangezogen werden (§ 120 Abs. 4 ZPO).

II. Höhe der Kosten

407 Was die Höhe der Kosten betrifft, so richten sich diese nach dem Wert des Gegenstandes, um den es bei den Verhandlungen der Ehepartner und im Ehescheidungsverfahren geht, nach dem Umfang und der Schwierigkeit der außergerichtlichen anwaltlichen Tätigkeit sowie den Einkommens- und Vermögensverhältnissen des Auftraggebers und schließlich nach den vom Gesetzgeber für die einzelnen Verfahren festgesetzten Werten. In Scheidungssachen ist der **Verfahrenswert** gemäß § 43 Abs. 1 FamGKG, wie schon nach früherem Recht, unter Berücksichtigung aller Umstände des Einzelfalls, insbesondere des Umfangs und der Bedeutung der Sache und der Vermögens- und Einkommensverhältnisse der Ehegatten zu bestimmen. Der Wert darf nach S. 2 der Vorschrift nicht unter 3.000 EUR und nicht über 1.000.000 EUR angenommen werden. Für die Einkommensverhältnisse ist im Übrigen nach Abs. 2 der Vorschrift auf das von den Ehegatten bei Einreichung des Scheidungsantrages in den letzten 3 Monaten erzielte Nettoeinkommen abzustellen. Als Nettoeinkommen ist dabei das Bruttoeinkommen abzüglich der gesetzlichen Abzüge und des (meistens) mit 300 EUR

II. Höhe der Kosten

monatlich pauschalierten Unterhaltes je Kind zu verstehen. Die Berücksichtigung der Vermögensverhältnisse erfolgt in der Rechtsprechung in regional ganz unterschiedlicher Art und Weise, indem tendenziell 5 % bis 10 % des Nettobetrages nach Abzug von Freibeträgen in Höhe von 15.000 bis 60.000 EUR je Ehepartner und von 7.500 bis 30.000 EUR je Kind in Ansatz gebracht werden.

Bei außergerichtlichen Verhandlungen über die elterliche Sorge und das Umgangsrecht oder auch in isolierten Verfahren hierüber ist der Gegenstandswert gemäß § 45 Abs. 1 Nr. 1 FamGKG regelmäßig mit jeweils 3.000 EUR anzunehmen. Werden diese Gegenstände als Folgesachen im Verbund mit der Ehescheidung behandelt, beträgt der Gegenstandswert gemäß § 44 Abs. 2 FamGKG 20 % des Wertes des Scheidungsverfahrens, höchstens jedoch 3.000 EUR je Kindschaftssache. Dabei handelt es sich auch dann nur um eine Kindschaftssache, wenn mehrere Kinder betroffen sind. Wird sowohl über das Sorge- als auch das Umgangsrecht gestritten, handelt es sich dagegen um zwei Kindschaftssachen. 408

Beim Unterhalt ist gemäß § 51 Abs. 1 S. 1 FamGKG der Jahresbetrag maßgebend, dem gemäß Abs. 2 der Vorschrift ein eventuell geltend gemachter Unterhaltsrückstand hinzuzurechnen ist. In Ehewohnungssachen kommt für die Zeit der Trennung eine Pauschale von 3.000 EUR, für die endgültige Zuweisung eine Pauschale von 4.000 EUR in Ansatz, in Haushaltssachen für die Zeit der Trennung eine Pauschale von 2.000 EUR und für die endgültige Zuweisung eine Pauschale von 3.000 EUR (§ 48 Abs. 1 und 2 FamGKG). Sind diese Werte nach den besonderen Umständen des Einzelfalles unbillig, kann das Gericht einen höheren oder niedrigeren Wert festsetzen. 409

Für den Versorgungsausgleich beträgt der Verfahrenswert gemäß § 50 Abs. 1 FamGKG für jedes Anrecht 10 %, bei Ausgleichsansprüchen nach Scheidung für jedes Anrecht 20 % des in drei Monaten erzielten Nettoeinkommens der Ehegatten, mindestens jedoch 1.000 EUR. Für die Erstellung einer Standardkostenermittlung wäre demgemäß etwa von folgenden Gegenstandswerten auszugehen: 410

Ehescheidung (beiderseitiges Nettoeinkommen 3.000 EUR monatlich, kein zu berücksichtigendes Vermögen, 1 Kind, also 2.750 EUR x 3)	8.250 EUR
Gerichtliche Umgangsregelung 20 % hiervon	1.650 EUR
Kindesunterhalt (269 EUR x 12)	3.228 EUR
Ehegattenunterhalt (665 EUR x 12)	7.980 EUR
Zugewinnausgleich	10.000 EUR
Versorgungsausgleich bei 2 verschiedenen Anrechten 2 x 10 % des beiderseitigen in 3 Monaten erzielten Nettoeinkommens (2 x 900 EUR)	1.800 EUR

Die Gegenstandswerte für die Ehewohnung und den Hausrat wurden nicht in die Aufstellung aufgenommen, da es den meisten Ehepaaren gelingt, sich hierüber ohne anwaltliche Hilfe zu verständigen. Wenn nicht, so entstehen durch eine anwaltliche Tätigkeit in diesen Angelegenheiten selbstverständlich zusätzliche Kosten. 411

Nachdem im gerichtlichen Verfahren von Gesetzes wegen nur noch über die Ehescheidung und den Versorgungsausgleich zu entscheiden ist, während alle 412

I. Kosten

anderen Folgesachen außergerichtlich geregelt werden können, ist bei der Beauftragung **nur eines** Rechtsanwalts etwa mit folgenden Kosten zu rechnen:

Beispiel:

1. Außergerichtliche Tätigkeit des Rechtsanwalts

Gegenstandswerte:	
Außergerichtliche Umgangsregelung	3.000,00 EUR
Kindesunterhalt	3.228,00 EUR
Ehegattenunterhalt	7.980,00 EUR
Zugewinnausgleich	10.000,00 EUR
	24.208,00 EUR
Gebühren:	
2,0 Geschäftsgebühr gemäß §2 RVG Nr. 2400 VV	1.576,00 EUR
(wegen umfangreicher und auch schwieriger Tätigkeit)	
1,2 Terminsgebühr gemäß §2 RVG Nr. 3104 VV	
(für Besprechungen mit dem Gegner zur Vermeidung prozessualer Auseinandersetzungen über die Gegenstände der außergerichtlichen Tätigkeit)	945,60 EUR
1,5 Einigungsgebühr gemäß §2 RVG Nr. 1000 VV).	1.182,00 EUR
Auslagen:	
Post- und Telekommunikationspauschale gemäß §2 Nr. 7002 RVG	20,00 EUR
	3.723,60 EUR
zzgl. 19 %	707,48 EUR
Gesamt:	4.431,08 EUR

2. Gerichtliche Tätigkeit des Rechtsanwalts

Verfahrenswerte:	
Ehescheidung	8.250,00 EUR
Versorgungsausgleich	1.800,00 EUR
	10.050,00 EUR
Gebühren:	
1,3 Verfahrensgebühr gemäß §2 RVG Nr. 3100 VV	785,20 EUR
1,2 Terminsgebühr gemäß §2 RVG Nr. 3104	724,80 EUR
Auslagen:	
Post- und Telekommunikationspauschale gemäß §2 Nr. 7002 RVG	20,00 EUR
	1.530,00 EUR
zzgl. 19 % Mehrwertsteuer	290,70 EUR
Gesamt:	1.820,70 EUR

3. Gerichtskosten

Verfahrenswerte:	
Ehescheidung	8.250,00 EUR
Versorgungsausgleich	1.800,00 EUR
	10.050,00 EUR
Gebühren:	
2,0 Verfahrensgebühr gemäß Nr. 1110 KV FamGKG	534,00 EUR

413 Insgesamt ist also mit Kosten von rund 6.786 EUR zu rechnen. Bei der Beauftragung eines zweiten Rechtsanwalts kommen die Kosten gemäß Ziffer 1 und

II. Höhe der Kosten

gegebenenfalls 2 noch einmal hinzu. Außerdem erhöhen sich die Kosten natürlich bei Streitigkeiten über die Ehewohnung und/oder den Hausrat, bei größeren Zugewinnausgleichsstreitigkeiten und Vermögensauseinandersetzungen oder Verfahren auf Erlass von einstweiligen Anordnungen beträchtlich. Es gehört aber zu den Berufspflichten des jeweils tätigen Rechtsanwalts, hierüber zu informieren, und es ist dann Sache der Ehegatten, unter Berücksichtigung aller Umstände zu entscheiden, ob sich der jeweilige Rechtsstreit lohnt oder sie sich nicht doch lieber verständigen.

Sachregister

Die Verweise beziehen sich auf die Randnummern

Abänderung
- Aufenthaltsbestimmungsrecht 73
- Ehegattenunterhalt 238
- Kindesunterhalt 132 ff.
- Versorgungsausgleich 401

Adoptivkinder
- Ehegattenunterhalt 162

Alkoholabhängigkeit 229

Altersunterhalt 163 ff.; *s.a. Ehegattenunterhalt*
- Altersvorsorge *s. Kranken- und Altersvorsorge*

Altersvorsorgeunterhalt 197 ff.; *s.a. Ehegattenunterhalt*

Anfangsvermögen 301 ff.

Anrechnung
- Einkünfte des Kindes 79 ff.

Anrechnungsmethode
- Bedarfsermittlung 194
- Unterhaltsbedürftigkeit 204

Anwaltszwang
- nicht bei isolierten Sorgerechts- und Umgangsangelegenheiten 18

Arbeitslosigkeit
- Aufstockungsunterhalt 170 ff., 174

Aufstockungsunterhalt 170 ff., 174

Aufwendungen
- Einkommensermittlung 252

Ausbildung
- Unterhalt 176 f.

Ausbildungskosten
- Ehegattenunterhalt 173, 176 f.
- Kindesunterhalt 102 ff.; *s.a. dort*

Auseinandersetzung des Vermögens 341 ff.; *s.a. Zugewinnausgleich*

Auskunftsansprüche
- Ausbildungskosten 106
- Ehegattenunterhalt 258 f.
- Selbstständige 258
- Umgangsrecht 74
- Versorgungsausgleich 355 ff.
- Zugewinnausgleich 319 ff.
- Zurückbehaltungsrecht 259

Ausland
- Umzug und Sorgerecht 73

Beamte
- Versorgungsausgleich 358

Bedürftigkeit
- Ehegattenunterhalt 200 ff.; *s.a. dort*

Betreuungsunterhalt 154 ff.; *s.a. Ehegattenunterhalt*
- Dauer 217

Betriebsrente *s. Rente, Versorgungsausgleich*

Billigkeitsgründe
- Ehegattenunterhalt 178

Bremer Tabelle
- Ehegattenunterhalt 197 ff.

Bundesfreiwilligendienst
- Kindesunterhalt 93

DDR-Recht
- Versorgungsausgleich 391

Differenzmethode
- Bedarfsermittlung 194, 200

Doppelverdienerehe
- Ehegattenunterhalt 200

Drogenabhängigkeit 229

Düsseldorfer Tabelle 95 ff.
- Bezugnahme in Vereinbarung 135
- Mindestunterhalt 135 f.

ehebedingte Nachteile 216

Ehegatteninnengesellschaft
- Auseinandersetzung des Vermögens 344 f.

Ehegattenunterhalt 147 ff.
- Abänderung 238
- *wegen* Alters 163 ff.
- Regelaltersgrenze 166
- Umstände des Einzelfalls 166
- Unterhaltskette 167
- Altersvorsorgeunterhalt 196
- angemessener Bedarf 221
- Angemessenheit der dem Unterhaltsberechtigten obliegenden Erwerbstätigkeit 179 ff.
- Anrechnungsmethode 204
- Aufstockungsunterhalt 170 ff.
- Arbeitslosigkeit 171
- Ausbildungskosten 173
- befristete Arbeitsverhältnisse 175
- Darlegungs- und Beweislast 171
- fiktive Einkünfte 171
- Ortswechsel zumutbar 171
- Teilzeittätigkeit 174
- Wiederaufleben des Anspruchs 175
- Ausbildungsunterhalt 176 f.

Sachregister

- Auskunftsansprüche 258 f.
- Ausschluss des Anspruchs 223 ff.
- Bedürftigkeit 200 ff.
  - Anrechnungsmethode 204
  - mutwilliges Herbeiführen 229
  - überobligatorische Einkünfte 202 f.
  - Vermögenserträge 204
  - Vermögensstamm 205 f.
- Befristung 216 ff.
- Begrenzung 216 ff.
- Beihilfeberechtigung, Wegfall 196
- berufsbedingter Mehraufwand 189
- Betreuungsunterhalt 154 ff., 217
  - Adoptivkinder 162
  - anderes Elternteil als Betreuer 157
  - Darlegungs- und Beweislast 161
  - gestufter Übergang zur Vollerwerbstätigkeit 159
  - kindbezogene Gründe für Verlängerung 160
  - Kinderbetreuungsmöglichkeit 155 ff.
- Bildung von Vermögen 188
- *aus* Billigkeit 178
- Bremer Tabelle 197 ff.
- Differenzmethode 194, 200
- Doppelverdienerehe 200
- Düsseldorfer Tabelle 95 ff.
- ehebedingte Nachteile 216
- eheliche Lebensverhältnisse als Maßstab 182 ff.
- Einkommensermittlung 240 ff. *s.a. dort*
- Einkommensverbesserungen 184
- einzelne Bedarfspositionen 189
- Elementarunterhalt 199
- Ende des Anspruchs 223 ff.
- Erwerbslosigkeit 219
- Erwerbstätigenbonus 189 f.
- Gegenstandswert 409
- Getrenntleben 147 ff.
  - Altersvorsorge 142
  - angemessene Erwerbstätigkeit 149
  - Dauer 152
  - Erleichterung der Wiederherstellung der Lebensgemeinschaft 148
  - Höhe des Trennungsunterhalts 151
  - keine Erwerbsobliegenheit bei längerer Erwerbslosigkeit 150
  - Krankenversicherung 152
  - trennungsbedingter Mehraufwand 151
- Halbteilungsgrundsatz 189
- Hausfrauenehe 201
- Haushaltsführung, Wert der 186
- Hausmannehe 201
- Höchstbedarf 195
- Informationspflicht, selbständige 259
- Kindesunterhalt 187
- Krankenversicherung 196
- *wegen* Krankheit und Gebrechen 168 f.
  - Krankheitsbegriff 169
  - Suchterkrankungen 169
  - Unterhaltskette 169
- kurze Ehedauer 225 f.
- lange Ehedauer 220
- Leistungsfähigkeit 207 ff.
  - Darlegungs- und Beweislast 215
  - Herbeiführung der Leistungsunfähigkeit 208
- mietfreies Wohnen 186
- Mindestbedarf 195
- mutwilliges Herbeiführen der Bedürftigkeit 229
- nachehelicher Unterhalt 147, 153 ff.
  - Eigenverantwortung 153
  - neue verfestigte Lebensgemeinschaft 227
- Pflegekinder 162
- Quotenunterhalt 189, 207
- Rangfolge 209 ff.
  - Grundsatz 209 f.
  - sonstige Verpflichtungen 209
  - Wiederverheiratung 211
- Rückstände und Zugewinnausgleich 328
- Sättigungsgrenze 195
- Schulden 187
- Schulden zur Vermögensbildung 212
- schwerwiegende Vermögensinteressen des Verpflichteten, Verletzung 230
- schwerwiegendes Fehlverhalten 232 f.
- sozialer Status 180
- sparsame Lebensführung 188
- Tod 236 f.
- trennungsbedingter Mehrbedarf 193 f., 213
- überobligationsmäßige Tätigkeit 186
- Überstunden 186
- Unbilligkeit 223 ff.
- Unterhalt für die Vergangenheit 239
- Unterhaltskette 162
- Unterhaltspflichtverletzung 231
- Urlaubsgeld 241
- Veränderungen der ehelichen Lebensverhältnisse 183
  - Einkommensverbesserungen 184
  - Geburt weiterer Kinder 185
- Verbindlichkeiten 212 ff.
- Verbrechen und schwere Vergehen 228
- Vereitelung des Umgangsrechts 233
- Vergangenheit, Unterhalt für die 239
- Verjährung 239

Sachregister

- Vermögensstamm 205 f.
- Verzicht 236 f.
- Verzug 239
- Weihnachtsgeld 241
- Wiederheirat 236 f.
- zeitliche Grenze 222

eheliche Lebensverhältnisse
- Ehegattenunterhalt 182 ff.
- maßgebende Faktoren 186 ff.
- Wandelbarkeit 182 ff.

Ehewohnung 260 ff.
- alleiniger Nutzer ist alleiniger Besitzer 265
- Austauschen der Schlösser 265
- Fortsetzung des Mietvertrages durch einen Ehepartner 273
- gemeinsame Kündigung des Mietvertrages 272
- getrennt leben 4
- Gewalt 263
- Haushaltsgegenstände 283 ff. s.a. dort
- Kaution 275
- Kindeswohl 263
- Nachzahlungen, Nebenkosten 274
- Nebenkosten 274
- Nutzung 260 ff.
- Nutzungsvergütung 267 f.
- Regelungen bei Mietverhältnissen 271 ff.
- Regelungen bei Mit- und Alleineigentum 276 ff.
   - Abgeltung zukünftiger Unterhaltsansprüche 282
   - Begründung dinglicher Rechte 281
   - Nutzungsvergütung 279 ff.
   - steuerliche Folgen 280
   - Verbrauchskosten 278
   - Zins- und Tilgungsleistungen 277
- Renovierungspflichten 275
- richterliche Gestaltungsmöglichkeiten 294 ff.
- Rückerstattungen, Nebenkosten 274
- Schlüssel, Rückgabe der 265
- unbillige Härte 263
- Unterhalt, Verhältnis zum 269
- unwiderlegliche Vermutung der freiwilligen Überlassung 264
- Vereinbarung empfehlenswert 260
- Verfahrenswert 411
- Vergütung für Benutzung 266 ff.
   - Nutzung keine Miete 270

Eigenverantwortung
- Ehegattenunterhalt 153

Einkommensermittlung 240 ff.
- Abfindungen 242
- Abschreibungen 254
- Auskunftsansprüche 258 f.
- berufsbedingte Aufwendungen 241
- Dienstwagen 242
- Dienstwohnung 242
- Eigenheim, Nutzung 244
- Eigentumswohnung, Nutzung 244
- Erwerbseinkünfte 241 ff.
- fiktive Einkünfte 253
- geldwerte Vorteile 241 ff.
- Pauschalen 243
- Privatentnahmen 256
- Renten 248
- Sachbezüge 242
- Selbstständige 254
- sozialstaatliche Leistungen 248
- Spesen 243
- steuerliche Aspekte 249 ff.
- Steuervorteile 250 ff.
   - Wiederheirat 251
- Tilgungsleistungen 245
- unterhaltsrechtlich relevante Einkünfte 241 ff.
- Urlaubsgeld 241
- Vorsorgeaufwendungen 257
- Weihnachtsgeld 241
- Wiederheirat 251

einseitige Zerrüttung
- Scheidung nach Grundtatbestand 7

einstweilige Anordnung
- Sorgerecht 25

einvernehmliche Scheidung 5 f.

Elementarunterhalt
- Ehegattenunterhalt 199

Endvermögen 301, 310 ff.

Entscheidungsverbund
- Sorgerecht 26

Ergänzungsunterhalt s. *Aufstockungsunterhalt*

Erwerbslosigkeit
- Obliegenheiten 171 ff.
- Unterhalt 170 ff.

Erwerbstätigenbonus
- Ehegattenunterhalt 189 f.

Erwerbstätigkeit
- Angemessenheit bei Ehegattenunterhalt 179 ff.

Fortbildung
- Unterhalt 176 f.

Gewalt
- Ehewohnung 263

Großeltern
- freiwillige Leistungen an das Enkelkind 84

Gütertrennung
- Miteigentümergemeinschaft 342 ff.

161

Sachregister

Härtefälle 9 f.
Halbteilungsgrundsatz
- Ehegattenunterhalt 189
- Versorgungsausgleich 370; *s.a. dort*

Halbwaisenrente
- Kindesunterhalt 80

Hausbau
- Ehegatteninnengesellschaft 344
- familienrechtlicher Vertrag besonderer Art 343
- Gütertrennung 343
- Zugewinngemeinschaft 342

Hausfrauenehe 201
Haushaltsgegenstände 283 ff.
- Alleineigentum 286 f.
- Aufteilungsgrundsätze 288
- Ausgleichszahlung 289
- Billigkeit, Verteilung nach 288, 296
- Eigentumsvorbehalt des Verkäufers 291
- Geschenke 287
- Hausratversicherung 292
- Miteigentum 286 f.
- neue Anschaffungen nach Trennung 284
- Rechtfolgen der Aufteilung 289 ff.
- richterliche Gestaltungsmöglichkeiten 296 f.
- Verfahrenswert 411
- Vermögen, Abgrenzung zum 283 ff.
- vorläufige Regelungen, Umwandlung in endgültige 294
- Zugewinnausgleich 285, 297, 322
- Zuordnung 283 ff.
- Zweckmäßigkeit 288

Hausmannehe 201
Hausratversicherung 292
Hindernisse für die Scheidung 8 ff.
- Kindeswohl § 1568 9 f.
- schwere Härte für Antragsgegner 9 f.
- Trennungsjahr 8

Jugendamt
- Beratung 126

Jugendhilfe
- Beratung 17

Kinder
- Betreuungsunterhalt s. *Ehegattenunterhalt*

Kinderbetreuung
- Ehegattenunterhalt 154 ff.

Kindergartenbeiträge
- Kindesunterhalt 96

Kindergeld
- Anrechnung beim Kindesunterhalt 82 f.
- mehrere gemeinsame Kinder 83
- volljährige Kinder 83
- Zählkindvorteil 83

Kindesentführung
- Sorgerecht 14

Kindesunterhalt 78 ff., 95 ff.
- Abänderung 132 ff.
  - Bezugnahme auf Tabelle 135
  - erhöhter Bedarf 135
  - Gerichtsbeschlüsse 133, 140
  - Lebenshaltungskosten 135
  - notarielle Urkunden 141
  - rückwirkende 141
  - Saldierung 134
  - Unterhaltsverträge 133
  - Vergleiche 141
  - Wesentlichkeitsgrenze 133
- Abschläge 98 f.
- Änderungen 132 ff.
- arbeitsloses Kind 87
- Ausbildungskosten 102 ff.
  - Angemessenheit der Ausbildung 102
  - Arbeitsplatzrisiko bis zur Ersteinstellung 110
  - Ausbildungsdauer 103 ff.
  - Ausbildungswechsel 103 ff.
  - Auskunftsrecht 106
  - Begabung des Kindes 102
  - Berufsaussichten 102
  - fehlende Zielstrebigkeit 103
  - Weiterbildung 108
  - Zweitausbildung 107
- Ausbildungsvergütung des Kindes 79
- Ausbleiben von Unterhaltsleistungen 85
- BAFöG-Leistungen 80
- Barunterhalt 89, 94, 119 ff.
- Barunterhaltspflicht beider Eltern 125
- Behinderung, Zusatzbedarf bei 114
- Bemessung 88 ff.
  - eigener Haushalt des Kindes 92
  - Einkommensgefälle zwischen Wohnort des Pflichtigen und des Kindes 88
  - Lebensstellung des Bedürftigen 88 ff.
  - minderjährige Kinder 89
  - volljährige Kinder 90
- berufsbedingte Aufwendungen des Kindes 79
- Bestimmungsrecht der Eltern 129 ff.
  - volljährige Kinder 130 f.
  - Zumutbarkeit für anderen Elternteil 130
- Betreuungsunterhalt 89

Sachregister

- Bezugnahme auf Düsseldorfer Tabelle 135
- Bundesfreiwilligendienst 93
- Düsseldorfer Tabelle 95 ff.
- Durchsetzung des Unterhaltsanspruchs 126 ff.
- und Ehegattenunterhalt 187
- Einkommen des Barunterhaltspflichten 94
- Einkünfte des Kindes 79 ff.
  - Anrechnung 86 ff.
- Einsatz der Vermögenssubstanz 78
- Erwerbsobliegenheit des Kindes 86 f.
- Erziehungskosten 102 ff.
- fiktive Einkünfte des Kindes 86
- freiwillige Leistungen Dritter 84 f.
- Gleichwertigkeit von Bar- und Betreuungsunterhalt 119
- Halbwaisenrente 80
- Jugendamt 17, 126
- Kindergartenbeiträge 96
- Kindergeld 82 s.a. dort
- Krankenversicherung 96
- Lebensbedarf 95
- Leistungsfähigkeit 111 ff.
  - Bedarfskontrollbetrag 113
  - Erwerbsobliegenheit 114
  - gesteigerte Unterhaltspflicht 114 ff.
  - Mangelfall 113
  - minderjährige Kinder 112
  - neue Ehe, Pflichten 106
  - Selbstbehalt 111 ff.
  - Teilzeitbeschäftigung 115
  - Vermögen, Verwertung von 117
  - Verwandter, gleichrangiger unterhaltsverpflichteter 116
  - Verwertung von Vermögen 117
- Luxus 91
- Mehrbedarf 101
- mehrere Berechtigte 98 f.
- Musikinstrumente 101
- Nachhilfeunterricht 101
- Naturalunterhalt 119 ff.
  - Betreuung durch Dritte 121 ff.
  - volljähriges Kind 120
- Pflegeversicherung 96
- privilegiert volljährige Kinder 78
- Rechtshängigkeit 144
- Rückforderung überzahlten Unterhalts 146
- Sonderbedarf 101
- Studiengebühren 96
- Studierende, auswärts 92, 96
- Tabellen 95 ff.
- unterschiedliche Haftung von Vater und Mutter 118
- Verbesserung der Einkünfte der Eltern 91
- Vergangenheit, Unterhalt für die 142 ff.
- Verjährung 85, 145
- Vermögen des Kindes 78
- Vertretung minderjähriger Kinder 126
- Verzug 85, 143 ff.
- volljährige Kinder 127
- Vorbildung zu einem Beruf 102
- Wechselmodell 100, 124
- Wohnbedarf 90
- Zahlung durch Geldrente 129
- Zuschläge 98 f.

Kindeswohl
- Berufstätigkeit 58
- Entscheidungsmaßstab für Sorgerechtsentscheidung 46 ff.; *s.a. Sorgerecht*
- Anhörung des Kindes 47
- Geschwisterbindung 59 f.
- emotionale Bindungen des Kindes 48 ff.
- Förderungsprinzip 56 ff.
- kinderpsychologisches Gutachten 48
- Kindeswille 51 ff.
- Kontinuitätsprinzip 53 ff.
- Kriterien 46
- Scheidungsverbot (§ 1568 BGB) 9 f.

Konventionalscheidung 1
- Sorgerecht, keine Einigung nötig 5

Kosten 402 ff.
- Beratungshilfe 405 f.
- einstweilige Anordnung 413
- gesetzliche Kostenverteilung 402 ff.
- Grundlagen 402 ff.
- Höhe 407 ff.
- Kostenvereinbarung, keine Bindung des Gerichts an 404
- Rechtsanwalt, nur ein Partner hat einen 402
- Übernahme durch einen Partner allein 403
- vereinbarte Kostenverteilung 402 ff.
- Verfahrenskostenhilfe 405 f.
- Verfahrenskostenvorschuss als Unterhaltsleistung 405
- Verfahrenswert 407 ff. *s.a. dort*

Krankenversicherung
- Ehegattenunterhalt 196
- Ehegattenunterhalt bei Getrenntleben 152
- Kindesunterhalt 96

Kranken- und Altersvorsorge 196 ff.

Krankheit
- unzumutbare Härte für Antragsgegner 9 f.

Krankheitsunterhalt 168 ff. *s.a. Ehegattenunterhalt*

163

Sachregister

kurze Ehedauer
- Ehegattenunterhalt 225 f.
- Versorgungsausgleich 389

Leistungsfähigkeit
- Ehegattenunterhalt 207 ff.; *s.a. Ehegattenunterhalt*
- Kindesunterhalt 111 ff. *s.a. Kindesunterhalt*

Mangelfall
- Düsseldorfer Tabelle 95 ff.
- Kindesunterhalt und Selbstbehalt 113

Mehrbedarf 101
Miete 271 ff.
- Einkommensermittlung bei mietfreiem Wohnen 244 ff.
- gemeinsame Kündigung des Mietvertrags 272
- mietfreies Wohnen und Ehegattenunterhalt 186
- Vergütung für Benutzung der Ehewohnung 266 ff.

Mindesttrennungsdauer
- Scheidungshindernis 8
- unzumutbare Härte 8

Nachhilfeunterricht
- Kindesunterhalt 101

„Nestmodell"
- Sorgerecht 33

neue verfestigte Lebensgemeinschaft
- Ausschlussgrund für Unterhalt 227

Nutzungsvergütung 267 f., 279 ff.

öffentlicher Dienst
- Versorgungsausgleich 367

Ordnungsgeld
- Umgangsrecht 75

Personensorge 11 ff.
Pflegekinder
- Ehegattenunterhalt 162

Quotenunterhalt
- Ehegattenunterhalt 189

Rangfolge der Unterhaltsberechtigten 207 ff.
- Grundsatz 209 f.
- sonstige Verpflichtungen 209 f.
- Wiederverheiratung 211

Rechtshängigkeit
- Kindesunterhalt 144

Rente
- Altersvorsorgeunterhalt 197
- Anwartschaften aus gesetzlicher Rente 362

- Berücksichtigung bei Einkommensermittlung 248
- Betriebsrente 363
- Ehegattenunterhalt bei Getrenntleben 152
- Rentnerprivileg 373
- Versorgungsausgleich 371 ff.; *s.a. dort*

Sättigungsgrenze 91, 195
Scheidungshindernisse
s. Hindernisse für die Scheidung

Scheitern der Ehe 1 ff.
- einseitige Zerrüttung 7
- nach Grundtatbestand bei Widerlegung der Vermutung 7

Schulden
- Ehegattenunterhalt 187
- Zugewinnausgleich 327

Schulferien
- Umgangsrecht 67

Schwiegereltern
- Zuwendungen 306 f.

Selbstbehalt
- angemessener 111
- Kindesunterhalt 111 ff.
- notwendiger 112

Selbständige
- Auskunftsansprüche 258
- Einkommensermittlung 254 ff.

Sonderbedarf 101
Sorgerecht 11 ff.
- Abänderung 77
- Abänderung von Entscheidungen gem. § 1696 Abs. 1 BGB 18
- äußere Lebensverhältnisse 57
- Angelegenheiten des täglichen Lebens 20 f.
- Anordnung der Beteiligung des Jugendamtes 25
- Aufenthaltsbestimmungsrecht 11, 39, 73
- Aufteilung der Entscheidungsrechte 20 f., 27
- Auskunftsrecht 74
- Ausland, Umzug ins 73, 77
- Berufstätigkeit 58
- Einigung nicht Voraussetzung für Konventionalscheidung 5
- einstweilige Anordnung 25
- Entscheidungsmaßstab Kindeswohl 46 ff.
- Anhörung des Kindes 47
- emotionale Bindungen des Kindes 48 ff.
- Förderungsprinzip 56 ff.
- Geschwisterbindung 59 f.
- kinderpsychologisches Gutachten 48

164

Sachregister

- Kindeswille 51 ff.
- Kontinuitätsprinzip 53 ff.
- Kriterien 46
- Selbstbestimmungsrecht des Kindes 51
- Entscheidungsverbund 26
- Entziehung des Sorgerechts bei Umgangsbehinderung 40
- Erfolgsaussichten für Anträge auf Alleinsorge 31
- Ermittlung des Sachverhalts 25
- erweiterter Umgang 34
- freie Gestaltung 16
- Gefahr im Verzug 20, 36
- gemeinsamer Elternantrag 43 ff.
  - keine Bindung an Zustimmung bis zur Entscheidung in der letzten Tatsacheninstanz 44
  - spätere Änderung der Entscheidung 44
- gemeinsames Sorgerecht 11 ff.
  - Grundsätze 37
  - kein Vorrang der gemeinsamen Sorge 29
- isoliertes Sorgerechtsverfahren 25
- Jugendhilfe, Beratung durch 17
- keine anwaltliche Vertretung notwendig 18
- Kind lebt bei einem Elternteil allein 20 f.
- Kindesentführung 14
- Kontinuitätsprinzip 44
- Kooperationsfähigkeit, mangelnde 29 f.
- „Nestmodell" 33
- partielle Alleinsorge 23 ff.
- Personensorge 11 ff., 38
- Pfleger, Bestellung 42
- Regelungsmöglichkeiten 27 ff.
- Schriftform der Vereinbarungen 18
- spätere Einigung der Eltern 45
- Trennung der Eltern, bloße 15
- Übertragung der Entscheidung auf ein Elternteil auf Antrag 13, 23
- Umgangsrecht 11, 40 f., 61 ff.; s.a. *dort*
- Verfahrensbeistand für Kind 25
- Verhältnis zum Umgangsrecht 73
- Verletzung des Sorgerechts durch Handeln des anderen Elternteils 14
- Vermögenssorge 11 f., 38
- Verzicht nicht möglich 16
- vollständige Alleinsorge 23 ff., 29 ff.
- Vormund, Bestellung 42
- Vorrang- und Beschleunigungsgebot 25
- Wächteramt des Staates 42
- Wechselmodell 33
- Widerruflichkeit der Vereinbarungen 16
- Widerspruch von Kindern über 14 Jahren 37
- „Zahlvaterschaft" 41
- Zeitpunkt der Entscheidung 22 f.

Sozialleistungen
- Berücksichtigung bei Einkommensermittlung 248

Steuer
- Berücksichtigung bei Einkommensermittlung 249 ff.
- Nutzungsvergütung bei Ehewohnung 280
- Wiederheirat 251

streitige Scheidung 7

Stundung
- Zugewinnausgleich 339

Suchterkrankungen
- Krankheitsunterhalt 169

Tod
- Ehegattenunterhalt 236 f.
- Versorgungsausgleich 375

Trennung 1 ff.
- Definition 3 ff.
- Ehegattenunterhalt 147 ff.
- entgegenstehender Wille 3
- getrennte Haushaltsführung 4
- innerhalb der ehelichen Wohnung 3
- Sorgerecht 15 ff.
- Trennungsabsicht 4
- Vergütung für Benutzung der Ehewohnung 266 ff.

trennungsbedingter Mehraufwand 193 f.

Trennungsjahr 1
- Scheidungshindernis 8

Trennungsunterhalt 147 ff.

überobligationsmäßige Tätigkeit
- Bedürftigkeit 202 f.
- Ehegattenunterhalt 186

Überstunden
- Ehegattenunterhalt 186

Umgangsrecht 12, 61 ff.
- Abänderung 77
- Antrag auf Aufenthaltsbestimmungsrecht 64
- Ausgestaltung des Umgangs 65 ff.
- Auskunftsrechte 74
- Ausland, Umzug ins 73, 77
- begleiteter Umgang 74
- Beispiele für Regelungen 69
- Entscheidung des Gerichts 75 f.
- familiengerichtliche Regelung 75 f.
- Formulierungsvorschlag 69

Sachregister

- gesetzliche Grundlage 61
- Großeltern 71
- Grundsatz 61
- keine Entscheidung von Amts wegen 76
- keine ergänzende Erziehung des Kindes 65
- Kinder ab 13 Jahren 70 ff.
- Missbrauch des Sorgerechts 40
- Ordnungsgeld 75
- Schulferien 67
- Unterhaltskürzung als Druckmittel 63
- Vereitelung als Hinderungsgrund für Ehegattenunterhalt 233
- Verhältnis zum Sorgerecht 73
- Vorschulalter, Kinder im 66
- Weihnachtszeit 68
- Zusammensein mit neuem Lebenspartner 72

Umschulung
- Unterhalt 176 f.

Unterhalt
- Ehegattenunterhalt 147 ff.; *s.a. dort*
- Kindesunterhalt 78 ff.; *s.a. dort*
- Kürzung als Druckmittel beim Umgangsrecht 63

Unterhaltsbedürftigkeit 78 ff., 200 ff.
Unterhaltskette 162
- Altersunterhalt 167
- Krankheitsunterhalt 169

unzumutbare Härte
- für Antragsgegner 9 f.
- Mindesttrennungsdauer, Ausnahme zur 8

Verbrechen
- Ausschlussgrund für Unterhalt 228

Verfahrensbeistand
- für Kind 25

Verfahrenskostenhilfe
- Voraussetzungen 406

Verfahrenswert 407 ff.
- Ehewohnung 411
- Hausrat 411
- Sorgerecht 408
- Unterhalt 409
- Versorgungsausgleich 410

Vergangenheit, Unterhalt für die
- Ehegattenunterhalt 239
- Kindesunterhalt 142 ff.

Vergehen
- Ausschlussgrund für Unterhalt 228

Vergleich
- Kindesunterhalt, Abänderung 141
- Versorgungsausgleich 392

Verjährung
- Ehegattenunterhalt 239

- Kindesunterhalt 85, 145
- Zugewinnausgleich 338

Vermögen
- Ehegattenunterhalt 188, 204 ff.
- Kindesunterhalt 78
- Vermögensstamm des Berechtigten, Einsatz 205 f.

Vermögensauseinandersetzung 341 ff.
- Mitarbeit 346 f.
- Miteigentümergemeinschaften 342 ff.

Vermögenssorge 11 ff.

Versorgungsausgleich 348 ff.
- Abänderung 401
- Anfrage an Versorgungsträger 355
- Ausklammern beim Scheidungsverfahren 395
- Auskunftsansprüche 355
- Ausschluss 388 ff.
- Aussetzung des Ausgleichs 373 f.
- Beamte 371, 376
- beendete Arbeitsverhältnisse 365
- Benennen der nicht ausgeglichenen Anrechte 381
- Berechnung des Kapitalwertes 362
- Berechnung des Zeitraums 352
- besondere Altersgrenzen 360
- betriebliche Altersversorgung 363 ff., 377 f.
- Bewertung der Anwartschaften 358 ff.
- DDR-Recht 391
- Durchführung des Ausgleichs 370 ff.
- Entschädigungsleistungen 350
- Finanzierung durch Dritte 349
- Fragebögen 356
- Verfahrenswert 410
- Geringfügigkeitsschwelle 388
- Gesamtversorgungszusage 366
- gesetzliche Renten 362 ff., 371 ff.
- grobe Unbilligkeit 390
- Grundlagen 348 ff.
- Halbteilungsgrundsatz 370
- Herabsetzung 388 ff.
- kurze Ehedauer 389
- laufende Versorgungsbezüge 353
- Nachentrichtung 352
- öffentlicher Dienst und Körperschaften 367
- phasenverschobene Ehen 395
- private Versicherungen 368
- Rentnerprivileg, Streichung 373
- Ruhegehaltssatz 358 f.
- Scheidung, Versorgungsausgleich nach 380 ff.
- Abfindung 384 ff.
- Abtretung 383
- Berechnung 382
- schuldrechtlicher 380

Sachregister

- sonstige Renten 369, 379
- Tod des Ausgleichsberechtigten 375
- Tod des Ausgleichspflichtigen 375
- überobligationsmäßiger Beitrag zum Familienunterhalt 390
- Überprüfung der Auskünfte des Versorgungsträgers 359
- unmittelbare Bewertung, Grundsatz 362
- VBL-Methode 366
- Vereinbarungen 392 ff.
  - Ausübungskontrolle 396
  - enge Voraussetzungen 393
  - Form 399 f.
  - Inhaltskontrolle 396
  - nachehelicher Unterhalt, gleiche Kriterien für Wirksamkeit 397
  - Randversorgungen 394
  - Unbilligkeit 393
  - Unwirksamkeit 398
- verfallbare Anwartschaften 354, 390
- Vergleich 392
- Versorgungsausgleichsgesetz 348
- Wiederverheiratung 390
- zeitratierliche Bewertung 358
- Zugewinnausgleich 351

Vertretung
- von Kindern im Verfahren 126

Verwandter
- gleichrangig unterhaltsverpflichteter 116

Verzicht
- Ehegattenunterhalt 237

Verzug
- Ehegattenunterhalt 239
- Kindesunterhalt 85, 143 ff.

Vormund
- Sorgerecht 42

Wechselmodell
- Sorgerecht 33

Weihnachten
- Umgangsrecht 68

Wiederverheiratung
- Rangfolge 211

Zugewinnausgleich 298 ff.
- Abfindungen 326
- Anfangsvermögen 301 ff.
  - negatives 303
  - Schwierigkeiten bei langer Ehedauer 309
  - Verzeichnis 309
- Anwartschaften auf Versorgungsausgleich 322
- Arbeitsleistungen beim Hausbau 305
- Ausgleichsanspruch 336 ff.
- Auskunftpflichten 319 ff.
- auszugleichende Positionen 322 ff.
- Bankguthaben 324
- Beendigung des Güterstandes 338
- Bewertung des Vermögens 329 ff.
- DDR-Recht 302, 310
- Ehegatteninnengesellschaft 344, 346
- Endvermögen 301, 310 ff.
  - negatives 312
- freiberufliche Praxen 329 f.
- grobe Unbilligkeit 338, 340
- Grundlagen 301 ff.
- Hausrat 322
- illoyale Vermögensverschiebung 315 ff.
- Inflation 311
- Kapitallebensversicherungen 325, 331
- Kappungsgrenze 336
- notarielle Beurkundung bei Vereinbarung 338
- land- und forstwirtschaftliche Betriebe 329
- Prinzipien 301 ff.
- Schenkungen 305
- Schenkungen der Ehepartner untereinander 308
- Schulden 327
- Stichtagsprinzip 315, 321
- Stundung 339
- Unterhaltsrückstände 328
- Verjährung 338
- Vermögensauseinandersetzung 341 ff.
  - Ehegatteninnengesellschaft 344, 346
  - familienrechtlicher Vertrag besonderer Art 343
  - Mitarbeit im Unternehmen des Partners 346 f.
  - Miteigentümergemeinschaften 342 ff.
  - Schulden 345
  - zukünftige Nutzung des Miteigentums 345
  - Zuwendungen unter Ehegatten 342
  - Zwangsversteigerung bei Miteigentum 345
- Versorgungsausgleich 351
- Verweigerung der Erfüllung 340
- Vorausempfänge 332 ff.
- vorzeitiger Ausgleich 315
- Wertsteigerung von ererbtem Vermögen 304
- Zuwendungen der Schwiegereltern 306 f.
- Zuwendungen unter den Ehepartnern 308, 332 ff.
- Zuwendungen von Todes wegen 304

Zurückbehaltungsrecht
- Auskunftsansprüche 259